高职高专"十三五"规划教材

"互联网＋"创新型精品教材

企业财务会计项目化教程

主　编　盛天松　王传彬

武汉理工大学出版社

·武　汉·

图书在版编目(CIP)数据

企业财务会计项目化教程/盛天松,王传彬主编. —武汉:武汉理工大学出版社,2019.8
ISBN 978-7-5629-6089-8

Ⅰ.①企… Ⅱ.①盛… ②王… Ⅲ.①企业管理-财务会计-高等职业教育-教材
Ⅳ.①F275.2

中国版本图书馆 CIP 数据核字(2019)第 172038 号

项目负责人:崔庆喜(027-87523138)　　　　　　　责任编辑:雷　蕾
责任校对:楼燕芳　　　　　　　　　　　　　　　　排　　版:天成图文
出版发行:武汉理工大学出版社
社　　址:武汉市洪山区珞狮路 122 号
邮　　编:430070
网　　址:http://www.wutp.com.cn
经　　销:各地新华书店
印　　刷:武汉兴和彩色印务有限公司
开　　本:787×1092　1/16
印　　张:19
字　　数:462 千字
版　　次:2019 年 8 月第 1 版
印　　次:2019 年 8 月第 1 次印刷
定　　价:49.80 元

本社购书热线电话:027-87384729　87664138　87165708(传真)
凡购本书,如有缺页、倒页、脱页等印装质量问题,请向出版社发行部调换。

前　言

　　"企业财务会计"是会计类专业的一门专业核心课程,是财务会计类专业学生毕业后就业、参加国家会计专业资格考试的重要基础,是会计知识最丰富、理论知识和实务知识结合最紧密、运用职业判断最多的课程,是培养学生会计职业判断能力的切入点和重点。本书以最新的企业会计准则和其他相关法律法规为依据,以培养会计职业岗位实践能力为主线,科学地设计了 12 个教学项目,包括财务会计的认知,货币资金的核算,应收及预付款的核算,存货的核算,投资的核算,固定资产的核算,无形资产及投资性房地产的核算,流动负债的核算,非流动负债的核算,所有者权益的核算,收入、费用和利润的核算,财务报表的编制。

　　本书为了满足高职高专"以就业为导向,以能力为本位"的原则,突出驱动的方式,每个项目由"学习要点""项目导入"栏目引出学习内容;每个项目中穿插了实际案例,将复杂的学习内容形象化、具体化,具有较强的实用性和可操作性;为了提高学生的分析能力与操作技能,每个项目后都设置了"技能训练"栏目,力求缩小理论学习与实践操作的差距,充分体现高职高专的教育特色。

　　在编写本书过程中,我们参考了大量同类教材及网络资料等,在此向有关作者表示衷心的感谢。

　　鉴于我们的水平有限和时间仓促,书中不足之处在所难免,恳请读者批评指正。

　　本书受江苏省"333 人才工程""青蓝工程"以及江苏省高等职业教育高水平骨干专业建设项目资助。

编　者

2019 年 5 月

目　　录

项目一 财务会计认知

1.财务会计的基本概念；

2.会计的基本前提；

3.会计信息的质量要求；

4.会计要素和会计等式。

在日常的工作和生活中，我们常常听到很多对于会计的看法，例如"会计就是负责记账的""会计就是管钱的""会计就是负责发工资的"等。你怎样看待会计？会计仅仅就是记账的人吗？你了解财务会计吗？随着社会经济的高速发展，财务会计的目标和要求又会有哪些变化呢？

任务一 财务会计的基础知识

一、财务会计的概念

财务会计是指通过对企业已经完成的资金运动进行全面、系统的核算与监督，以为外部与企业有经济利害关系的投资人、债权人和政府有关部门提供企业的财务状况与盈利能力等经济信息为主要目标而进行的经济管理活动。因此，财务会计又被称为对外报告会计。

二、财务会计的作用

财务会计在社会主义市场经济中的作用主要体现在以下几个方面：

(1)财务会计有助于会计信息使用者作出合理决策。

(2)财务会计有助于考核企业领导人经济责任的履行情况。

(3)财务会计有助于企业加强经营管理，提高经济效益，促进企业可持续发展。

三、财务会计的目标

财务会计的目标也就是财务报告的目标，在整个财务会计系统和企业会计准则体系中具有十分重要的地位，是构建会计要素确认、计量和报告原则并制定各项准则的基本出发点。

（1）财务会计及其报告应当为现实和潜在的投资者、信贷者和其他会计信息用户提供有用的信息，以便他们作出合理的投资、信贷和其他类似的决策。

（2）财务会计及其报告应当为现实和潜在的投资者、信贷者和其他会计信息用户提供有用的信息，以便他们能够合理地估量有关企业期望的净现金流入量的数额、时间和不确定性，包括与股利、利息、证券买卖、借款取得与偿还等有关的现金流动信息。

（3）财务会计及其报告还应当为会计信息的使用者提供以下信息：关于企业的经济资源及这些资源上的索取权（包括债权和股东权益），引起这些资源和对资源索取权发生变动的各种交易、事项和情况的信息。这类信息由企业的经济资源、债务和股东权益，企业的收益和业绩，企业的变现能力、偿债能力和资金周转，管理当局的受托责任和业绩，管理方面的说明和解释等内容构成。

综上所述，财务会计的目标是提供对会计信息的使用者进行经济决策有用的财务及其他经济信息。这些信息主要包括某一主体在某一时日的财务状况、某一时期的经营成果和现金流动的原因及结果，以及重要的理财事项。

任务二　财务会计的基本前提

一、会计基本假设

会计的基本假设是企业会计确认、计量和报告的前提，是对会计核算所处时间、空间环境等所作的合理设定。

会计的基本假设包括会计主体、持续经营、会计分期、货币计量。

1. 会计主体

会计主体，是指企业会计确认、计量和报告的空间范围，是会计工作为其服务的特定单位或组织。

2. 持续经营

持续经营，是指在可以预见的将来，企业将会按照当前的规模和状态继续经营下去，不会停业，也不会大规模削减业务。在持续经营前提下，会计确认、计量和报告应当以企业持续、正常的生产经营活动为前提，这是对企业会计核算时间范围的界定。

3. 会计分期

会计分期，是指将企业持续不断的生产经营活动划分为一个个连续的、长短相同的期间。会计分期的目的在于通过会计期间的划分将持续进行的生产经营活动划分成连续、相等的期间，据以结算盈亏，按期编报财务报告，从而及时向财务报告使用者提供有关企业财务状况、经营成果和现金流量的会计信息。

4. 货币计量

货币计量，是指会计主体在财务会计确认、计量和报告时以货币计量，反映会计主体的生产经营活动。

二、会计基础

企业会计的确认、计量和报告应当以权责发生制（Accrual Basis Accounting）为基础。权责发生制基础要求：凡是当期已经实现的收入和已经发生或应当负担的费用，无论款项是否收付，都应当作为当期的收入和费用，计入利润表；凡是不属于当期的收入和费用，即使款项已在当期收付，也不应当作为当期的收入和费用。

在实务中，企业交易或者事项的发生时间与相关货币收支时间有时并不完全一致。例如，款项已经收到，但销售并未实现；或者款项已经支付，但并不是为本期生产经营活动而发生的。为了更加真实、公允地反映特定会计期间的财务状况和经营成果，基本准则明确规定，企业在会计确认、计量和报告中应当以权责发生制为基础。

收付实现制（Cash Basis Accounting）是与权责发生制相对应的一种会计基础，它以收到或支付的现金作为确认收入和费用等的依据。目前，我国的行政单位会计采用收付实现制；事业单位会计除经营业务可以采用权责发生制外，其他大部分业务采用收付实现制。

任务三　会计信息的质量要求

为了实现财务会计报告的目标，保证会计信息的质量，必须明确会计信息的质量要求。会计信息的质量要求是财务会计报告所提供的信息应达到的基本要求，是使财务报告中所提供的会计信息对投资者等使用者决策有用应具备的基本特征。会计信息质量要求的内容主要包括可靠性、相关性、可理解性、可比性、实质重于形式、重要性、谨慎性和及时性等。其中可靠性、相关性、可理解性、可比性是会计信息的首要质量要求，是财务报告中所提供的会计信息应具备的基本质量特征；实质重于形式、重要性、谨慎性、及时性是会计信息的次级质量要求，是对首要质量要求的补充和完善，尤其是对某些特殊交易或者事项进行处理时，需要根据这些质量要求来把握其会计处理原则。

一、可靠性

可靠性要求企业应当以实际发生的交易或者事项为依据进行会计确认、计量和报告，如实反映符合确认和计量要求的各项会计要素及其他相关会计信息，保证会计信息真实可靠、内容完整。

二、相关性

相关性要求企业提供的会计信息应当与投资者等财务报告使用者的经济决策需要相关，有助于财务报告使用者对企业过去、现在或者未来的情况作出评价或者预测。

三、可理解性

可理解性要求企业提供的会计信息应当清晰明了，便于投资者等财务报告使用者理解和使用。

四、可比性

可比性要求企业提供的会计信息应当相互可比。主要包括两层含义:①同一企业不同时期可比;②不同企业相同会计期间可比。

五、实质重于形式

实质重于形式要求企业应当按照交易或事项的经济实质进行会计确认、计量和报告,而不应仅仅以交易和事项的法律形式为依据。

六、重要性

重要性要求企业提供的会计信息应当反映与企业财务状况、经营成果和现金流量等有关的所有重要交易或事项。

七、谨慎性

谨慎性要求企业对交易和事项进行会计确认、计量和报告时,应当保持应有的谨慎,不应高估资产或收益、低估负债或费用。

八、及时性

及时性要求企业对已经发生的交易或者事项,应当及时进行会计确认、计量和报告,不得提前或延后。

任务四　会计要素和会计等式

一、会计要素

会计要素是根据交易或者事项的经济特征所确定的财务会计对象的基本分类。会计要素按照其性质分为资产、负债、所有者权益、收入、费用和利润。其中,资产、负债、所有者权益要素侧重反映企业的财务状况,收入、费用和利润要素侧重反映企业的经营成果。会计要素的界定和分类可使财务会计系统更加科学、严密,为投资者等财务报告使用者提供更加有用的信息。

(一)资产

1.资产及其特征

资产是指企业过去的交易或事项形成的、由企业拥有或者控制的、预期会给企业带来经济利益的资源。它具有以下特征:

(1)资产预期会给企业带来经济利益。

(2)资产是由企业拥有或者控制的经济资源。

(3)资产是由企业过去的交易或者事项形成的。

2.资产的分类

资产可以按照不同的标准进行分类,比较常见的是按照流动性分为流动资产和非流动资产。通常情况下,流动资产主要包括现金、银行存款、短期投资、应收及预付款项、存货等;非流动资产主要包括长期股权投资、固定资产、无形资产等。

3.资产的确认条件

将一项资源确认为资产,首先应当符合资产定义。除此之外,还应当同时满足以下两个条件:①与该资源有关的经济利益很可能流入企业;②该资源的成本或者价值能够可靠地计量。

(二)负债

1.负债及其特征

负债是指企业过去的交易或事项形成的、预期会导致经济利益流出企业的现实义务。它具有以下特征:

(1)负债是企业承担的现实义务。负债必须是企业承担的现实义务,这是负债的一个基本特征。现实义务是指企业在现行条件下已承担的义务。未来发生的交易或事项形成的义务不属于现实义务,不应当确认为负债。

(2)负债的清偿预期会导致经济利益流出企业。

(3)负债是由过去的交易或事项形成的。

2.负债的分类

负债按照流动性可以分为流动负债和非流动负债。通常情况下,流动负债主要包括短期借款、应付票据、应付账款、预收账款、应付职工薪酬、应付股利、应交税费、其他暂收应付款项和一年内到期的长期负债等;非流动负债包括长期借款、应付债券、长期应付款等。

3.负债的确认条件

将一项现实义务确认为负债,首先应当符合负债的定义。除此之外,还应当同时满足以下两个条件:①与该义务有关的经济利益很可能流出企业;②未来流出的经济利益的金额能够可靠地计量。

(三)所有者权益

1.所有者权益的定义

所有者权益是指资产扣除负债后,由所有者享有的剩余权益。公司的所有者权益又称为股东权益。所有者权益是所有者对企业资产的剩余索取权,是企业资产扣除了债权人权益后应由所有者享有的部分。

2.所有者权益的来源构成

所有者权益按其来源主要包括所有者投入的资本、直接计入所有者权益的利得和损失、留存收益等,通常由实收资本(或股本)、资本公积、盈余公积和未分配利润构成。

留存收益,是企业历年实现的净利润留存企业的部分,主要包括累计计提的盈余公积和未分配利润。

3.所有者权益的确认条件

由于所有者权益体现的是所有者在企业中的剩余权益,因此,所有者权益的确认主要依赖于其他会计要素,尤其是资产和负债的确认;所有者权益的金额的确定也主要取决于资产和负债的计量。例如,企业接受所有者投入的资产,在该资产符合企业资产确认条件时,也相应地符合了所有者权益的确认条件;当该资产的价值能够可靠计量时,所有者权益的金额也就可以确定。

(四)收入

1.收入及其特征

收入是指企业在日常活动中形成的、会导致所有者权益增加的、与所有者投入资本无关的经济利益的总流入。收入具有以下几个方面的特征:

(1)收入是企业在日常活动中形成的。

(2)收入是与所有者投入资本无关的经济利益的总流入,收入应当会导致经济利益的流入,从而导致资产的增加。

(3)收入最终会导致所有者权益增加。

与收入相关的经济利益的流入最终会导致所有者权益增加。不会导致所有者权益增加的经济利益的流入不符合收入定义,不应确认为收入。

2.收入的分类

收入按照来源可以分为三类:一是销售商品取得的收入;二是提供劳务取得的收入;三是让渡资产使用权取得的收入。让渡资产使用权主要表现为对外贷款、对外投资或者对外出租等。

按照日常活动在企业所处的地位,可将收入分为主营业务收入和其他业务收入。

3.收入的确认

收入的确认除了应当符合定义外,还应当满足严格的确认条件。收入只有在经济利益很可能流入,从而导致企业资产增加或者负债减少,且经济利益的流入金额能够可靠计量时才能予以确认。收入确认的具体标准将在项目十一讲述。

(五)费用

1.费用及其特征

费用是指企业在日常活动中发生的、会导致所有者权益减少的、与向所有者分配利润无关的经济利益的总流出。它具有以下特征:

(1)费用是企业在日常活动中发生的。

(2)费用是与向所有者分配利润无关的经济利益的总流出。

(3)费用会导致所有者权益减少。

2.费用的分类

按照费用与收入的关系,可将费用分为营业成本和期间费用。营业成本按照其在企业日常活动中所处的地位可以分为主营业务成本和其他业务成本。期间费用包括管理费用、销售费用和财务费用。

3.费用的确认

费用的确认除了应当符合定义外,还应当满足严格的确认条件,即费用只有在经济利益很可能流出,从而导致资产减少或者负债增加,且经济利益的流出金额能够可靠计量时才能予以确认。费用确认的具体标准将在项目十一讲述。

（六）利润

1.利润的定义

利润是指企业在一定会计期间的经营成果。通常情况下，如果企业实现了利润，表明企业的所有者权益将增加，业绩得到了提升；反之，如果企业出现了亏损，表明企业的所有者权益将会减少，业绩下滑。

2.利润的来源构成

利润包括收入减去费用后的净额、直接计入当期利润的利得和损失等。收入减去费用后的净额反映的是企业日常活动的业绩，直接计入当期利润的利得和损失反映的是企业非日常活动的业绩。

3.利润的确认

利润的确认主要依赖于收入和费用以及利得和损失的确认，其金额的确定也主要取决于收入、费用、利得、损失金额的计量。

二、会计等式

（一）会计等式的含义

在会计核算中反映各个会计要素数量关系的等式称为会计等式，又称为会计方程式、会计平衡公式。

会计等式在会计核算中有着重要意义，它主要表现在三个方面：①明确了企业的产权关系，有利于保护债权人和投资人的合法权益；②全面反映了企业的资产负债状况，便于进行资产负债比例管理；③在会计实务中是设置会计科目，进行账户分类、复式记账，编制财务报表的依据。

（二）会计等式的表达式

会计等式反映的是各会计要素间的数量关系，其表达式有以下几种形式：

（1）资产＝权益

资产是企业持有的各类劳动资料和劳动对象，即各种资金占用。权益是指企业的投资者和债权人对企业资产的要求权，代表的是企业资产的资金来源。由于资产和权益指的是同一个东西（即企业拥有的各种经济资源），只不过一个站在占用角度（即其存在与分布的状态），另一个站在来源角度，因此这两方面在数量（金额）上必然相等。

（2）资产＝债权人权益＋所有者权益（或：资产＝负债＋所有者权益）

这个表达式与前一个表达式的含义相同，只不过把权益进一步地划分为债权人权益和所有者权益。这里需要说明的是，等式右边两个因素的位置不能颠倒。因为颠倒以后虽然从数学意义上讲等式依然成立（等号两边相等的关系不变），但在会计上的含义却不一样。"资产＝负债＋所有者权益"不仅表示一种相等的关系，还表示当企业终止经营或破产清算的时候，其资产必须首先用于偿还各种债务，若有剩余才能向投资者返还。也就是说，债权人对企业资产的要求权优先于所有者（投资人）。

"资产＝负债＋所有者权益"这一会计等式反映了资产、负债、所有者权益三个会计要素间的数量关系，是复式记账法得以建立的理论基础，也是资产负债表的理论框架。

（3）收入－费用＝利润

这一会计等式反映的是收入、费用、利润三个会计要素间的数量关系。

上述三个表达式中，"资产＝负债＋所有者权益"是在静止状态下观察企业资金占用（资产）与资金来源（负债和所有者权益）间数量关系得到的结果；"收入－费用＝利润"表示的是企业生产经营活动引起的资金运动过程。仔细思考可以发现：一般来说，企业收入的取得带来的是资产的增加（如销售产品、收到货款后存入银行）或负债的减少（如用本企业产品抵偿原欠债务），发生费用引起的是资产的减少（如用现金购买办公用品）或负债的增加（如应付而未付的职工工资、应交而未交的税金），而收入减去费用后的余额为利润，就其性质而言是所有者权益的一部分（投资者投资建企业的目的就是赚取利润）。因此，可以将上述表达式（2）与表达式（3）合为一个，即：

（4）资产＝负债＋所有者权益＋（收入－费用）（或:资产＝负债＋所有者权益＋净收益）

由于净收益（利润）本身就是所有者权益的一个组成部分，因此，该表达式仍然可以写为"资产＝负债＋所有者权益"。只不过与前面（2）式相比，这里的资产、负债、所有者权益的数值（金额）已经发生了变化。如果（2）式表示的是期初静止状态下企业资金的存在形态、来源状况及其相互关系，那么（4）式表示的就是经过一段生产经营活动之后（会计期末）静止状态下企业资金的存在形态、来源状况及其相互关系。虽然等式中各项目的数值变了，但是其等式关系依然成立，所以说会计等式又被称为会计恒等式。

在上述会计等式的各个表达式中，"资产＝负债＋所有者权益"被称为基本等式，"资产＝负债＋所有者权益＋净收益"被称为扩展等式。

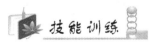

思考题

1.什么是财务会计？它的作用是什么？

2.会计基本假设包括哪些内容？

3.会计信息的质量要求有哪些？

4.会计核算的具体内容有哪些？

项目二　货币资金的核算

1.库存现金的核算；

2.银行存款的核算；

3.银行存款余额调节表的编制。

货币资金是企业流动性最强、控制风险最高的资产,是企业生存与发展的基础。大多数贪污、诈骗、挪用公款等违法乱纪的行为都与货币资金有关,因此,必须加强对企业货币资金的管理和控制,建立健全货币资金内部控制制度,确保经营管理活动合法而有效。本项目重点介绍货币资金的会计处理问题。

任务一　认识货币资金

一、货币资金的概念与内容

货币资金,是指可以随时用作购买手段和支付手段的资金。

货币资金的基本特点如下:

(1)货币资金是资金的一般形态。商品交换必须以货币资金为媒介,并且货币资金是能够直接转化为其他任何资产形态的流动资产,使用时不受任何特定用途的限制。

(2)货币资金具有普遍的接受性和最强的流动性。企业拥有一定数量的货币资金,可以向任何供应单位购买材料,可以向税务机关交纳税金,可以给个人发放工资、股利,可以向银行支付利息,还可以向其他企业进行投资等。

(3)货币资金是分析判断偿债能力和支付能力的重要指标。

凡不能立即支付使用的资金,如冻结银行存款等,均不能视为货币资金。

货币资金按用途和存放地点的不同可分为:

(1)现金。现金是指可直接使用的现钞,包括人民币和外币。

(2)银行存款。银行存款是指存放在银行或其他金融机构的货币资金。

(3)其他货币资金。其他货币资金是指现金、银行存款以外的货币资金,包括外埠存款、银行汇票存款和银行本票存款等。

会计上的现金有狭义的现金和广义的现金之分。狭义的现金一般是指库存现金,即人们经常接触的纸币和硬币等。广义的现金即货币资金,包括库存现金、银行存款、其他货币资金。本项目所讲现金是狭义的现金。

二、现金的使用范围与库存限额管理

企业日常支出业务既多而又复杂,但并不是任何支出业务都可以用现金来支付。现金的使用要遵循其使用范围的规定。这是现金管理的一项重要内容。我国《现金管理暂行条例》对现金的使用范围有明确的规定。《现金管理暂行条例》规定了在银行开立账户的企业可以用现金办理结算的具体经济业务:

(1)职工工资、津贴;

(2)个人劳动报酬;

(3)根据国家规定颁发给个人的科学技术、文化艺术、体育等各种奖金;

(4)各种劳保、福利费用以及国家规定的对个人的其他支出;

(5)向个人收购农副产品和其他物资的价款;

(6)出差人员必须随身携带的差旅费;

(7)结算起点以下的零星支出(结算起点为 1 000 元);

(8)中国人民银行确定需要支付现金的其他支出。

按照《内部会计控制规范——货币资金(试行)》的规定,一个企业必须根据《现金管理暂行条例》的规定,结合本单位的实际情况,确定本单位现金的使用范围。不属于现金开支范围的业务应当通过银行办理转账结算。

为了满足企业日常零星开支所需的现金,企业的库存现金都要由银行根据企业的实际需要情况核定一个最高的限额,这个最高限额一般要满足一个企业 3~5 天的日常零星开支所需的现金,边远地区和交通不便地区的企业库存现金可多于 5 天的日常零星开支,但最多不能超过 15 天的日常零星开支。企业每日的现金结存数不得超过核定的限额,超过的部分应当及时送存银行。企业如果需要增加或减少库存限额,应当向开户银行提出申请,由开户银行核定。

现金的流动性决定了现金内部控制的必要性。一个企业必须严格制定现金内部控制的措施与手段,建立健全现金的内部控制制度,这样才能防止现金的丢失、被盗,以及违法乱纪行为的发生,以保持现金流动的合理性、安全性,提高现金的使用效果与获利能力。

任务二　库存现金的核算

为了加强现金管理,企业应当设置现金日记账和现金总分类账对库存现金进行序时核算和总分类核算。现金日记账由出纳人员根据收付款凭证,按照业务发生顺序逐日逐笔登记。每日终了,应当在现金日记账上计算出当日的现金收入合计额、现金支出合计额和结余额,并将现金日记账的账面结余额与实际库存现金额相核对,保证账款相符。月度终了,现金日记账的余额应当与库存现金总账的余额核对,做到账账相符。

一、现金的序时核算

现金的序时核算是指对现金的收支业务逐日逐笔地在现金日记账上进行记录,并对其增减及结存情况进行计算与反映。

现金日记账是核算和监督现金日常收付结存情况的序时账簿。通过它,可以全面、连续地了解和掌握企业每日现金的收支动态和库存余额,为日常分析、检查企业的现金收支活动提供资料。

现金日记账一般采用收入、付出及结余三栏式格式,如表 2-1 所示。

表 2-1　现金日记账

年		凭证种类及号数	摘　要	对方科目	收入	付出	结余
月	日						

现金日记账的收入栏和付出栏,是根据审核签字后的现金收、付款凭证和从银行提取现金时填制的银行存款付款凭证,按照经济业务发生的时间顺序,由出纳人员逐日逐笔地进行登记的。为了简化现金日记账的登记手续,对于同一天发生的相同经济业务,也可以汇总一笔登记。

现金日记账也可以采用多栏式现金日记账的格式。在此种格式下,每月月末,要结出与现金账户相对应各账户的发生额合计数,并据以登记有关各总账账户。由于采用多栏式现金日记账时所涉及的栏目很多,所以对现金的收入和支出一般都分别设置日记账予以核算,即现金收入日记账和现金支出日记账。多栏式现金日记账能够如实反映收入现金的来源和支出现金的用途情况,简化凭证编制手续。

二、现金的总分类与明细分类核算

为了总括地反映和监督企业库存现金的收支结存情况,需要设置库存现金总分类账(总账)。库存现金总账可以根据现金收、付款凭证和从银行提取现金时填制的银行存款付款凭证逐笔登记。但是在现金收付款业务较多的情况下,这样登记必然会加大工作量,所以,在实际工作中,一般是把现金收、付款凭证按照对方科目进行归类,定期(10 天或半个月)填制汇总收、付款凭证,据以登记现金总账。

【任务举例 2-1】　20×9 年 6 月 5 日,吉力公司发生如下现金收入业务:收到零星销售收入 565 元(其中应交增值税为 65 元),收到职工张三应交款项 300 元。

会计分录如下:

借:库存现金　　　　　　　　　　　　　　　　　　　　　　865

　　贷:主营业务收入　　　　　　　　　　　　　　　　　　500

　　　　应交税费——应交增值税(销项税额)　　　　　　65

其他应收款	300

【任务举例2-2】 20×9年6月8日,吉力公司发生如下现金支出业务:支付职工李四差旅费500元,购买办公用品支出现金150元,发放职工工资73 500元。

会计分录如下:

借:其他应收款	500
管理费用	150
应付职工薪酬	73 500
贷:库存现金	74 150

企业一般不进行库存现金明细分类核算,但在有多币种业务的情况下,也需要按币种设置明细分类账对库存现金进行明细分类核算。

三、现金的清查

为了保护现金的安全、完整,做到账实相符,必须做好现金的清查工作。现金清查的基本方法是实地盘点库存现金,并将现金实存数与现金日记账上的余额进行核对。实存数是指企业金库内实有的现款额,清查时不能用借条等单据来抵充现金。每日终了应查对库存现金实存数与其账面余额是否相符。为了防止挪用现金,各部门或车间必须配备备用金负责人进行管理,财会部门应进行抽查。对于现金清查中发现的账实不符,即现金溢缺情况,通过"待处理财产损溢——待处理流动资产损溢"账户进行核算。现金清查中发现短缺的现金,应按短缺的金额,借记"待处理财产损溢——待处理流动资产损溢"账户,贷记"库存现金"账户;现金清查中发现溢余的现金,应按溢余的金额,借记"库存现金"账户,贷记"待处理财产损溢——待处理流动资产损溢"账户,待查明原因后按如下要求进行处理:

(1)如为现金短缺,属于应由责任人赔偿的部分,借记"其他应收款"或"库存现金"等账户,贷记"待处理财产损溢——待处理流动资产损溢"账户;属于应由保险公司赔偿的部分,借记"其他应收款"账户,贷记"待处理财产损溢——待处理流动资产损溢"账户;属于无法查明的其他原因,根据管理权限,经批准后处理,借记"管理费用"账户,贷记"待处理财产损溢——待处理流动资产损溢"账户。

(2)如为现金溢余,属于应支付给有关人员或单位的,应借记"待处理财产损溢——待处理流动资产损溢"账户,贷记"其他应付款"账户;属于无法查明原因的现金溢余,经批准后,借记"待处理财产损溢——待处理流动资产损溢"账户,贷记"营业外收入"账户。

【任务举例2-3】 20×9年5月18日,吉力公司在对现金进行清查时发现短缺50元。

会计分录如下:

借:待处理财产损溢——待处理流动资产损溢	50
贷:库存现金	50

【任务举例2-4】 承上例,经查明,现金短缺系出纳人员责任,应由其赔偿。

会计分录如下:

借:其他应收款	50

|贷:待处理财产损溢——待处理流动资产损溢|50|

【任务举例 2-5】　20×9 年 6 月 15 日,博雅公司在对现金进行清查时发生溢余30 元。

会计分录如下:

|借:库存现金|30|
|贷:待处理财产损溢——待处理流动资产损溢|30|

【任务举例 2-6】　承上例,现金溢余原因不明,经批准转作营业外收入。

会计分录如下:

|借:待处理财产损溢——待处理流动资产损溢|30|
|贷:营业外收入|30|

任务三　银行存款的核算

一、开立和使用银行存款账户的规定

银行存款是指企业存放于银行和其他金融机构的货币资金。

企业收入的一切款项,除银行允许留存限额内的现金之外,都必须送存银行。企业的一切支出除规定可用现金支付之外,都必须遵守银行结算办法的有关规定,通过银行办理转账结算。

中国人民银行制定的《银行账户管理办法》规定,一个企业可以根据需要在银行开立四种账户,包括基本存款账户、一般存款账户、临时存款账户和专用存款账户。

基本存款账户是企业办理日常结算和现金收付业务的账户,企业的工资、奖金等现金的支取只能通过本账户办理。

一般存款账户是存款人因借款或其他结算需要,在基本存款账户开户银行以外的银行营业机构开立的银行结算账户。一般存款账户是存款人的辅助结算账户,借款转存、借款归还和其他结算的资金收付可通过该账户办理。该账户可以办理现金缴存,但不得办理现金支取。该账户的开立数量没有限制。

临时存款账户是企业因临时经营活动需要而开立的账户。企业可以通过本账户办理转账结算和根据国家现金管理的规定办理现金收付。

专用存款账户是企业因特殊用途需要而开立的账户。

一个企业只能在一家银行开立一个基本账户;不得在同一家银行的几个分支机构开立一般存款账户。企业在开立存款账户以后,在使用账户时应严格执行银行结算纪律的规定。具体内容包括:合法使用银行账户,不得转借给其他单位或个人使用;不得利用银行账户进行非法活动;不得签发没有资金保证的票据和远期支票,套取银行信用;不得签发、取得和转让没有真实交易和债权债务的票据,套取银行和他人的资金;不准无理拒绝付款、任意占用他人资金;不准违反规定开立和使用账户。

二、银行结算方式

银行结算方式一般是指转账结算。

转账结算是指企业单位之间的款项收付由银行从付款单位的存款账户划转到收款单位存款账户的货币清算行为。转账结算包括票据结算方式和非票据结算方式。

票据结算方式一般包括银行汇票、商业汇票、银行本票和支票结算。

非票据结算方式包括托收承付、委托收款、汇兑和信用卡结算等。

（一）银行汇票

银行汇票是指由出票银行签发的，由其在见票时按照实际结算金额无条件支付给收款人或者持票人的票据。单位和个人在异地、同城或统一票据交换区域的各种款项结算，均可使用银行汇票。

银行汇票的出票银行为银行汇票的付款人。企业与异地单位和个人的各种款项结算，均可使用银行汇票。银行汇票可以用于转账，填明"现金"字样的银行汇票也可以用于提取现金，其中现金银行汇票的申请人与收款人必须均为个人。银行汇票的提示付款期限一般是自出票日起1个月。持票人超过付款期限提示付款的，代理付款人不予受理。

收款人受理申请人交付的银行汇票时，应在出票金额以内，根据实际需要的款项办理结算，并将实际结算金额和多余金额准确、清晰地填入银行汇票和解讫通知的有关栏内。未填明实际结算金额和多余金额或实际结算金额超过出票金额的，银行不予受理。银行汇票的实际结算金额不得更改，更改实际结算金额的银行汇票无效。银行汇票的实际结算金额低于出票金额的，其多余金额由出票银行退交申请人。

银行汇票可以背书转让给被背书人。银行汇票的背书转让以不超过出票金额的实际结算金额为准。未填写实际结算金额或实际结算金额超过出票金额的银行汇票不得背书转让。

申请人因银行汇票超过付款提示期限或其他原因要求退款时，应将银行汇票和解讫通知同时提交出票银行。申请人缺少解讫通知要求退款的，出票银行应于银行汇票提示付款期满1个月后办理。银行汇票丧失，失票人可以凭人民法院出具的其享有票据权利的证明，向出票银行请求付款或退款。

（二）银行本票

银行本票是指由银行签发的，承诺自己在见票时无条件支付确定的金额给收款人或者持票人的票据。银行本票适用于单位和个人在同一票据交换区域需要支付各种款项的结算。

银行本票可以用于转账，也可以用于支取现金。申请人或收款人为单位的，不得申请签发现金银行本票。银行本票分为不定额本票和定额本票两种，其中定额本票分为1 000元、5 000元、1万元和5万元四种面额。银行本票的提示付款期限自出票日起最长不得超过2个月。持票人超过付款期限提示付款的，代理付款人不予受理。持票人可在票据权利时效内向出票银行作出说明，并提供本人身份证件或单位证明，持银行本票向出票银行请求付款。银行本票的代理付款人是代理出票银行审核支付银行本票款项的银行。银行本票可以背书转让给被背书人。

　　申请人使用银行本票,应向银行填写"银行本票申请书",填明收款人名称、申请人名称、支付金额、申请日期等事项并签章;申请人和收款人均为个人,需要支取现金的,应在"支付金额"栏先填写"现金"字样,后填写支付金额。

　　银行本票若丢失,失票人可以凭人民法院出具的其享有票据权利的证明,向出票银行请求付款或退款。

　　(三)支票

　　支票是指出票人签发的,委托办理支票存款业务的银行在见票时无条件支付确定的金额给收款人或者持票人的票据。支票适用于单位和个人在同一票据交换区域的各种款项的结算。

　　支票分为现金支票、转账支票、普通支票和划线支票四种。在支票上印有"现金"字样的支票为现金支票,现金支票只能用于支取现金;在支票上印有"转账"字样的支票为转账支票,转账支票只能用于转账;在支票上没有"现金"或"转账"字样的支票为普通支票,普通支票可以用于支取现金,也可以用于转账;在普通支票左上角划两条平行线的为划线支票,划线支票只能用于转账,不得支取现金。

　　支票的出票人为在经中国人民银行当地分支行批准办理支票业务的银行机构开立可以使用支票的存款账户的单位和个人。

　　支票的提示付款期限为自出票日起10日,中国人民银行另有规定的除外。超过提示付款期限提示付款的,持票人开户银行不予受理,付款人不予付款。

　　单位和个人签发支票的金额不得超过付款时在付款人处实有的存款金,同时不得签发空头支票、与预留银行签章不符的支票以及支付密码错误的支票。否则,银行应予以退票,并按票面金额处以5%但不低于1 000元的罚款。持票人有权要求出票人赔偿支票金额2%的赔偿金。对屡次签发空头支票的,银行应停止其签发支票。另外,单位和个人在签发支票时应使用碳素墨水或墨汁填写,中国人民银行另有规定的除外。

　　(四)商业汇票

　　商业汇票是指由出票人签发的,委托付款人在指定日期无条件支付确定的金额给收款人或者持票人的票据。同城和异地均可使用这种结算方式。

　　商业汇票结算方式要求在银行开立账户的法人以及其他组织之间,必须具有真实的交易关系或债权债务关系,如购买材料、销售商品等业务。

　　商业汇票的付款期限可由交易双方自行约定,但最长不得超过6个月。商业汇票的提示付款期限为自汇票到期日起10日。持票人应在提示付款期限内通过开户银行委托收款或直接向付款人提示付款。对异地委托收款的,持票人可匡算邮程,提前通过开户银行委托收款。持票人超过提示付款期限提示付款的,持票人开户银行不予受理。商业汇票可以背书转让,符合条件的商业汇票在尚未到期前可以向银行申请贴现,并按银行规定的贴现息率向银行支付贴现息。

　　按承兑人的不同,商业汇票可分为商业承兑汇票和银行承兑汇票两种。

　　商业承兑汇票由银行以外的付款人承兑,属于商业信用范畴。商业承兑汇票可以由付款人签发并承兑,也可以由收款人签发,交由付款人承兑。收款人或者持票人在提示付款期限内应填写委托收款凭证,并连同商业承兑汇票送交银行办理收款。在收到银行转来的收款通知后,就可办理收款的账务处理。付款人收到开户银行转来的付款通知,应在当日通知银行付款。付款人在接到通知的次日起 3 日内(遇法定休假日顺延)未通知银行付款的,银行视同付款人承诺付款,并应于付款人接到通知的次日起第 4 日(遇法定休假日顺延)上午开始营业时,将票款划给持票人。银行在办理划款时,付款人存款账户不足支付的,应填制付款人未付票款通知书,连同商业承兑汇票邮寄持票人开户银行转交持票人。

银行承兑汇票由银行承兑,属于银行信用。银行承兑汇票应由在承兑银行开立存款账户的存款人签发。存款人应与承兑银行具有真实的委托付款关系,而且资信状况良好,具有支付汇票金额的可靠资金来源。银行承兑汇票的出票人应于汇票到期前将票款足额交存其开户银行。承兑银行应在汇票到期日或到期日后的见票当日支付票款。承兑银行如存在合法抗辩事由拒绝支付的,应自接到商业汇票的次日起 3 日内,作成拒绝付款证明,连同银行承兑汇票邮寄持票人开户银行转交持票人。如果出票人于汇票到期日未能足额交存票款,承兑银行除凭票向持票人无条件付款外,对出票人尚未支付的汇票金额按照每天万分之五计收利息。

（五）汇兑

汇兑是指汇款人委托银行将其款项支付给在外地的收款人的结算方式。

企业与异地单位和个人的各种款项的结算,均可使用汇兑结算方式。汇兑分为信汇、电汇两种,由汇款人选择使用。

（六）托收承付

托收承付是指根据购销合同,由收款人发货后,委托银行向异地付款人收取款项,由付款人向银行承诺付款的结算方式。

按银行结算办法的规定,使用托收承付结算方式的收款单位和付款单位,必须是国有企业、供销合作社,以及经营管理较好,并经开户银行审查同意的城乡集体所有制企业。收款单位和付款单位间的结算必须是商品交易,以及因商品交易而产生的劳务供应的款项。但有些交易,如代销、寄销、赊销商品的款项,不得办理托收承付结算。

采用托收承付进行结算的交易双方必须签有符合《中华人民共和国合同法》要求的购销合同,并在合同上订明使用托收承付结算方式进行结算。采用托收承付结算方式时,销货单位在按合同规定向购货单位发货以后,应填写一式五联的托收承付结算凭证,连同合同以及能够证明货物确实发出的发运证件送交银行办理托收。经银行审查同意办理托收以后,销货单位根据回单联进行销售货物的账务处理,待收到银行转来的收款通知时,可编制收款凭证,将款项收入账内。购货单位收到银行转来的付款通知以后,应在承付期内及时组织审查核对,安排资金,支付货款。

承付货款分为验单付款和验货付款两种方式,由收付双方选择使用,并在合同中明确加以规定。验单付款的承付期很短,仅为 3 天,从付款人开户银行发出承付通知的次日算起(承付期内遇法定休假日顺延)。付款人在承付期内未向银行表示拒绝付款,银行即视作承付,并在承付期满的次日(遇法定休假日顺延)上午银行开始营业时,按照收款人指定的划款方式,将款项划给收款人。验货付款的承付期长一些,为 10 天,从运输部门向付款人发出提货通知的次日算起。收付双方在合同中明确规定,并在托收凭证上注明验货付款期限的,银行从其规定。付款人收到提货通知后,应立即向银行交验提货通知。付款人在银行发出承付通知的次日起 10 日内,未收到提货通知的,应在第 10 日将货物尚未到达的情况通知银行。在第 10 日付款人没有通知银行的,银行即视作已经验货,于 10 日期满的次日上午银行开始营业时,将款项划给收款人;在第 10 日付款人通知银行货物未到,而以后收到提货通知没有及时送交银行的,银行仍按 10 日期满的次日作为划款日期,并按超过的天数计扣逾期付款赔偿金。

不论是验单付款还是验货付款,付款人都可以在承付期内提前向银行表示承付,并通知银行提前付款,银行应立即办理划款;因商品的价格、数量或金额变动,付款人应多承付款项的,须在承付期内向银行提出书面通知,银行据以随同当次托收款项划给收款人。付款人不得在承付货款中扣抵其他款项或以前托收的货款。付款人在承付期满日银行营业终了时,如无足够资金支付,其不足部分,即为逾期未付款项。对付款人逾期支付的款项,银行根据逾期付款金额和逾期天数按每天万分之五计算逾期付款赔偿金。

付款人在承付期内如果有完整的拒付手续和充足的理由,可以向银行提出拒付。对于付款人提出拒绝付款的手续不全、依据不足、理由不符合规定等情况的,以及超过承付期拒付和应当部分拒付改为全部拒付的,银行均不得受理,并应实行强制扣款。

(七)委托收款

委托收款是指收款人委托银行向付款人收取款项的结算方式。

按银行结算办法的规定,单位和个人凭已承兑商业汇票、债券、存单等付款人债务证明办理款项的结算,均可以使用委托收款结算方式。这种结算方式在同城、异地均可以使用。委托收款结算款项的划回方式分邮寄和电报两种,由收款人选择使用。

收款人委托银行向付款人收取款项时,应填写一式五联的委托收款结算凭证,连同有关债务证明送交银行办理委托收款手续,收款人开户银行受理后,应将有关凭证寄交付款单位开户银行并由其审核后通知付款人。付款人应于接到通知的当日书面通知银行付款。按照规定,付款人未在接到通知日的次日起 3 日内通知银行付款的,视同付款人同意付款,银行应于付款人接到通知日的次日起第 4 日上午银行开始营业时,将款项划给收款人。银行在办理划款时,付款人存款账户不足支付应付金额的,应通过被委托银行向收款人发出未付款项通知书。按照规定,债务证明留存付款人开户银行的,付款人开户银行应将其债务证明连同未付款项通知书邮寄被委托银行并转交收款人。付款人审查有关债务证明后,对收款人委托收取的款项产生异议,需要拒绝付款的,应在付款期内出具拒付理由书,连同有关凭证向银行办理拒绝付款手续。

(八)信用卡

信用卡是指银行向个人和单位发行的,凭以向特约单位购物、消费和向银行存取现金,且具有消费信用的特制载体卡片。

信用卡按使用对象分为单位卡和个人卡;按信誉等级分为金卡和普通卡。

凡在中国境内金融机构开立基本存款账户的单位均可申领单位卡。单位卡可申领若干张,持卡人资格由申领单位法定代表人或其委托的代理人书面指定和注销。单位申领使用信用卡时,应按规定填制申请表,连同有关资料一并送交发卡银行。符合条件的单位应按银行的要求交存一定金额的备用金后,银行才能为申领人开立信用卡存款账户,并发给信用卡。信用卡备用金存款利息,按照活期存款利率及计息办法计算。单位卡账户的资金一律从其基本存款账户转账存入,不得交存现金,不得将销货收入的款项存入其账户。单位卡销户时账户余额要转入其基本存款账户,不能提取现金。

利用单位卡进行结算的商品交易、劳务供应款项的金额不能高于 10 万元。信用卡可以透支,但不能恶意透支,而且透支金额有明确的规定:金卡不能超过 1 万元,普通卡不能超过 5 000 元。信用卡透支期限最长为 60 天。

(九)信用证

信用证是指由银行依照客户的要求和指示开立的有条件承诺付款的书面文件。

信用证一般为不可撤销的跟单信用证。

"不可撤销"是指信用证已经开出,在有效期内未经收益人及有关当事人的同意,开证行不能片面修改和撤销,只要收益人提供的单据符合信用证的规定,开证行必须履行付款的义务。

"跟单"是指信用证项下的汇票必须附有货运单据。信用证属于银行信用,供销双方的权利和义务都会得到保障,因此,只要双方有合作的意愿,交易是很容易促成的。我国国内企业与国外企业间的贸易业务基本上都是采用这一结算方式进行结算的。

三、银行存款的日常核算

(一)银行存款的序时核算

银行存款的序时核算是指根据银行存款的收支业务逐日逐笔地记录与计算银行存款的增减及结存情况。

银行存款序时核算的方法是设置与登记银行存款日记账。

银行存款日记账是核算和监督银行存款日常收付结存情况的序时账簿。通过它,可以全面、连续地了解和掌握企业每日银行存款的收支动态和余额,为日常分析、检查企业的银行存款收支活动提供资料。

银行存款日记账一般采用收入、付出及结余三栏式格式,如表 2-2 所示。

表 2-2　银行存款日记账

年		凭证种类及号数	摘　要	对方科目	收入	付出	结余
月	日						

银行存款日记账应由财会部门出纳人员根据银行存款收、付款凭证及存入银行现金时的现金付款凭证,按照经济业务发生的先后顺序逐日逐笔登记。如果业务较多,还需逐日加计收入、付出合计数和结余数,月末时还应结出本月收入、付出的合计数和月末结余数。

（二）银行存款的总分类与明细分类核算

银行存款的总分类核算是为了总括地反映和监督企业在银行开立结算账户的收支结存情况，为此，应设置银行存款总分类账（总账）。企业的外埠存款、银行本票存款、银行汇票存款等在"其他货币资金"账户核算，不在"银行存款"账户内核算。银行存款总账可以根据银行存款的收款凭证和付款凭证或记账凭证汇总表登记。

【任务举例 2-7】 20×9 年 9 月 1 日，吉力公司发生如下银行存款收入业务：销售商品收到货款 56 500 元，其中应交增值税为 6 500 元。

会计分录如下：

借：银行存款　　　　　　　　　　　　　　　　　　　　　56 500
　　贷：主营业务收入　　　　　　　　　　　　　　　　　　50 000
　　　　应交税费——应交增值税（销项税额）　　　　　　　　6 500

【任务举例 2-8】 20×9 年 9 月 1 日，吉力公司发生如下银行存款支付业务：采购生产产品用材料支付银行存款 22 600 元，其中增值税进项税额为 2 600 元；支付前欠 M 公司货款 11 700 元。

会计分录如下：

借：原材料　　　　　　　　　　　　　　　　　　　　　　20 000
　　应交税费——应交增值税（进项税额）　　　　　　　　　2 600
　　应付账款——M 公司　　　　　　　　　　　　　　　　　11 700
　　贷：银行存款　　　　　　　　　　　　　　　　　　　　34 300

企业一般不进行银行存款明细分类核算，但在有多币种业务的情况下，也需要按币种设置明细分类账对银行存款进行明细分类核算。

四、银行存款余额调节表

企业的往来结算业务，大部分通过银行进行办理，为了正确掌握企业银行存款的实有数，需要定期将企业银行存款日记账的记录与银行转来的对账单进行核对，每月至少要核对一次，如二者不符，应查明原因，予以调整。企业银行存款日记账按时间的先后顺序记录了引起银行存款增减变动的每一笔经济业务，银行转给企业的对账单列示了从上次对账到本次对账之间银行对引起企业银行存款增减变动的经济业务所作的全部记录。一般情况下，二者是能够核对相符的，但也有核对不符的情况。造成不符的原因有两个方面：一是企业和银行双方存在一方或双方同时记账错误，如银行将企业支票存款串户记账，或者银行、企业记账时发生数字错误等。二是存在未达账项。未达账项是指由于企业间的交易采用的结算方式涉及的收付款结算凭证在企业和银行之间的传递存在时间的先后差别，造成一方已收到凭证并已入账，而另一方尚未接到凭证仍未入账的款项。很显然，未达账项会使银行对账单上的存款余额与企业银行存款日记账的余额不一致。未达账项归纳起来一般有如下四种情况：

（1）企业已收款记账，而银行尚未收款记账。如企业将收到的转账支票存入银行，但银行尚未转账。

（2）企业已付款记账，而银行尚未付款记账。如企业开出支票并已根据支票存根记账,而持票人尚未到银行取款或转账。

(3)银行已收款记账,而企业尚未收款记账。如托收货款,银行已经入账,而企业尚未收到收款通知。

(4)银行已付款记账,而企业尚未付款记账。如借款利息,银行已经入账,而企业尚未收到付款通知。

上述第 1 种和第 4 种情况会使得企业银行存款日记账余额大于银行对账单存款余额,第 2 种和第 3 种情况会使得企业银行存款日记账余额小于银行对账单存款余额。

企业的银行存款日记账余额、银行对账单余额与未达账项的关系可用下式表示:

$$\frac{银行存款}{日记账余额}+\frac{银行已收}{企业未收款项}-\frac{银行已付}{企业未付款项}=\frac{银行对账}{单余额}+\frac{企业已收}{银行未收款项}-\frac{企业已付}{银行未付款项}$$

如上所述,由于记账错误和未达账项的存在,银行存款日记账的余额与银行对账单的余额是不相等的。此时,银行存款日记账的余额与银行对账单的余额有可能都不能代表企业银行存款的实有数。为了掌握企业银行存款的实有数,企业在收到银行转来的对账单以后,要仔细将企业银行存款日记账的记录与对账单的记录进行核对,判明企业和银行双方是否有记账错误,同时确定出所有的未达账项。经过上述工作以后,可以通过编制银行存款余额调节表来确定企业银行存款的实有数。

实务中常用的银行存款余额调节表的编制方法是根据错记金额和未达账项同时将银行存款日记账余额和对账单余额调整到银行存款实有数。这种方法不仅能检验企业或银行的错记金额及未达账项的确定是否准确,而且能确定企业银行存款的实有数。银行存款余额调节表的格式如表 2-3 所示。

表 2-3　银行存款余额调节表

项　　目	金　　额	项　　目	金　　额
银行对账单余额 加: 企业已收记账,而银行尚未收款 记账的款项 减: 企业已付记账,而银行尚未付款 记账的款项 加或减:银行错账		企业银行存款日记账余额 加: 银行已收记账,而企业尚未收 款记账的款项 减: 银行已付记账,而企业尚未付 款记账的款项 加或减:企业错账	
调整后的余额		调整后的余额	

【任务举例 2-9】　吉力公司 20×9 年 12 月 31 日银行存款日记账的余额为 52 600 元,银行对账单的余额为 57 700 元,核对银行存款日记账与银行送来的对账单,发现未达账项情况如下:

(1)12 月 20 日,委托银行收款,金额为 2 000 元,银行已收妥入账,但企业尚未收到收款通知。

(2)12 月份公司开出的转账支票共有 3 张,持票人尚未到银行办理转账手续,金额合计 6 700 元。

(3)12 月 30 日,存入银行支票一张,金额为 1 500 元,银行已承办,企业已凭回单记账,银行尚未记账。

(4)12 月 31 日,银行代付电费 2 100 元,企业尚未收到付款通知。

根据上述资料编制银行存款余额调节表(表 2-4)。

表 2-4　银行存款余额调节表

20×9 年 12 月 31 日

项　　　目	金　　额	项　　　目	金　　额
银行对账单余额	57 700	企业银行存款日记账余额	52 600
加:		加:	
已存入银行,但银行尚未入账的款项	1 500	银行已收款入账,但收款通知尚未收到,而未入账的款项	2 000
减:		减:	
支票已开出,但持票人尚未到银行转账的款项	6 700	银行已付款入账,但付款通知尚未到达企业,而未入账的款项	2 100
调整后的余额	52 500	调整后的余额	52 500

从表 2-4 可以看出,表中左右两方调整后的余额相等。这说明该公司银行存款的实有数既不是 57 700 元,也不是 52 600 元,而是 52 500 元。

值得注意的是,对于银行已经入账,而企业尚未入账的未达账项,应在收到有关收付款原始凭证后,才能进行账务处理,不能直接以银行转来的对账单作为原始凭证记账。

任务四　其他货币资金的核算

一、其他货币资金的内容

其他货币资金是指除现金、银行存款之外的货币资金。其他货币资金包括外埠存款、银行汇票存款、银行本票存款、信用卡存款、信用证保证金存款以及存出投资款等。

(1)外埠存款,是指企业到外地进行临时或零星采购时,汇往采购地银行开立采购专户的款项。

(2)银行汇票存款,是指企业为取得银行汇票按照规定存入银行的款项。

(3)银行本票存款,是指企业为取得银行本票按照规定存入银行的款项。

(4)信用卡存款,是指企业为取得信用卡按照规定存入银行的款项。

(5)信用证保证金存款,是指企业为取得信用证按规定存入银行的保证金。

(6)存出投资款,是指企业已存入证券公司但尚未进行短期投资的款项。

二、其他货币资金的核算方法

为了总括地反映企业其他货币资金的增减变动和结余情况,应设置"其他货币资金"

账户进行其他货币资金的总分类核算。同时,为了详细反映企业各项其他货币资金的增减变动及结余情况,还应在"其他货币资金"总账下按其他货币资金的组成内容的不同分设明细账户,并且按外埠存款的开户银行、银行汇票或银行本票的收款单位等设置明细账。

（一）外埠存款的核算

为满足企业临时或零星采购的需要,将款项委托当地银行汇往采购地银行开立采购专户时,借记"其他货币资金"账户,贷记"银行存款"账户;会计部门在收到采购员交来的供应单位的材料账单、货物运单等报销凭证时,借记"在途物资""应交税费"等账户,贷记"其他货币资金"账户;采购员在离开采购地时,采购专户如有余额款项,应将剩余的外埠存款转回企业当地银行结算户,会计部门根据银行的收账通知,借记"银行存款"账户,贷记"其他货币资金"账户。

【任务举例 2-10】 20×9 年 5 月 8 日,吉力公司因零星采购需要,将款项 60 000 元汇往北京并开立采购专户。

会计分录如下:

借:其他货币资金——外埠存款   60 000

   贷:银行存款   60 000

【任务举例 2-11】 20×9 年 5 月 18 日,会计部门收到采购员寄来的采购材料发票等凭证,货物价款为 56 500 元,其中应交增值税为 6 500 元。

会计分录如下:

借:在途物资   50 000

   应交税费——应交增值税（进项税额）   6 500

   贷:其他货币资金——外埠存款   56 500

【任务举例 2-12】 20×9 年 5 月 16 日,外地采购业务结束,采购员将剩余采购资金 1 500 元转回本地银行。

会计分录如下:

借:银行存款   1 500

   贷:其他货币资金——外埠存款   1 500

（二）银行汇票的核算

企业使用银行汇票办理结算时,应填写"银行汇票委托书",并将相应金额的款项交存银行,取得银行汇票后,根据银行盖章退回的委托书存根联,借记"其他货币资金"账户,贷记"银行存款"账户。企业使用银行汇票后,应根据发票账单及开户银行转来的银行汇票第四联等有关凭证,借记"在途物资"等账户,贷记"其他货币资金"账户。银行汇票如有多余款或因超过付款期等原因而退回款项时,借记"银行存款"账户,贷记"其他货币资金"账户。

【任务举例 2-13】 20×9 年 6 月 10 日,吉力公司向银行提交"银行汇票委托书",并交存款项 30 000 元,银行受理后签发银行汇票和解讫通知。

会计分录如下:

借:其他货币资金——银行汇票   30 000

　　贷:银行存款　　　　　　　　　　　　　　　　　　　　　　　　30 000

　　【任务举例2-14】 20×9年6月11日,吉力公司用银行签发的银行汇票支付采购材料货款22 600元,其中应交增值税为2 600元。

　　会计分录如下:

　　借:原材料　　　　　　　　　　　　　　　　　　　　　　　　　20 000

　　　　应交税费——应交增值税(进项税额)　　　　　　　　　　　　2 600

　　　　贷:其他货币资金——银行汇票　　　　　　　　　　　　　　22 600

　　【任务举例2-15】 20×9年6月12日,吉力公司收到银行退回的多余款的收账通知。

　　会计分录如下:

　　借:银行存款　　　　　　　　　　　　　　　　　　　　　　　　　7 400

　　　　贷:其他货币资金——银行汇票　　　　　　　　　　　　　　　7 400

　　(三)银行本票的核算

　　企业使用银行本票办理结算时,应填写"银行本票申请书",并将相应金额的款项交存银行,取得银行本票后,根据银行盖章退回的申请书存根联,借记"其他货币资金"账户,贷记"银行存款"账户。企业付出银行本票后,应根据发票账单等有关凭证,借记"原材料""应交税费"等账户,贷记"其他货币资金"账户。企业因本票超过付款期等原因而要求退款时,应填制进账单一式两联,连同本票一并交存银行,根据银行盖章退回的进账单第一联,借记"银行存款"账户,贷记"其他货币资金"账户。银行本票核算的账务处理程序与银行汇票是相同的,不同的是二者涉及的明细账户不一样。

　　(四)信用卡存款的核算

　　企业申请使用信用卡时,应按规定填制申请表,并连同支票和有关资料一并送交发卡银行,根据银行盖章退回的进账单第一联,借记"其他货币资金"账户,贷记"银行存款"账户。企业用信用卡购物或支付有关费用,借记有关账户,如"管理费用""原材料"等,贷记"其他货币资金"账户。企业在使用信用卡的过程中,需要向其账户续存资金的,借记"其他货币资金"账户,贷记"银行存款"账户。

　　(五)信用证保证金存款的核算

　　企业申请使用信用证进行结算时,应向银行交纳保证金,根据银行退回的进账单,借记"其他货币资金"账户,贷记"银行存款"账户;根据开证行交来的信用证来单通知书及有关单据列明的金额,借记"在途物资""原材料""库存商品""应交税费——应交增值税"等账户,贷记"其他货币资金"账户。

　　(六)存出投资款的核算

　　企业在向证券市场进行股票、债券投资时,应向证券公司申请资金账号并划出资金。会计部门应按实际划出的金额,借记"其他货币资金"账户,贷记"银行存款"账户;购买股票、债券时,应按实际支付的金额,借记"交易性金融资产"等账户,贷记"其他货币资金"账户。

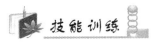技能训练

一、简答题

1. 什么是货币资金？它包括哪些内容？

2. 什么是其他货币资金？它包括哪些具体内容？

二、实训题

1.20×9 年 7 月 31 日,某企业银行存款日记账的账面余额为 68 200 元,银行对账单上的余额为 67 500 元,经逐笔核对,发现有下列未达账项：

(1)7 月 29 日,企业支付货款开出转账支票一张,计 4 500 元,企业已登记入账,银行尚未入账。

(2)7 月 30 日,企业销售产品收到转账支票一张,计 12 300 元,企业已经登记入账,而银行尚未入账。

(3)7 月 30 日,银行收到企业委托收款 10 900 元,银行已经登记入账,企业尚未入账。

(4)7 月 31 日,银行代企业支付水电费 3 800 元,银行已登记入账,企业尚未入账。

要求：根据上述未达账项编制银行存款余额调节表。

2.20×8 年 4 月,A 公司有关其他货币资金的经济业务如下：

(1)4 月 2 日,向银行申请并得到一张面额为 60 000 元的银行本票。

(2)4 月 4 日,委托银行将 40 000 元汇往外地建立采购专户。

(3)4 月 6 日,用上述银行本票向 M 公司购买原材料,增值税专用发票上注明的价款为 51 000 元,增值税税额为 6 630 元,M 公司以现金 2 370 元退回多余款。

(4)4 月 20 日,采购员回单位报销以采购专户存款购买的材料价款 30 000 元,增值税税额为 3 900 元。材料已验收入库。

(5)4 月 28 日,接到银行通知,采购专户的剩余款项已划回。

要求：根据上述资料编制会计分录。

项目三　应收及预付款的核算

1.应收票据的计价和会计处理；
2.应收票据的贴现计算及会计处理；
3.应收账款总价法的会计处理；
4.应收账款坏账准备的计提方法。

　　应收及预付款项是指企业在日常生产经营活动中发生的各种债权,包括应收票据、应收账款、其他应收款、预付账款、应收股利和应收利息等,属于流动资产中的重要组成部分。企业及时地反映和监督各种应收及预付款项,对保证资产的安全和完整,促进企业流动资金的周转具有重要意义。

任务一　应收票据的核算

一、应收票据概述

(一)应收票据的概念

应收票据是指企业因销售商品、提供劳务等而收到的商业汇票。

商业汇票是出票人签发的,委托付款人在指定日期无条件支付确定的金额给收款人或者持票人的票据。在银行开立存款账户的法人以及其他组织之间必须具有真实的交易关系或债权债务关系,才能使用商业汇票。商业汇票可以背书转让。根据我国现行法规制度的规定,商业汇票的付款期限由交易双方商定,但不得超过 6 个月。因此,企业持有的应收票据是一项短期债权,在资产负债表上列示为一项流动资产。

应收票据
的核算

(二)应收票据的种类

1. 商业汇票按其承兑人的不同,可以分为商业承兑汇票和银行承兑汇票

商业承兑汇票是指由收款人签发,经付款人承兑,或者由付款人签发并承兑的汇票;银行承兑汇票是指由收款人或承兑申请人签发,并由承兑申请人向开户银行申请,经银行审查同意承兑的汇票。

2. 商业汇票按票面是否载明利率,可以分为带息商业汇票和不带息商业汇票

带息商业汇票是指在商业汇票到期时,承兑人必须按票面金额加上应计利息向收款人或被背书人支付票款的票据;不带息商业汇票是指在商业汇票到期时,承兑人只按票面金额向收款人或被背书人支付票款的票据。

(三)应收票据的计价

我国《企业会计制度》规定,应收票据应当按票据的面值计价,即企业收到应收票据时,应按照票据的面值入账。对于带息的应收票据,应于期末(中期期末或年度终了)按照票据的票面价值和确定的利率计提利息,计提的利息应计入应收利息。到期不能收回的应收票据,应将其账面余额转入应收账款,并不再计提利息。

二、应收票据的日常核算

对应收票据的日常核算一般可设置"应收票据"账户,核算应收票据的取得及收回票款的经济业务。

"应收票据"账户借方登记取得的应收票据的票面金额,贷方登记到期收回票款或到期前向银行贴现的应收票据的票面金额,期末余额在借方,反映企业持有的应收票据的票面金额。它可按照开出或承兑商业汇票的单位设置明细账户进行明细核算。

应收票据入账价值的确定有两种方法:一种是按其票面价值入账;另一种是按票面价值的现值入账。虽然按现值入账比较合理和科学(考虑到货币时间价值),但是,由于我国商业汇票的期限一般较短(不超过6个月),利息金额相对而言较小,如用现值记账,不仅计算麻烦而且其折价还要逐期摊销,过于繁琐。因此,为了简化核算,一般规定,应收票据一律按照面值确定其入账价值。但对于带息的应收票据,按照现行制度的规定,应于期末(指中期期末和年度终了)按应收票据的票面价值和确定的利率计提利息,计提的利息应单独以"应收利息"予以核算和反映。

(一)不带息应收票据的核算

不带息商业汇票的到期价值等于应收票据的面值。《企业会计制度》规定,企业收到商业汇票时,应当按照应收票据的票面金额,借记"应收票据"账户,按实现的营业收入或应收票据抵偿应收账款的金额,贷记"主营业务收入""应收账款"等账户,按专用发票上注明的增值税,贷记"应交税费——应交增值税(销项税额)"账户。按不带息票据到期收回的面值,借记"银行存款"账户,贷记"应收票据"账户。若该商业汇票到期,承兑人违约拒付或无力偿还票款,收款企业应将到期票据的票面金额转入"应收账款"账户核算。

【任务举例3-1】 吉力公司20×9年6月1日向乙企业销售产品一批,货款为200 000元,尚未收到,已办妥托收手续,适用增值税税率为13%。

会计分录如下:

借:应收账款——乙企业　　　　　　　　　　　　　　　226 000
　　贷:主营业务收入　　　　　　　　　　　　　　　　　200 000
　　　　应交税费——应交增值税(销项税额)　　　　　　 26 000

7日后,吉力公司收到乙企业寄来一份2个月的商业承兑汇票,面值为226 000元,支付产品货款。

会计分录如下:

借:应收票据 　　　　　　　　　　　　　　　　　　　　　226 000
　　贷:应收账款——乙企业 　　　　　　　　　　　　　　　　　226 000

2 个月后,应收票据到期收回票面金额 226 000 元存入银行。

会计分录如下:

借:银行存款 　　　　　　　　　　　　　　　　　　　　　226 000
　　贷:应收票据 　　　　　　　　　　　　　　　　　　　　226 000

如果该票据到期,乙企业无力偿还票款,将到期票据的票面金额转入"应收账款"账户。

会计分录如下:

借:应收账款——乙企业 　　　　　　　　　　　　　　　　226 000
　　贷:应收票据 　　　　　　　　　　　　　　　　　　　　226 000

(二)带息应收票据的核算

对于带息应收票据,应当定期计算票据利息,金额较大的可以按月计提;金额较小的,可按季度计提。一般而言,企业至少应于中期期末和年度终了计算票据利息,并单独以"应收利息"予以核算和反映,同时,冲减财务费用。其计算公式如下:

$$应收票据利息＝应收票据票面金额×利率×期限$$

上式中,利率一般以年利率表示;"期限"指签发日至到期日的时间间隔(有效期)。票据的期限则用月或日表示,在实际业务中,为了计算方便,常把一年定为 360 天。票据期限按月表示时,应以"对月当日"为原则确定到期日,即以到期月份中与出票日相同的那 1 天为到期日。如 4 月 15 日签发的一个月票据,到期日应为 5 月 15 日。月末签发的票据,不论月份大小,以到期月份的月末那一天为到期日。如 2018 年 12 月 31 日签发的期限 2 个月的商业汇票,到期日应为 2019 年 2 月 28 日。与此同时,计算利息使用的利率要换算成月利率(年利率÷12)。

票据期限按日表示时,应从出票日起按实际经历天数计算。通常出票日和到期日,只能计算其中的一天,即"算头不算尾"或"算尾不算头"。例如,5 月 15 日签发的 90 天票据,其到期日应为 8 月 13 日[90 天－5 月份剩余天数－6 月份实有天数－7 月份实有天数 ＝90－(31－15)－30－31＝13]。同时,计算利息使用的利率,要换算成日利率(年利率÷360)。

带息的应收票据到期收回款项时,应按收到的本息,借记"银行存款"账户,按票面价值,贷记"应收票据"账户,按已计提的利息,贷记"应收利息"账户,未计提的利息部分则直接贷记"财务费用"账户。

【任务举例 3-2】 吉力公司 20×9 年 9 月 1 日销售一批产品给光大公司,产品已发出,发票上注明的销售价款为 200 000 元,增值税额为 26 000 元。收到光大公司开出的商业承兑汇票一张,期限为 6 个月,票面利率为 6%。

会计处理如下:

(1)收到票据

借:应收票据 　　　　　　　　　　　　　　　　　　　　226 000
　　贷:主营业务收入 　　　　　　　　　　　　　　　　　200 000

应交税费——应交增值税(销项税额)	26 000

(2)年度终了(20×9年12月31日),计提票据利息

票据利息＝226 000×6%÷12×4＝4 520(元)

借:应收票据	4 520	
贷:财务费用		4 520

(3)票据到期收回货款

20×9年的票据利息＝226 000×6%÷12×2＝2 260(元)

借:银行存款	232 780	
贷:应收票据		230 520
财务费用		2 260

三、应收票据贴现

当企业需要资金时,可以将未到期的票据经过背书向银行贴现。贴现是指企业以支付贴现息为代价,在票据到期之前,将票据的收款权转让给银行或其他金融机构,提前取得现金的方式。票据贴现实质上是一种融资行为。在贴现中,企业贴给银行的利息称为贴现息,所用的利率称为贴现率,票据到期值与贴现息之差称为贴现所得。

向银行申请贴现的票据必须经过背书。背书是指票据的持有人在票据转让的时候,在票据背面签字。签字人称为背书人,对票据到期付款负有法律责任。应收票据贴现的处理可以采用"无追索权"和"有追索权"两种方式。"无追索权"方式是指票据到期如果付款人无力付款,背书人不承担连带责任,而"有追索权"方式是指当票据到期时,如果遭到付款单位的拒付,银行可以根据法律向背书人追索。换言之,如果贴现的票据到期,付款单位无力支付款项,贴现企业有责任代出票人或承兑人向银行兑付。根据我国票据法的规定,我国现行票据贴现和转让均采用"有追索权"方式处理。

企业以应收票据向银行贴现的贴现息和贴现所得的计算公式如下:

票据到期值＝票据面值＋票据到期利息

贴现息＝票据到期值×年贴现率×贴现期

贴现所得＝票据到期值－贴现息

1. 不带息票据的贴现

不带息票据的到期值就是票据的面值,向银行申请贴现时,应按上述公式计算贴现息和贴现所得。在会计处理上,考虑到无追索权和有追索权两种情况。对无追索权的采用直接冲销"应收票据"的方法;对有追索权的可以冲销"应收票据",但同时须用旁注的方式在资产负债表上反映票据的贴现。也可以设置"应收票据贴现"账户进行核算,在资产负债表内反映。我国现行的企业会计制度采用第一种方法;而中外合资企业会计制度则采用第二种方法。下面举例说明第一种方法的会计处理。

【任务举例3-3】 吉力公司将面值为10 000元,期限为半年的商业汇票在持有1个月以后向银行申请贴现,贴现率为8%,贴现息和贴现所得计算如下:

贴现息＝10 000×8%×5/12＝333.33(元)

贴现所得＝10 000－333.33＝9 666.67(元)

（1）贴现时，吉力公司根据计算结果作会计分录如下：

借：银行存款　　　　　　　　　　　　　　　　　　　　　　9 666.67

　　财务费用　　　　　　　　　　　　　　　　　　　　　　333.33

　　　贷：应收票据　　　　　　　　　　　　　　　　　　　　　　　10 000

（2）上述票据到期时，如果付款人已经付款，则不作处理；如果付款人或承兑人无力还款，吉力公司收到贴现银行退回的票据时，应作如下会计分录：

借：应收账款　　　　　　　　　　　　　　　　　　　　　　10 000

　　　贷：银行存款（或短期借款）　　　　　　　　　　　　　　　　10 000

（3）期末编制财务报表时，对于尚未到期的已贴现商业汇票，应作为企业一项或有负债，在财务报表附注中说明，以便财务报告使用者更全面地了解企业的财务状况。

2. 带息票据的贴现

带息票据的到期值由面值和利息两部分组成，若企业向银行申请贴现，可按前述公式计算贴现息和贴现所得。如果贴现所得大于应收票据面值，说明应收票据已取得的利息大于应支付的贴现息，形成企业的利息收入；如果贴现所得小于应收票据的面值，说明企业取得的利息收入不足以支付贴现息，形成贴现的利息费用。无论是利息收入还是利息费用，均通过"财务费用"账户核算。

【任务举例 3-4】　吉力公司于 20×9 年 4 月 1 日将 2 月 1 日开出并承兑的面值为 100 000 元、年利率 8%、5 月 1 日到期的商业承兑汇票向银行申请贴现，贴现率为 10%，则贴现息和贴现所得计算如下：

$$票据到期值 = 100\ 000 \times (1 + 8\% \times 90/360) = 102\ 000(元)$$
$$贴现息 = 102\ 000 \times 10\% \times 30/360 = 850(元)$$
$$贴现所得 = 102\ 000 - 850 = 101\ 150(元)$$

会计分录如下：

借：银行存款　　　　　　　　　　　　　　　　　　　　　　101 150

　　　贷：应收票据　　　　　　　　　　　　　　　　　　　　　　　100 000

　　　　财务费用　　　　　　　　　　　　　　　　　　　　　　　　1 150

若 5 月 1 日该商业汇票的付款人如数付款，则不作处理；如果付款人或承兑人无力付款，吉力公司收到贴现银行退回的票据时，应作如下会计分录：

借：应收账款　　　　　　　　　　　　　　　　　　　　　　102 000

　　　贷：银行存款（或短期借款）　　　　　　　　　　　　　　　　102 000

四、应收票据转让

应收票据在到期前，持票人可将其作为其他交易的结算凭证转让给交易对方，如可用于抵偿购买商品的欠款、偿还债务等。商业汇票转让时同样要背书。如果付款人到期不能兑付，背书人负有连带的付款责任。在会计上，当商业汇票转让时，通常作为冲减应收票据处理，但由此产生的或有负债需要在报表附注中加以说明。

任务二 应收账款的核算

一、应收账款概述

应收账款,是指企业因销售商品、产品或提供劳务而形成的债权。

企业因销售商品、产品或提供劳务等原因,应向购货单位或接受劳务单位收取的款项,包括代垫的运杂费等。它是由于赊销向客户提供的信用。

应收账款有其特定的范围:一是因销售活动形成的债权,不包括应收职工欠款、应收债务人的利息等其他应收款;二是流动资产性质的债权,不包括长期的债权,如购买的长期债券等;三是本企业应收客户的款项,不包括本企业付出的各类存出保证金,如投标保证金和租入包装物保证金等。

二、应收账款的日常核算

由于应收账款是因赊销业务而产生的,因此其入账时间与确认销售收入的时间是一致的,应收账款应于收入实现时予以确认。简单来讲,必须符合两个条件,即与收入项目有关的经济利益能够流入企业以及收入能够可靠地计量。

按照历史成本计价的原则,应收账款通常应根据交易实际发生的金额入账,包括发票金额和代购货单位垫付的运杂费两部分。当有商业折扣和现金折扣等发生时,应收账款入账价值的确定方法会复杂一点。

(一)商业折扣

商业折扣,是指企业根据市场供需情况,或针对不同的顾客,在商品价格上给予的扣除。企业为了扩大销售、占领市场,对于批发商往往给予商业折扣,采用销量越多、价格越低的促销策略,即通常所说的"薄利多销",是企业最常用的促销手段。例如,企业制定销售政策,凡一次性购入某种产品500件的客户可以享受20%的价格优惠,就是商业折扣。

由于商业折扣实质上是重新确认实际的销售价格,开出的发票价格是以扣除了商业折扣以后的价格来定的,对应收账款的入账价值没有影响,在会计上可不作处理。

(二)现金折扣

现金折扣,是指债权人为鼓励债务人在规定的期限内提前付款,而向债务人提供的债务扣除。

现金折扣通常发生在以赊销方式销售商品及提供劳务的交易中。企业为了鼓励客户提前偿付货款,通常与债务人达成协议,债务人在不同期限内付款可享受不同比例的折扣。现金折扣一般用"折扣/付款期限"表示。例如买方在10天内付款可按售价给予2%的折扣,用"2/10"表示;在20天内付款按售价给予1%的折扣,用"1/20"表示;在30天内付款,则不给折扣,用"n/30"表示。

现金折扣是否影响应收账款的入账价值,取决于所采用的会计处理方法是总价法还是净价法。也就是说,存在现金折扣的情况下,应收账款入账金额的确认有两种方法:一种是总价法,另一种是净价法。

总价法是将未减去现金折扣前的金额作为实际售价,记作应收账款的入账价值。现金折扣只有客户在折扣期内支付货款时,才予以确认。在这种方法下,销售方把给予客户的现金折扣视为融资的理财费用,会计上作为财务费用处理。

净价法是将扣减现金折扣后的金额作为实际售价,据以确认应收账款的入账价值。这种方法是把客户取得折扣视为正常现象,认为客户一般都会提前付款,而将由于客户超过折扣期限而多收入的金额,视为提供信贷获得的收入。

总价法和净价法相比,从理论上讲,净价法更为合理。因为在净价法下,应收账款按可实现的金额入账,销售收入按扣除现金折扣以后的价格入账,符合会计信息的谨慎性质量要求;但是,在净价法下,当客户付款时间超过折扣期时,需要对每一笔应收账款作详细的分析,进而调整应收账款,工作量大,手续比较繁琐。在总价法下,应收账款计量比较简单,不论现金折扣是否发生,应收账款金额是确定的。我国的会计实务中通常采用总价法。

【任务举例 3-5】　吉力公司销售给顺昌公司一批产品,价款 20 000 元,吉力公司规定的现金折扣条件为 2/10,n/30,适用的增值税税率为 13%,产品交付并办妥托收手续。假定计算现金折扣时不考虑增值税。

会计分录如下:

借:应收账款——顺昌公司	22 600
贷:主营业务收入	20 000
应交税费——应交增值税(销项税额)	2 600

收到货款时,根据顺昌公司是否得到现金折扣的情况入账。

如果上述货款在 10 天内收到:

借:银行存款	22 200
财务费用	400
贷:应收账款——顺昌公司	22 600

如果超过了现金折扣的最后期限:

借:银行存款	22 600
贷:应收账款——顺昌公司	22 600

三、应收账款坏账

应收账款坏账,是指因购货方拒付、破产、死亡等原因而无法收回的账款。由于坏账而遭受的损失,称为坏账损失。

(一)坏账损失的确认

企业确认坏账时,应遵循财务会计的目标和会计核算的基本原则,具体分析各项应收款项(包括应收账款、其他应收账款等)的特性、金额的大小、信用期限、债务人的信誉和当时的经营情况等因素。一般来讲,企业的应收款项符合下列条件之一的,应确认为坏账:

(1)债务人死亡,以其遗产清偿后仍然无法收回;

(2)债务人破产,以其破产财产清偿后仍然无法收回;

应收账款
减值的核算

（3）债务人较长时期内未履行其偿债义务，并有足够的证据表明无法收回或收回的可能性极小。

由于不同的行业和不同规模的企业，其应收款项的水平不一样，产生坏账损失的可能性也不一样。企业应当在期末对应收款项进行检查，并预计可能产生的坏账损失。对预计可能发生的坏账损失，计提坏账准备。

企业计提坏账准备的方法由企业自行确定。在确定计提方法时，应注意它的客观性，不得过度计提或者不计提坏账准备，利用计提坏账准备调节利润。因此，企业应当制定计提坏账准备的政策，明确计提坏账准备的范围、提取方法、账龄的划分和提取比例，按照法律、行政法规的规定报有关各方备案。

坏账准备的计提方法通常有账龄分析法、余额百分比法、赊销百分比法和个别认定法等。企业无论采用何种方法，或者根据情况分别采用不同的方法，都应当在制定的有关会计政策和会计估计目录中明确，不得随意变更。如需变更，应当按会计政策、会计估计变更的程序和方法进行处理并在会计报表附注中予以说明。

为了正确运用企业会计制度所规定的计提坏账准备的原则，企业必须把握好以下几点：

第一，企业应向债务人函证应收款项，对应收款项的可回收性进行评价。

第二，企业应根据具体情况，自行确定计提坏账准备的方法、计提比例等，如果企业历史上发生坏账损失的记录较少，且债务人的信用较好，企业仍然可以在较低的水平上计提坏账准备。

第三，企业在确定坏账准备的计提比例时，应根据以往的经验、债务单位的实际财务状况和现金流量的情况，以及其他相关信息合理地估计，如市场情况和行业惯例，特别是赊销金额巨大的客户的支付能力等因素。

第四，除有确凿证据表明该项应收款项不能够收回或收回的可能性不大外（如债务单位已撤销、破产、资不抵债、现金流量严重不足、发生严重的自然灾害等导致停产而在短时间内无法偿付债务等，以及3年以上的应收款项），下列各种情况不能全额提取坏账准备：①当年发生的应收款项；②计划对应收款项进行重组；③与关联方发生的应收款项；④其他已逾期，但无确凿证据表明不能收回的应收款项。

企业利用制度提供的选择空间，随意大量计提坏账准备，在来年又对已计提坏账准备的应收款项进行冲回，以实现收益的做法，就属于人为操纵利润，设置秘密准备的现象。秘密准备是指超过资产实际损失金额而计提的准备。

需要特别说明的是，上述规定并不意味着企业对与关联方之间发生的应收款项可以不计提坏账准备。企业与关联方之间发生的应收款项与其他应收款项一样，也应当在期末时分析其能否收回，并预计可能发生的坏账损失。对预计可能发生的坏账损失，计提相应的坏账准备。企业与关联方之间发生的应收款项一般不能全额计提坏账准备，但如果有确凿证据表明关联方（债务单位）已撤销、破产、资不抵债、现金流量严重不足等，并且不准备对应收款项进行重组或无其他收回方式的，则对预计无法收回的应收关联方的款项也可以全额计提坏账准备。

企业的预付账款如有确凿证据表明其不符合预付账款性质，或者因供货单位破产、撤销等原因已无望再收到所购货物的,应当按规定计提坏账准备。

企业持有的未到期应收票据,如有确凿证据证明不能够收回或收回的可能性不大时,应当计提相应的坏账准备。

应当指出,对已确认为坏账的应收款项,并不意味着企业放弃了追索权,一旦重新收回,应及时入账。

(二)坏账损失的会计处理

我国企业会计准则规定,企业应设置"信用减值损失"账户对坏账进行核算。坏账的核算方法一般有两种:直接转销法和备抵法。我国企业现在一般采用的是备抵法。

1. 直接转销法

直接转销法,是指日常核算中对应收款项可能发生的坏账损失不予考虑,只有在实际发生坏账时,才作为损失,计入当期损益,同时注销该笔应收款项。

【任务举例3-6】　B公司欠吉力公司的账款10 000元已超过3年,屡催无效,断定无法收回,则吉力公司应对B公司的应收账款作坏账损失处理。

会计分录如下:

借:信用减值损失　　　　　　　　　　　　　　　　　　　　10 000
　　贷:应收账款——B公司　　　　　　　　　　　　　　　　　10 000

如果已冲销的应收账款以后又收回时,其会计分录为:

借:应收账款——B公司　　　　　　　　　　　　　　　　　　10 000
　　贷:信用减值损失　　　　　　　　　　　　　　　　　　　10 000

同时:

借:银行存款　　　　　　　　　　　　　　　　　　　　　　10 000
　　贷:应收账款——B公司　　　　　　　　　　　　　　　　　10 000

采用直接转销法,会计处理简便,易于理解。但是,在这种处理方式下,确认坏账的时间与实际确认销售收入的时间不一致。一般情况下,赊销的同时应收账款已经存在坏账的可能。采用直接转销法,只有等到发生坏账时才能确定当期记入信用减值损失的金额,这部分因坏账而发生的费用与销售收入往往不在同一个会计期间,确认收入时因无相应的坏账费用配比而虚计该期利润,企业应收账款也因未考虑坏账而增大。因为采用直接转销法不符合收入与费用配比原则以及企业确认收入和费用的权责发生制原则。所以,我国企业会计制度规定,不允许企业采用直接转销法核算坏账损失。

2. 备抵法

备抵法,是指按期估计坏账损失建立坏账准备,以备抵消今后实际发生的坏账损失的方法。

采用这种方法,一方面按期估计坏账损失记入"信用减值损失"账户,另一方面设置"坏账准备"账户,待实际发生坏账时冲销坏账准备和应收款项金额,使资产负债表上的应收款项反映扣减估计坏账后的净值。采用这种方法,坏账损失计入与相应销售收入同一期间的损益,体现了配比原则的要求,避免了企业明盈实亏;在资产负债表中列示应收款项净额,使报表使用者能了解企业应收款项的可变现金额。我国企业会计制度规定,应收账款应采用备抵法进行坏账的核算。除应收账款外,预付账款、应收利息和其他应收款均应计提坏账准备。以下主要以应收账款为例,说明坏账损失的核算方法。

【任务举例 3-7】 吉力公司 20×9 年估计坏账损失为 7 000 元。

会计分录如下:

借:信用减值损失   7 000

   贷:坏账准备   7 000

20×9 年确认坏账损失为 5 500 元。

会计分录如下:

借:坏账准备   5 500

   贷:应收账款——××客户   5 500

备抵法首先要按期估计坏账损失。估计坏账损失主要有四种方法,即赊销百分比法、余额百分比法、账龄分析法和个别认定法。

(1)赊销百分比法

赊销百分比法,是根据当期赊销金额的一定百分比估计坏账损失的方法。

采用这一方法的理由,是因为坏账只与当期因赊销而发生的应收款项有关,与当期的现销收入无关。当期赊销业务越多,产生坏账损失的可能性越大。因此,可以根据过去的经验和有关资料,估计坏账损失与赊销金额之间的比率,也可用其他更合理的方法进行估计。

【任务举例 3-8】 天宏公司 20×9 年全年赊销金额为 200 000 元,根据以往资料和经验,估计坏账损失率为 1.5%。

年末估计坏账损失为:200 000×1.5%=3 000(元)

会计分录如下:

借:信用减值损失   3 000

   贷:坏账准备   3 000

在采用赊销百分比法的情况下,估计坏账损失百分比可能由于企业生产经营情况的不断变化而不相适应,因此,需要经常检查百分比是否能足以反映企业坏账损失的实际情况,倘若发现过高或过低的情况,应及时调整百分比。

(2)余额百分比法

余额百分比法,是指根据期末应收账款的余额乘以估计坏账率,即为当期应估计的坏账损失,并据此提取坏账准备的方法。

估计坏账率可以按照以往的数据资料加以确定,也可根据规定的百分率计算。理论上讲,这一比例应按坏账占应收账款的概率计算,企业发生的坏账多,比例相应就高些;反之则低些。会计期末,企业应提取的坏账准备大于其账面余额的,按其差额提取;应提取的坏账准备小于其账面余额的,按其差额冲回坏账准备。

其计算公式:

年末应提坏账准备=年末应收账款余额×估计坏账率－坏账准备余额

公式中的坏账准备余额一般在贷方,当其借方出现余额时,则应加上借方余额。

【任务举例 3-9】 吉力公司年末应收账款的余额为 100 000 元,提取坏账准备的比例为 5‰,第二年发生了坏账损失 600 元,其中 A 公司 100 元,B 公司 500 元,年末应收账款余额为 120 000 元,第三年,已冲销的上年 B 公司应收账款 500 元又收回,期末应收账款余额为 130 000 元。

会计分录如下:

①第一年提取坏账准备:

借:信用减值损失　　　　　　　　　　　　　　　　　　　　　　　　500

　　贷:坏账准备　　　　　　　　　　　　　　　　　　　　　　　　　　500

②第二年冲销坏账:

借:坏账准备　　　　　　　　　　　　　　　　　　　　　　　　　　600

　　贷:应收账款——A 公司　　　　　　　　　　　　　　　　　　　100

　　　　　　　——B 公司　　　　　　　　　　　　　　　　　　　500

③第二年年末按应收账款的余额计算提取坏账准备,提取后坏账准备余额为 600 元(120 000×5‰),但在期末提取坏账准备前,"坏账准备"账户有借方余额 100 元,所以应补提坏账准备 100 元,应提取的坏账准备合计为 700 元(120 000×5‰+100)。

借:信用减值损失　　　　　　　　　　　　　　　　　　　　　　　　700

　　贷:坏账准备　　　　　　　　　　　　　　　　　　　　　　　　　　700

④第三年,上年已冲销的 B 公司账款 500 元又收回入账:

借:应收账款——B 公司　　　　　　　　　　　　　　　　　　　　500

　　贷:坏账准备　　　　　　　　　　　　　　　　　　　　　　　　　　500

同时,

借:银行存款　　　　　　　　　　　　　　　　　　　　　　　　　　500

　　贷:应收账款——B 公司　　　　　　　　　　　　　　　　　　　　500

⑤第三年年末按应收账款的余额计算提取坏账准备,提取后坏账准备余额应为 650 (130 000×5‰)元,但在期末提取坏账准备前,"坏账准备"账户已有贷方余额 1 100 元,即期初贷方余额 600 元加上收回的已冲销坏账 500 元,超过了应提坏账准备数,所以,应冲回多提的坏账准备 450 元(130 000×5‰-1 100),冲回记入"坏账准备"的借方。

会计分录如下:

借:坏账准备　　　　　　　　　　　　　　　　　　　　　　　　　　450

　　贷:信用减值损失　　　　　　　　　　　　　　　　　　　　　　　　450

在会计核算上应注意以下两个问题:

第一,已确认并已转销的信用减值损失,如果以后又收回,应及时借记或贷记该项应收账款账户,而不应直接从银行存款账户转入坏账准备账户。这样处理,便于提供分析债务人财务状况的信息和确认将来是否与其进行业务往来,并能反映出债务人企图重新建立其信誉的愿望。

第二,收回的已作为坏账核销的应收账款,应贷记"坏账准备"账户,而不直接冲减"信用减值损失"账户。虽然先贷记"坏账准备"账户,然后再在年末时少提或冲销坏账准备,以减少信用减值损失,最终结果是一样的,但采用贷记"坏账准备"账户的做法,能够使"信用减值损失"账户仅反映企业提取或冲回多提的坏账准备数额。而"坏账准备"账户则集中反映了坏账准备的提取、坏账损失的核销、收回的已作为坏账核销的应收账款情况。这样处理,使得坏账准备的提取、核销、收回、结余,反映得更为清楚,便于进行分析利用。

(3)账龄分析法

账龄分析法,是指根据应收账款入账时间的长短来估计坏账损失的方法。

账龄分析法的设计,对提取坏账准备来说是比较科学的,虽然应收账款能否收回以及能收回多少,不一定完全取决于时间的长短,但一般来说,账款拖欠的时间越长,发生坏账的可能性就越大。

【任务举例 3-10】 吉力公司采用应收账款账龄分析法计算坏账损失,有关资料见表 3-1 和表 3-2。

表 3-1 吉力公司应收账款账龄分析表

20×9 年 12 月 31 日

单位:元

客户名称	余额	未过期	已过期				
			1～30 天	31～60 天	61～90 天	91～180 天	180 天以上
甲	105 000	40 000	20 000	15 000	12 000	10 000	8 000
乙	128 000	35 000	40 000	25 000	15 000	3 000	10 000
丙	90 000	40 000	20 000	12 000	10 000	5 000	3 000
丁	70 000	30 000	10 000	12 000	8 000	5 000	5 000
戊	53 000	15 000	5 000	8 000	5 000	10 000	10 000
合计	446 000	160 000	95 000	72 000	50 000	33 000	36 000

表 3-2 吉力公司估计坏账损失计算表

20×9 年 12 月 31 日

账 龄	应收账款余额(元)	估计坏账损失率(‰)	估计坏账损失(元)
未过期	160 000	1	160
1～30 天	95 000	2	190
31～60 天	72 000	5	360
61～90 天	50 000	10	500
91～180 天	33 000	20	660
180 天以上	36 000	40	1 440
合 计	446 000		3 310

根据表 3-1、表 3-2 计算结果,吉力公司本期计提的坏账损失为 3 310 元。若调整前"坏账准备"账户余额为 0,应作如下会计分录:

借:信用减值损失——坏账损失   3 310

 贷:坏账准备   3 310

账龄分析法是根据期末应收账款余额计算预计的坏账损失,计算出的坏账损失金额应与应收账款余额相呼应。每次计提时要考虑"坏账准备"账户期初是否有余额,若有余额,则应作相应的调整。

【任务举例3-11】　若上例中吉力公司20×9年坏账准备期初余额为1 200元,则本期坏账准备应计提金额为2 110(3 310－1 200)元,则会计分录为:

借:信用减值损失——坏账损失　　　　　　　　　　　　　　　　　　2 110
　　贷:坏账准备　　　　　　　　　　　　　　　　　　　　　　　　　　　2 110

实际确认发生坏账时,应冲减应收账款和坏账准备,其会计分录与应收账款余额百分比法相同。

账龄分析法将应收账款分为不同的时段,并按时段确定坏账百分比,计算出的坏账损失率比赊销百分比法更为精确。但是,估计坏账的时间可能要等到该销货期以后的某一个日期,因此,同一笔与销售有关的营业收入与列作费用的坏账损失分别在两个不同的会计期间入账,违背了收入和费用配比原则。

任务三　预付账款与其他应收款项核算

一、预付账款

预付账款,是指企业按照购货合同或劳务合同规定,预先支付给供货方或提供劳务方的款项。

为了加强对预付账款的管理,一般应单独设置"预付账款"账户进行核算,预付账款不多的企业,也可以将预付的货款记入"应付账款"账户的借方。但在编制财务报表时,仍然要将"预付账款"和"应付账款"的金额分开报告。将"应付账款"所属明细账的借方余额列示于资产负债表中流动资产类下的预付账款项目。若通过"预付账款"账户核算并在所属明细账中出现贷方余额时,则应将其列示于资产负债表中流动负债类下的应付账款项目。

预付账款按实际付出的金额入账。期末预付账款按历史成本反映。

企业按购货合同的规定预付货款时,按预付金额借记"预付账款"账户,贷记"银行存款"账户。企业收到预订的货物时,应根据发票账单等列明的应计入购货成本的金额,借记"原材料"等账户,按专用发票上注明的增值税,借记"应交税费——应交增值税(进项税额)"账户,按应付的金额,贷记"预付账款"账户;补付货款时,借记"预付账款"账户,贷记"银行存款"账户。退回多付的款项,借记"银行存款"账户,贷记"预付账款"账户。

【任务举例3-12】　吉力集团有限公司20×9年10月18日以银行存款预付正大公司货款60 000元。

会计分录如下:

借:预付账款——正大公司　　　　　　　　　　　　　　　　　　　　60 000
　　贷:银行存款　　　　　　　　　　　　　　　　　　　　　　　　　　　60 000

【任务举例3-13】　吉力公司20×9年11月28日收到预订正大公司货物的发票账单及运单等结算凭证,货款60 000元,增值税额7 800元,运费800元(取得普通发票),以银行存款补付货款8 600元,所购甲材料尚未到达。

会计分录如下:

借:在途物资——甲材料	60 800	
应交税费——应交增值税(进项税额)	7 800	
贷:预付账款——正大公司		68 600
借:预付账款——正大公司	8 600	
贷:银行存款		8 600

【任务举例 3-14】 假设前两例中,吉力公司预付账款业务不多,则其可以不设"预付账款"账户,通过"应付账款"账户进行核算。

会计分录如下:

20×9 年 10 月 18 日:

借:应付账款——正大公司	60 000	
贷:银行存款		60 000

20×9 年 11 月 28 日:

借:在途物资——甲材料	60 800	
应交税费——应交增值税(进项税额)	7 800	
贷:应付账款——正大公司		68 600
借:应付账款——正大公司	8 600	
贷:银行存款		8 600

二、应收股利

应收股利,是指企业由于投资活动产生的应收取的现金股利和应收取被投资单位分配的利润。

对于应收股利的发生和收回业务,应单独设置"应收股利"账户进行核算。应收股利产生时,记入"应收股利"账户的借方,收回应收股利则记入"应收股利"账户的贷方。本账户可以按照被投资单位设置明细账户,进行明细核算。

【任务举例 3-15】 20×9 年 7 月 20 日,吉力公司年初购入的、计划短期持有的康辉公司股票 50 000 股,现康辉公司宣告分派现金股利,每股 0.1 元。

会计分录如下:

借:应收股利	5 000	
贷:投资收益		5 000

三、应收利息

应收利息,是指企业交易性金融资产、持有至到期投资和可供出售金融资产、发放贷款等应收取的利息。

对于应收利息的发生和收回业务,应单独设置"应收利息"账户进行核算。应收利息产生时,记入"应收利息"账户的借方,收回应收利息则记入"应收利息"账户的贷方。本账户可以按照借款人或被投资单位设置明细账户,进行明细核算。

企业购入的一次还本付息的持有至到期投资持有期间取得的利息,在"持有至到期投资"账户核算,不在本账户核算。

【任务举例 3-16】　20×9 年 6 月 30 日,吉力公司确认 4 月 1 日购入的、计划短期持有的嘉和公司债券本季度的利息收益 2 000 元。

会计分录如下:

借:应收利息 2 000

　　贷:投资收益 2 000

四、其他应收款

其他应收款,是指除应收账款、应收票据和预付账款等以外的其他各种应收及预付款项。

其他应收
款的核算

其他应收款一般包括:应收的各种赔款、罚款;应收出租包装物租金;应向员工收取的各种垫付款项,如预支给出差人员的差旅费;备用金(向企业各职能科室、车间等拨出的备用金);存出保证金,如租入包装物支付的押金;其他的各种应收、暂付款项。将这类项目单独归类,以便财务报表的使用者把这些项目与由于购销业务而发生的应收项目识别清楚。

（一）备用金的核算

备用金,是指企业财会部门单独拨付企业内部各部门或报账单位作差旅费、零星采购或零星开支及其他业务上必需的周转资金。

备用金的需要量,也要经过银行核准,包括在库存现金的限额之内。备用金具有指定的用途,必须单独核算,单独管理。

备用金的核算,可在"其他应收款"账户内核算,也可单独设置"备用金"账户。它属于资产类账户,借方登记增加数,贷方登记减少数,余额表示库存的备用金数额,并按照领用单位或个人设明细分类账户核算。

备用金的管理有定额备用金和非定额备用金两种办法。

1. 定额备用金

定额备用金,是指财会部门根据经常使用备用金的部门的实际需要,核定备用金定额,并按定额拨付备用金的管理办法。

备用金的使用部门在规定期限内,按照规定的开支范围使用备用金后,填写报销单并随附原始凭证向财会部门报销,财会部门按照核准报销的数额付给现金,补足备用金定额。这种管理方式既方便了使用备用金的部门和单位,又简化了核算手续,一般用于对费用开支的小额备用金实行定额管理的办法。为了总括反映备用金的领用和报销情况,应在"其他应收款"账户下设置"备用金"明细账户。

【任务举例 3-17】　吉力公司 20×9 年 8 月 1 日批准其总务部门采用定额备用金制度,核定该部门备用金定额为 2 500 元,已经付给其现金。

会计分录如下:

借:其他应收款——备用金 2 500

　　贷:库存现金 2 500

总务部门 8 月 6 日报销办公费用 500 元,付给现金。

借:管理费用 500

<table>
<tr><td>贷:库存现金</td><td></td><td>500</td></tr>
</table>

10 月 30 日财会部门核定总务部门不再采用定额备用金制度,收到总务部门交来 2 500 元现金。

借:库存现金　　　　　　　　　　　　　　　　　　　　　　　　　　　2 500
　　贷:其他应收款——备用金　　　　　　　　　　　　　　　　　　　　　　2 500

2. 非定额备用金

非定额备用金,是指用款部门根据实际需要或临时需要向财会部门领款,每次借用,都按实报实销的管理办法。用款部门在凭原始凭证向财会部门报销时,作为减少备用金处理,直到用完为止。如需补充备用金,再另行办理拨款和领款手续。

【任务举例 3-18】　吉力公司 20×9 年 8 月 1 日批准其外设某销售机构采用非定额备用金制度,已经付给其现金 2 000 元。

会计分录如下:

借:其他应收款——备用金　　　　　　　　　　　　　　　　　　　　　　2 000
　　贷:库存现金　　　　　　　　　　　　　　　　　　　　　　　　　　　　2 000

该外设销售机构 8 月 3 日报销运费 500 元。

借:销售费用　　　　　　　　　　　　　　　　　　　　　　　　　　　　　500
　　贷:其他应收款——备用金　　　　　　　　　　　　　　　　　　　　　　500

8 月 15 日,该外设销售机构撤销,交回 300 元备用金余额,已经收讫。

借:库存现金　　　　　　　　　　　　　　　　　　　　　　　　　　　　　300
　　贷:其他应收款——备用金　　　　　　　　　　　　　　　　　　　　　　300

总而言之,无论实行哪种管理办法,都要建立健全备用金的领用、保管和报销制度,并指定专人负责管理备用金。经管人员发生变动时,必须办理交接手续,以明确经济责任。

(二)差旅费及其他核算

单位内部的出差人员预支差旅费时,应单独设置"其他应收款"账户进行核算。支付差旅费借款时,记入"其他应收款"账户的借方;报销差旅费时,按其实际支出借记费用类账户,同时按其预支差旅费的金额记入"其他应收款"账户的贷方,借贷方差额为收到或补付的"库存现金"。此账户可以按照单位或个人设置明细账户,进行明细核算。

【任务举例 3-19】　20×9 年 10 月 28 日吉力公司财务部门将现金 800 元预支给采购员王华,以应其出差所需。

会计分录如下:

借:其他应收款——王华　　　　　　　　　　　　　　　　　　　　　　　800
　　贷:库存现金　　　　　　　　　　　　　　　　　　　　　　　　　　　　800

【任务举例 3-20】　20×9 年 11 月 6 日,王华出差归来,到财务部门凭单据报销出差费用 1 000 元,财务部门补付王华 200 元现金。

会计分录如下:

借:管理费用　　　　　　　　　　　　　　　　　　　　　　　　　　　1 000
　　贷:其他应收款——王华　　　　　　　　　　　　　　　　　　　　　　　800
　　　　库存现金　　　　　　　　　　　　　　　　　　　　　　　　　　　　200

但应当说明一点,企业用于投资、购买原材料和物资的各种款项,不得在此账户中核算。企业应当定期或者至少于每年年度终了时对其他应收款进行检查,预计其可能发生的坏账损失,并计提坏账准备。对于不能收回的其他应收款应查明原因,追究责任。对确实无法收回的,按照企业的管理权限,经股东大会或董事会,或经理(厂长)会议或类似机构批准作为坏账损失,冲减提取的坏账准备。

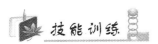 技能训练

一、简答题

1. 什么是应收票据的贴现? 贴现息如何计算?

2. 什么是应收账款?

3. 什么是商业折扣、现金折扣?

二、实训题

1. 东弘公司于20×9年5月10日收到甲企业一张面值100 000元、期限90天、利率9%的商业承兑汇票作为应收账款的收回;6月9日,东弘公司持此票据到银行贴现,贴现率为12%;票据到期后,出票人和甲企业均无款支付,银行已通知东弘公司将贴现票款转作逾期贷款。

要求:根据以上资料计算票据贴现净额,并作出有关的会计分录。

2. 某企业按照应收账款余额的3‰提取坏账准备。该企业第一年年末的应收账款余额为1 000 000元;第二年发生坏账8 000元,其中甲企业3 000元、乙企业5 000元,年末应收账款余额为1 100 000元;第三年,上年已冲销的甲企业应收账款3 000元又收回,年末应收账款余额为900 000元。

要求:根据上述资料计算该企业每年提取的坏账准备,并作出相关会计分录。

项目四　存货的核算

1.存货的性质与分类；

2.存货入账价值的确定与取得存货的核算；

3.存货发出的计价方法与发出存货的核算；

4.存货在计划成本法下的核算；

5.存货期末计价方法与核算；

6.存货的清查方法。

存货是企业一项非常重要的资产。工业企业需要原材料进行生产，将生产出的产成品出售取得收入；商品流通企业购入各种商品，将商品出售取得收入。原材料、产成品和库存商品等都属于存货，都是企业必不可少的资产。

随着逾 5 500 家 A 股上市公司年报披露进入尾声，不少行业库存问题再次浮上水面。据证券时报数据部统计，截至 2018 年 4 月 28 日，具有可比数据的 4 315 家上市公司去年存货总额达到 10.6 万亿元，同比增长 16.6%。

任务一　认识存货

一、存货的性质与确认

(一)存货的性质

存货，是指企业在日常活动中持有以备出售的产成品或商品、处在生产过程中的在产品、在生产过程或提供劳务过程中耗用的材料和物料等。

从存货的定义，我们可以看出存货具有以下性质：

(1)存货是一种具有物质实体的有形资产，但其物质实体经常处于不断被销售或耗用以及不断被重置之中，因而属于一项流动资产，具有较强的变现能力和较大的流动性。

(2)一个资产项目是否属于存货，主要取决于其在生产经营过程中的用途或所起的作用，而不是物质实体。例如，同样一台机器设备，对于生产和销售机器设备的企业来说，属于存货，而对于使用机器设备进行生产的企业来说，则属于固定资产。再如，企业为建造固定资产而储备的各种材料,虽然在物质实体上与原材料等存货类似,但并不符合存货的概念,因而不能列入存货进行核算。此外,企业为国家储备的特种物资、专项物资等,并不参加企业的经营周转,因而也不能列入存货进行核算。

(二)存货的确认

企业在确认某项资产是否作为存货时,首先要视其是否符合存货的定义,在此前提下,应当同时满足存货确认的以下两个条件,才能加以确认:一是该存货包含的经济利益很可能流入企业;二是该存货的成本能够可靠地计量。

通常,随着存货实物的交付,存货所有权也随之转移,而随着存货所有权的转移,所有权上的主要风险和报酬也一并转移,此时,一般可以同时满足存货确认的两个条件。因此,存货确认的一个基本标志就是,企业是否拥有某项存货的法定所有权。在会计期末,凡企业拥有法定所有权的货物,无论存放何处,通常都应包括在本企业的存货之中;而尚未取得法定所有权或者已将法定所有权转移给其他企业的货物,即使存放在本企业,也不应包括在本企业的存货之中。但必须注意,存货的交易方式是多种多样的,在有些情况下,存货实物的交付、所有权的转移、所有权上主要风险和报酬的转移可能并不同步。因此,存货的确认也不能一概而论,还应当注意以下几种特殊情形:

1. 在途存货

在途存货,是指销货方已将货物发运给购货方,但购货方尚未验收入库的存货。

对于在途存货,购货方通常应根据所有权是否转移来判定是否应作为其存货入账。存货的交货方式可分为目的地交货和起运地交货两种。在目的地交货的情况下,货物应运至购货方指定的地点并交货后,所有权才转移给购货方,此时,购货方才将货物确认为本企业的存货;在起运地交货的情况下,销货方根据合同或协议的约定,在起运地办理完货物发运手续后,货物的所有权即转移给购货方,此时,购货方就应将该货物包括在本企业的存货之中,并通过"在途物资"账户核算。

2. 代销商品

代销商品,是指在委托代销方式下,由委托方交付受托方、受托方作为代理人代委托方销售的商品。

代销商品在售出之前,商品的所有权属于委托方,因此,应包括在委托方的存货之中,可通过"委托代销商品"账户核算。对于受托方来说,尽管商品由其保管,但除了要保证代销商品的安全完整外,并不承担其他持有资产的风险,因此,不属于受托方的存货。但需要注意的是,为了促使受托方加强对代销商品的管理,我国企业会计制度要求受托方将受托代销的商品作为其存货入账,通过"受托代销商品"账户进行核算,同时,与受托代销商品对应的"代销商品款"作为一项负债反映。

3. 购货约定

购货约定,是指购销双方就未来某一时日进行的商品交易所作的事先约定。

对购货方来说,由于目前尚未发生实际的购货行为,因此,约定未来将购入的商品不能作为其存货入账,也不确认有关的负债和费用。

二、存货的分类

存货分布于企业生产经营的各个环节,而且种类繁多、用途各异。为满足存货管理与核算的需要,应当对存货进行适当分类。

(一)存货按经济用途的分类

不同行业的企业,由于经济业务的具体内容各不相同,因而存货的构成也不尽相同。例如,服务性企业的主要业务是提供劳务,其存货以办公用品、家具用具为主;商品流通企业的主要业务是商品购销,其存货以待销售的商品为主,也包括少量的包装物、低值易耗品以及其他物料用品;制造企业的主要业务是生产和销售产品,其存货构成比较复杂,不仅包括各种将在生产过程中耗用的原材料、包装物和低值易耗品,也包括为了出售仍然处在生产过程中的在产品,还包括准备出售的产成品。因此,存货的具体内容和类别应依企业所处行业的性质而定。一般来说,存货按经济用途可作如下分类:

1. 原材料

原材料,是指在生产过程中经加工改变其形态或性质,构成产品实体和有助产品形成的各种材料。

原材料一般包括:原料及主要材料、辅助材料、外购半成品(外购件)、修理用备件(备品备件)、包装材料、燃料等。

2. 在产品

在产品,是指仍处于生产过程中、尚未完工入库的产品。

在产品包括正处于各个生产工序尚未制造完成的在产品,以及虽已制造完成但尚未检验或虽已检验但尚未办理入库手续的产成品。

3. 半成品

半成品,是指经过一定生产过程并经检验合格交付半成品仓库保管,但尚未最终制造完成、仍需进一步加工的中间产品。

半成品不包括从一个生产车间转给另一个生产车间继续加工的自制半成品以及不能单独计算成本的自制半成品。

4. 产成品

产成品,是指已经完成全部生产过程并已验收入库,可以按照合同规定的条件送交订货单位,或者可以作为商品对外销售的产品。

企业接受外来原材料加工制造的代制品和为外单位加工修理的代修品,制造和修理完成、验收入库后,应视同企业的产成品。

5. 商品

商品,是指可供销售的各种产品及商品。

工业企业的商品包括用本企业自备原材料生产的产成品和对外销售的半成品等;商品流通企业的商品包括外购或委托加工完成、验收入库、可用于销售的各种商品。

6. 包装物

包装物,是指为了包装本企业产品及商品而储备的各种包装容器。

包装物一般包括:桶、箱、瓶、坛、袋等。

需要注意的是下列包装物品,会计上不作为包装物(存货)核算:

(1)各种包装材料,如纸、绳、铁丝、铁皮等。包装材料应作为辅助材料,列入原材料核算。

(2)生产经营过程中为储存和保管产品及商品、半成品、材料、零部件等而使用的包装物品。这些包装物品不随同产品及商品出售、出租或出借,而由本企业自己内部使用,企业应按其价值大小和使用年限长短,分别列入固定资产或低值易耗品进行核算。

7.低值易耗品

低值易耗品,是指单位价值相对较低、使用期限相对较短,或在使用过程中容易损坏,因而不能列入固定资产的各种工具、用具物品。

低值易耗品一般包括:工具、管理用具、玻璃器皿、劳动保护用品,以及在经营过程中周转使用的包装容器等。

(二)存货按存放地点的分类

存货按存放地点,可以分为库存存货、在途存货、在制存货和发出存货。

1.库存存货

库存存货,是指已经购进或生产完工并已验收入库的各种原材料、包装物、低值易耗品、半成品、产成品以及商品等。

2.在途存货

在途存货,是指已经取得所有权但尚在运输途中或虽已运抵企业但尚未验收入库的各种材料、物资及商品。

3.在制存货

在制存货,是指正处于本企业各生产工序加工制造过程中的在产品,以及委托外单位加工但尚未完成的材料、物资。

4.发出存货

发出存货,是指已发运给购货方但货物所有权并未同时转移,因而仍应作为销货方存货的发出商品、委托代销商品等。

(三)存货按取得方式的分类

存货按取得方式,可以分为外购存货、自制存货、委托加工存货、投资者投入的存货、接受捐赠取得的存货、接受抵债取得的存货、非货币性资产交换换入的存货、盘盈的存货等。

任务二 存货的初始计价

一、存货入账价值的确定

存货的初始计价,是指企业在取得存货时,对存货入账价值的确定。

存货的入账价值应以取得存货的实际成本为基础,实际成本包括采购成本、加工成本和其他成本。

存货初始
成本的确定

（一）存货的采购成本

存货的采购成本一般包括：购买价款、相关税费、运输费、装卸费、保险费以及其他可归属于存货采购成本的费用。

购买价款，是指购入材料或商品的发票账单上列明的按价格计算的款额（不包括按规定可以抵扣的增值税额）。

相关税费，是指企业购买存货发生的进口关税、消费税、资源税和不能抵扣的进货税额，以及相应的教育费附加等应计入存货采购成本的税费。

其他可归属于存货采购成本的费用，是指采购成本中除上述各项以外的可归属于存货采购的费用，如在存货采购过程中发生的仓储费、包装费、运输途中的合理损耗、入库前的挑选整理费用等。

商品流通企业在采购商品过程中发生的运输费、装卸费、保险费以及其他可归属于存货采购成本的费用等进货费用，应当计入存货采购成本，也可以先进行归集，期末根据所购商品的存销情况进行分摊。对于已售商品的进货费用，计入当期损益；对于未售商品的进货费用，计入期末存货成本。企业采购商品的进货费用金额较小的，可以在发生时直接计入当期损益。

（二）存货的加工成本

存货的加工成本，是指在存货的加工过程中发生的追加费用。

存货的加工成本一般包括：直接材料、直接人工以及按照一定方法分配的制造费用。

直接材料，是指在生产产品和提供劳务过程中所使用的原料及主要材料、辅助材料、外购半成品（外购件）、修理用备件（备品备件）、包装材料、燃料等。

直接人工，是指在生产产品和提供劳务过程中发生的直接从事产品生产和劳务提供人员的职工薪酬。

制造费用，是指为生产产品和提供劳务而发生的各项间接费用。制造费用的计入，应当根据制造费用的性质，合理地选择制造费用分配方法。

在同一生产过程中，同时生产两种或两种以上的产品，并且每种产品的加工成本不能直接区分的，其加工成本应当按照合理且比较科学的方法在各种产品之间进行分配。

（三）存货的其他成本

存货的其他成本，是指除采购成本、加工成本以外的，使存货达到目前场所和状态所发生的其他支出。

由于存货的取得方式是多种多样的，而在不同的取得方式下，存货成本的具体构成内容并不完全相同。因此，企业应结合存货的不同取得方式，分别确定存货的实际成本。企业外购存货的成本即为采购成本。加工生产取得的存货的成本包括直接耗用材料的采购成本和加工成本等。投资者投入存货的成本，应当按照投资合同或协议约定的价值确定，但合同或协议约定价值不公允的除外。企业还可以通过非货币性资产交换、债务重组和企业合并等方式取得存货，其存货成本应当分别按照企业会计准则的有关规定进行确定，此处不再单独介绍。

企业提供劳务的，所发生的从事劳务提供人员的直接人工和其他直接费用以及可归属的间接费用，计入存货成本。

下列费用应当在发生时确认为当期损益,不计入存货成本:

(1)非正常消耗的直接材料、直接人工和制造费用,如由于自然灾害而发生的直接材料、直接人工和制造费用,由于这些费用的发生无助于使该存货达到目前场所和状态,不应计入存货成本,而应确认为当期损益。

(2)仓储费用,是指在存货采购入库后发生的储存费用。

仓储费用一般应在发生时计入当期损益。但是,在生产过程中为达到下一个生产阶段所必需的仓储费用应计入存货成本。如某种酒类产品生产企业为使生产的酒达到规定的产品质量标准而必须发生的仓储费用,应计入酒的成本。

(3)不能归属于使存货达到目前场所和状态的其他支出,应在发生时计入当期损益,不得计入存货成本。

二、存货取得的核算

(一)外购存货

企业外购存货,由于距离采购地点远近不同、货款结算方式不同等原因,可能会导致存货的入库和货款的支付不在同一时间完成,此外,还存在预付款购货、附有现金折扣条件的购货等情况,这就需要根据具体情况,分别进行处理。

1.存货验收入库和支付货款同时完成(简称"货单同到"或"单货同到")

在"单货同到"的情况下,企业应于支付货款或开出、承兑商业汇票,并且存货验收入库后,按发票账单等结算凭证确定的存货成本,借记"原材料""库存商品"等账户,按增值税专用发票上注明的增值税额,借记"应交税费——应交增值税(进项税额)"账户,按实际支付的款项或应付票据面值,贷记"银行存款"或"应付票据"等账户。

【任务举例 4-1】　东弘公司购入一批原材料,增值税专用发票上注明的原材料价款为 20 000 元,增值税额为 2 600 元。货款已通过银行转账支付,材料也已验收入库。

会计分录如下:

借:原材料 20 000

　　应交税费——应交增值税(进项税额) 2 600

　　贷:银行存款 22 600

2.已经支付货款或开出、承兑商业汇票,但存货尚未运达或尚未验收入库(简称"单到货未到")

在"单到货未到"的情况下,企业应于支付货款或开出、承兑商业汇票时,按发票账单等结算凭证确定的存货成本,借记"在途物资"账户,按增值税专用发票上注明的增值税额,借记"应交税费——应交增值税(进项税额)"账户,按实际支付的款项或应付票据面值,贷记"银行存款"或"应付票据"等账户;待存货运达企业并验收入库后,再根据有关验货凭证,借记"原材料""库存商品"等账户,贷记"在途物资"账户。

【任务举例 4-2】　吉力公司购入一批原材料,增值税专用发票上注明的材料价款为 50 000 元,增值税额为 6 500 元。货款已通过银行转账支付,材料尚在运输途中。

会计分录如下:

(1)支付货款。

借:在途物资　　　　　　　　　　　　　　　　　　　　　　　50 000

　　应交税费——应交增值税(进项税额)　　　　　　　　　　6 500

　　贷:银行存款　　　　　　　　　　　　　　　　　　　　　　　56 500

(2)原材料运达企业并验收入库。

借:原材料　　　　　　　　　　　　　　　　　　　　　　　　50 000

　　贷:在途物资　　　　　　　　　　　　　　　　　　　　　　　50 000

3.存货已运达企业并验收入库,但发票账单等结算凭证尚未到达,货款尚未支付(简称"货到单未到")

在"货到单未到"的情况下,企业在收到存货时可先不作会计处理。如果在本月内结算凭证能够到达企业,则应在结算凭证到达后,按存货验收入库和支付货款同时完成的情况进行会计处理。如果月末时结算凭证仍未到达,为全面反映资产及负债情况,以收到存货的暂估价值入账,借记"原材料""库存商品"等账户,贷记"应付账款——暂估应付账款"账户,下月初,再编制相同的红字记账凭证予以冲回;待结算凭证到达,企业付款或开出、承兑商业汇票后,再按存货验收入库和支付货款同时完成的情况进行会计处理。

【任务举例4-3】　吉力公司购入一批原材料,材料已运达企业并已验收入库,但发票账单等结算凭证月末时仍未到达,该公司对该批原材料估价40 000元入账。下月,发票账单等结算凭证到达企业,增值税专用发票上注明的原材料价款为40 000元,增值税额为5 200元,货款已通过银行转账支付。

会计分录如下:

(1)本月末,对原材料暂估价值入账。

借:原材料　　　　　　　　　　　　　　　　　　　　　　　　40 000

　　贷:应付账款——暂估应付账款　　　　　　　　　　　　　　40 000

(2)下月初,编制红字记账凭证冲回。

借:原材料　　　　　　　　　　　　　　　　　　　　　　　　40 000

　　贷:应付账款——暂估应付账款　　　　　　　　　　　　　　40 000

(3)下月,收到结算凭证并支付货款。

借:原材料　　　　　　　　　　　　　　　　　　　　　　　　40 000

　　应交税费——应交增值税(进项税额)　　　　　　　　　　5 200

　　贷:银行存款　　　　　　　　　　　　　　　　　　　　　　　45 200

4.外购存货附有现金折扣条件

在外购存货附有现金折扣条件的情况下,会计上有总价法和净价法两种处理方法。

总价法,是指采购存货和应付账款发生时,均按实际交易金额计价入账,以后发生现金折扣收入时作理财收入的处理方法。

在采用总价法的情况下,如果购货方在现金折扣期限内付款,取得的现金折扣作为一项理财收入,冲减当期财务费用。

净价法,是指采购存货和应付账款发生时,均先按实际交易金额扣除现金折扣后的净额计价入账,以后未发生的现金折扣则作为财务费用的处理方法。

在采用净价法的情况下,如果购货方超过现金折扣期限付款,则丧失的现金折扣视为超期付款支付的利息,计入当期财务费用。

我国企业一般采用的是总价法。

【任务举例 4-4】 吉力公司从甲公司赊购一批原材料,增值税专用发票上注明的原材料价款为 100 000 元,增值税额为 13 000 元。根据购货合同约定,现金折扣条件为 (2/10,n/30)。

采用总价法进行会计处理:

(1)购进原材料。

借:原材料 100 000

　　应交税费——应交增值税(进项税额) 13 000

　　贷:应付账款——甲公司 113 000

(2)支付货款。

①假定 10 天内支付货款。

$$现金折扣 = 100\ 000 \times 2\% = 2\ 000(元)$$
$$实际付款金额 = 113\ 000 - 2\ 000 = 111\ 000(元)$$

借:应付账款——甲公司 113 000

　　贷:银行存款 111 000

　　　财务费用 2 000

②假定超过 10 天支付货款。

借:应付账款——甲公司 113 000

　　贷:银行存款 113 000

5.采用预付货款方式购入存货

在这种情况下,企业应在预付存货价款时,按照实际预付金额,借记"预付账款"账户,贷记"银行存款"账户;预付货款购入的存货验收入库时,按照发票账单上注明的存货价款、增值税额等,借记"原材料""库存商品"等账户和"应交税费——应交增值税(进项税额)"账户,贷记"预付账款"账户;预付的货款不足,需补付货款时,按照补付的金额,借记"预付账款"账户,贷记"银行存款"账户;供货方退回多付的货款时,借记"银行存款"账户,贷记"预付账款"账户。

【任务举例 4-5】 吉力公司向甲公司预付货款 65 000 元,采购一批原材料。甲公司交付所购材料,增值税专用发票上注明的材料价款为 60 000 元,增值税额为 7 800 元,应补付的货款通过银行转账支付。

会计分录如下:

(1)预付货款。

借:预付账款——甲公司 65 000

　　贷:银行存款 65 000

(2)材料验收入库。

借:原材料 60 000

　　应交税费——应交增值税(进项税额) 7 800

```
    贷:预付账款——甲公司                                          67 800
```
(3)补付货款。
```
借:预付账款——甲公司                                            2 800
    贷:银行存款                                                  2 800
```
(二)自制存货

自制存货的成本由材料采购成本和加工成本等构成。

自制存货成本一般是指产品生产成本。

产品生产成本,是指产品生产从投入原材料开始到产品生产完工经验收入库为止整个生产过程的成本。

产品生产成本一般包括:直接计入生产成本的直接材料、直接人工和间接计入生产成本的制造费用。

自制完工并已验收入库的产成品,按确定的实际成本,借记"库存产品"(或"库存商品")等存货账户,贷记"生产成本"账户。

【任务举例 4-6】 吉力公司的基本生产车间制造完成一批产成品,实际生产成本为80 000 元。

会计分录如下:
```
借:库存商品                                                    80 000
    贷:生产成本                                                80 000
```
(三)委托加工存货

委托加工存货的成本,一般包括委托外单位加工存货过程中实际耗用的原材料或半成品成本、加工费、往返运杂费以及按规定应计入成本的税金等。

企业发出材料物资,委托外单位加工存货,按发出材料物资的实际成本,借记"委托加工物资"账户,贷记"原材料""库存商品"等账户;支付的加工费、运杂费等,计入委托加工存货成本,借记"委托加工物资"账户,贷记"银行存款"账户;支付的增值税,借记"应交税费——应交增值税(进项税额)"账户,贷记"银行存款"账户;需要交纳消费税的委托加工存货,由受托加工方代收代交的消费税,应分别以下情况处理:

(1)委托加工存货收回后直接用于销售时,由受托加工方代收代交的消费税计入委托加工存货成本,借记"委托加工物资"账户,贷记"银行存款"等账户。

(2)委托加工存货收回后用于连续生产应税消费品时,由受托加工方代收代交的消费税按规定准予抵扣的,借记"应交税费——应交消费税"账户,贷记"银行存款"等账户。

委托加工存货加工完成并已验收入库,按"委托加工物资"账户计算的实际成本,借记"原材料""库存商品"等账户,贷记"委托加工物资"账户。

【任务举例 4-7】 吉力公司委托甲公司加工一批物资(属于应税消费品),发出 A 材料实际成本为 30 000 元,支付加工费 10 000 元,支付增值税 1 300 元,支付消费税 4 000元(由受托方代收代缴),加工的物资收回后直接用于销售。

会计分录如下:

(1)发出 A 材料,委托甲公司加工存货。
```
借:委托加工物资                                                30 000
```

　　贷:原材料——A材料　　　　　　　　　　　　　　　　　　　30 000

　　(2)支付加工费和税金。

　　借:委托加工物资　　　　　　　　　　　　　　　　　　　　10 000

　　　　贷:银行存款　　　　　　　　　　　　　　　　　　　　　10 000

　　借:应交税费——应交增值税(进项税额)　　　　　　　　　　1 300

　　　　贷:银行存款　　　　　　　　　　　　　　　　　　　　　1 300

　　借:委托加工物资　　　　　　　　　　　　　　　　　　　　4 000

　　　　贷:银行存款　　　　　　　　　　　　　　　　　　　　　4 000

　　(3)存货加工完成,收回后验收入库。

　　　　　　商品实际成本＝30 000＋10 000＋4 000＝44 000(元)

　　借:库存商品　　　　　　　　　　　　　　　　　　　　　　44 000

　　　　贷:委托加工物资　　　　　　　　　　　　　　　　　　　44 000

　　上述例题中,若委托加工的物资收回后(形成B材料)用于继续生产消费品,则应支付给加工方消费税。

　　会计分录如下:

　　借:应交税费——应交消费税　　　　　　　　　　　　　　　4 000

　　　　贷:银行存款　　　　　　　　　　　　　　　　　　　　　4 000

　　物资加工完成,收回后验收入库的会计处理:

　　　　　　B材料实际成本＝30 000＋10 000＝40 000(元)

　　借:原材料——B材料　　　　　　　　　　　　　　　　　　40 000

　　　　贷:委托加工物资　　　　　　　　　　　　　　　　　　　40 000

　　(四)投资者投入的存货

　　投资者投入存货的价值,按照投资合同或协议约定的价值确定(合同或协议约定的价值不公允的除外)。核算时,企业按照投资合同或协议约定的价值,借记"原材料""库存商品"等账户,按在注册资本中应享有的份额贷记"实收资本"或者"股本"账户,超出其在注册资本或股本中所占份额部分,贷记"资本公积"账户。

任务三　存货发出的计价

一、存货成本流转假设

　　企业取得存货的目的,是为了满足生产和销售的需要。随着存货的取得,存货源源不断地流入企业,而随着存货的销售或耗用,存货则从一个生产经营环节流向另一个生产经营环节,并最终流出企业。存货的这种不断流动,就形成了生产经营过程中的存货流转。

　　存货流转包括实物流转和成本流转两个方面。从理论上说,存货的成本流转应当与实物流转相一致,即取得存货时确定的各项存货入账成本应当随着各该存货的销售或耗用而同步结转。但在实务中,由于存货品种繁多,流进流出频繁且数量较大,而且同一存货因不同时间、不同地点、不同方式取得而单位成本各异,很难保证存货的成本流转与实物流转完全一致。因此,会计上很自然地出现了存货成本流转假设。

存货成本流转假设,是指确定发出存货成本时,对成本流转方式所作的逻辑假设。

存货成本流转假设忽略存货的成本流转与实物流转相一致,而只作出计算发出存货成本的逻辑假设。采用不同的存货成本流转假设,在期末结存存货与本期发出存货之间分配存货成本,就产生了不同的发出存货计价方法,如个别计价法、先进先出、加权平均法和移动平均法等。

由于不同的存货计价方法得出的计价结果各不相同,因此,存货计价方法的选择,将对企业的财务状况和经营成果产生一定的影响。

这些影响主要体现在三个方面:

1. 对损益结果有影响

如果期末存货计价过低,发出成本就会过高,就会低估当期收益,反之,则会高估当期收益;而如果期初存货计价过低,就会高估当期收益,反之,则会低估当期收益。

2. 对资产负债表和利润表的有关项目数额的结果有直接影响

采用不同的计价方法对营业成本、流动资产、所有者权益等项目数额的大小,可以产生直接影响。

3. 对应交所得税的数额有一定影响

由于以上两项所产生的影响,会使利润数发生变动,因此所得税数额必然会受到影响。

因此,企业在选择发出存货成本计价方法时,应当根据实际情况和存货成本流转假设,综合考虑存货收发的特点和管理要求,以及财务报告目标、税收负担、现金流量、股票市价、经理人员业绩评价等各种因素,选择适当的存货计价方法,合理确定发出存货的实际成本。

存货计价方法一经确定,除特殊情况外,前后各期应当保持一致,并在财务报表附注中予以披露。

二、存货发出成本的计价方法

(一)个别计价法

个别计价法是以个别发生假设为依据设计的。

个别计价法,也称个别认定法或具体辨认法,是指本期发出存货和期末结存存货的成本,完全按照该存货所属购进批次或生产批次入账时的实际成本进行确定的一种方法。

由于采用该方法要求各批发出存货必须可以逐一辨认所属的购进批次或生产批次,因此,需要对每一存货的品种规格、入账时间、单位成本、存放地点等做详细记录。

【**任务举例 4-8**】 吉力公司的甲商品 20×9 年 11 月购进、发出和结存资料如表 4-1 所示。

表 4-1 存货明细账

存货名称及规格:甲商品

20×9年		凭证编号	摘要	收入			发出			结存		
月	日			数量(件)	单价(元/件)	金额(元)	数量(件)	单价(元/件)	金额(元)	数量(件)	单价(元/件)	金额(元)
11	1		期初结存							100	60	6 000
	6		购进	500	62	31 000				600		
	8		发出				300			300		
	17		购进	400	65	26 000				700		
	19		发出				600			100		
	28		购进	500	66	33 000				600		
	29		发出				400			200		
11	30		期末结存	1 400		90 000	1 300			200		

经具体辨认,11 月 8 日发出的 300 件甲商品中,有 100 件属于期初结存的商品,有 200 件属于 11 月 6 日第一批购进的商品;11 月 19 日发出的 600 件甲商品中,有 200 件属于 11 月 6 日第一批购进的商品,其余 400 件属于 11 月 17 日第二批购进的商品;11 月 29 日发出的 400 件甲商品均属于 11 月 28 日第三批购进的商品。吉力公司采用个别计价法计算的甲商品 11 月发出和期末结存成本如下:

11 月 8 日发出甲商品成本 $=100×60+200×62=18\ 400$(元)

11 月 19 日发出甲商品成本 $=200×62+400×65=38\ 400$(元)

11 月 29 日发出甲商品成本 $=400×66=26\ 400$(元)

期末结存甲商品成本 $=100×62+100×66=12\ 800$(元)

根据上述计算,20×9 年 11 月甲商品的收、发、存情况如表 4-2 所示。

表 4-2 存货明细账(个别计价法)

存货名称及规格:甲商品

20×9年		凭证编号	摘要	收入			发出			结存		
月	日			数量(件)	单价(元/件)	金额(元)	数量(件)	单价(元/件)	金额(元)	数量(件)	单价(元/件)	金额(元)
11	1		期初结存							100	60	6 000
	6		购进	500	62	31 000				600		37 000
	8		发出				300		18 400	300		18 600
	17		购进	400	65	26 000				700		44 600
	19		发出				600		38 400	100		6 200
	28		购进	500	66	33 000				600		39 200
	29		发出				400		26 400	200		12 800
11	30		期末结存	1 400		90 000	1 300		83 200	200		12 800

个别计价法的特点是成本流转与实物流转完全一致,因而能准确地反映本期发出存货和期末结存存货的成本。但采用该方法必须具备详细的存货收、发、存记录,日常核算非常繁琐,存货实物流转的操作程序也相当复杂。

个别计价法适用于不能替代使用的存货或为特定项目专门购入或制造的存货的计价,以及品种数量不多、单位价值较高或体积较大、容易辨认的存货的计价,如房产、船舶、飞机、重型设备以及珠宝、名画等贵重物品。

(二)先进先出法

先进先出法是以先进先出假设为依据设计的。

先进先出法,是指对先发出的存货按先入库的存货单位成本计价,后发出的存货按后入库的存货单位成本计价,据以确定本期发出存货和期末结存存货成本的一种方法。

【任务举例 4-9】 承【任务举例 4-8】,吉力公司采用先进先出法计算的甲商品 20×9 年 11 月发出和期末结存成本如下:

11 月 8 日发出甲商品成本＝100×60＋200×62＝18 400(元)

11 月 19 日发出甲商品成本＝300×62＋300×65＝38 100(元)

11 月 29 日发出甲商品成本＝100×65＋300×66＝26 300(元)

期末结存甲商品成本＝200×66＝13 200(元)

根据上述计算,20×9 年 11 月甲商品的收、发、存情况如表 4-3 所示。

表 4-3　存货明细账(先进先出法)

存货名称及规格:甲商品

20×9 年		凭证编号	摘要	收入			发出			结存		
月	日			数量(件)	单价(元/件)	金额(元)	数量(件)	单价(元/件)	金额(元)	数量(件)	单价(元/件)	金额(元)
11	1		期初结存							100	60	6 000
	6		购进	500	62	31 000				600		37 000
	8		发出				300		18 400	300		18 600
	17		购进	400	65	26 000				700		44 600
	19		发出				600		38 100	100		6 500
	28		购进	500	66	33 000				600		39 500
	29		发出				400		26 300	200		13 200
11	30		期末结存	1 400		90 000	1 300		82 800	200	66	13 200

采用先进先出法进行存货计价,可以随时确定发出存货的成本,从而保证了产品成本和销售成本计算的及时性,并且期末存货成本是按最近购货成本确定的,比较接近现行的市场价值。但采用该方法计价,有时对同一批发出存货要采用两个或两个以上的单位成本计价,计算繁琐,对存货进出频繁的企业更是如此。从该方法对财务报告的影响来看,在物价上涨期间,会高估当期利润和存货价值;反之,会低估当期利润和存货价值。

(三)加权平均法

加权平均法是以混合假设为依据设计的。

加权平均法亦称全月一次加权平均法,是指以月初结存存货数量和本月各批收入存货数量作为权数,计算本月存货的加权平均单位成本,据以确定本期发出存货成本和期末结存存货成本的一种方法。加权平均单位成本的计算公式如下:

$$加权平均单位成本＝\frac{月初结存存货成本＋本月购进存货成本}{月初结存存货数量＋本月购进存货数量}$$

【任务举例 4-10】 承**【任务举例 4-8】**,吉力公司采用加权平均法计算的甲商品 20×9 年 11 月加权平均单位成本及本月发出和期末结存成本如下:

加权平均单位成本＝(6 000＋90 000)÷(100＋1 400)＝64(元/件)

期末结存甲商品成本＝200×64＝12 800(元)

本月发出甲商品成本＝(6 000＋90 000)－12 800＝83 200(元)

由于加权平均单位成本往往不能除尽,为了保证期末结存商品的数量、单位成本与总成本的一致性,应先按加权平均单位成本计算期末结存商品成本,然后倒减出本月发出商品成本,将计算尾差计入发出商品成本。

根据上述计算,20×9 年 11 月甲商品的收、发、存情况如表 4-4 所示。

表 4-4　存货明细账(加权平均法)

存货名称及规格:甲商品

20×9年		凭证编号	摘要	收入			发出			结存		
月	日			数量(件)	单价(元/件)	金额(元)	数量(件)	单价(元/件)	金额(元)	数量(件)	单价(元/件)	金额(元)
11	1		期初结存							100	60	6 000
	6		购进	500	62	31 000				600		
	8		发出				300			300		
	17		购进	400	65	26 000				700		
	19		发出				600			100		
	28		购进	500	66	33 000				600		
	29		发出				400			200		
11	30		期末结存	1 400		90 000	1 300		83 200	200	64	12 800

采用加权平均法,只在月末一次计算加权平均单位成本并结转发出存货成本即可,平时不对发出存货计价,因而日常核算工作量较小,简便易行,适用于存货收发比较频繁的企业。但也正因为存货计价集中在月末进行,所以平时无法提供发出存货和结存存货的单价及金额,不利于存货的管理。

(四)移动平均法

移动平均法是以顺序移动假设为依据设计的。

移动平均法亦称移动加权平均法,是指平时每入库一批存货,就以原有存货数量和本批入库存货数量为权数,计算一个加权平均单位成本,据以对其后发出存货进行计价的一种方法。

移动加权平均单位成本的计算公式如下:

$$移动加权平均单位成本 = \frac{原有存货成本＋本批入库存货成本}{原有存货数量＋本批入库存货数量}$$

【任务举例 4-11】 承**【任务举例 4-8】**,吉力公司采用移动平均法计算的甲商品 20×9 年 11 月移动加权平均单位成本及 11 月发出和期末结存成本如下:

11 月 6 日购进后移动平均单位成本＝(6 000＋31 000)÷(100＋500)＝61.67(元/件)

11 月 8 日结存甲商品成本＝300×61.67＝18 501(元)

11 月 8 日发出甲商品成本＝37 000－18 501＝18 499(元)

11月17日购进后移动平均单位成本＝(18 501＋26 000)÷(300＋400)＝63.57(元/件)

11月19日结存甲商品成本＝100×63.57＝6 357(元)

11月19日发出甲商品成本＝44 501－6 357＝38 144(元)

11月28日购进后移动平均单位成本＝(6 357＋33 000)÷(100＋500)＝65.60(元/件)

11月29日结存甲商品成本＝200×65.60＝13 120(元)

11月29日发出甲商品成本＝39 357－13 120＝26 237(元)

期末结存甲商品成本＝200×65.60＝13 120(元)

根据上述计算,20×9年11月甲商品的收、发、存情况如表4-5所示。

表 4-5　存货明细账(移动平均法)

存货名称及规格:甲商品

20×9年		凭证编号	摘要	收入			发出			结存		
月	日			数量(件)	单价(元/件)	金额(元)	数量(件)	单价(元/件)	金额(元)	数量(件)	单价(元/件)	金额(元)
11	1		期初结存							100	60	6 000
	6		购进	500	62	31 000				600	61.67	37 000
	8		发出				300		18 499	300	61.67	18 501
	17		购进	400	65	26 000				700	63.57	44 501
	19		发出				600		38 144	100	63.57	6 357
	28		购进	500	66	33 000				600	65.60	39 357
	29		发出				400		26 237	200	65.60	13 120
11	30		期末结存	1 400		90 000	1 300		82 880	200	65.60	13 120

与加权平均法相比,移动加权平均法的特点是将存货的计价和明细账的登记分散在平时进行,从而可以随时掌握发出存货的成本和结存存货的成本,为存货管理及时提供所需信息。但采用这种方法,每次购货都要计算一次平均单位成本,计算工作量较大,不适合收发货比较频繁的企业使用。

三、存货发出的核算

存货是为了满足企业生产经营的各种需要而储备的,其经济用途各异,消耗方式也各不相同。因此,企业应当根据各类存货的用途及特点,选择适当的核算处理方法,对发出的存货进行会计处理。

(一)库存商品

库存商品通常用于对外销售,但也可能用于本企业的固定资产建造工程、职工福利、对外投资、捐赠赞助等方面。

【任务举例 4-12】　东弘公司本月销售甲产品的成本为 500 000 元。

会计分录如下:

借:主营业务成本　　　　　　　　　　　　　　　　　　　　　　　500 000

　　贷:库存商品　　　　　　　　　　　　　　　　　　　　　　　　500 000

(二)原材料

原材料在生产经营过程中领用后,其原有实物形态会发生改变乃至消失,其成本也随之形成产品成本的一部分或直接转化为费用。根据原材料的消耗特点,企业应按发出原材料的用途,将其成本直接计入有关产品成本或当期费用。

1.生产经营领用的原材料,应根据领用部门和用途,分别计入有关成本费用项目。

领用原材料时,按其实际成本,借记"生产成本""制造费用""销售费用""管理费用"等账户,贷记"原材料"账户。

【任务举例 4-13】 华飞公司本月领用原材料的实际成本为 500 000 元。其中,基本生产领用 400 000 元,车间一般耗用 70 000 元,管理部门领用 30 000 元。

会计分录如下:

借:生产成本——基本生产成本	400 000
制造费用	70 000
管理费用	30 000
贷:原材料	500 000

2.基建工程或福利等部门领用的原材料,相应的增值税进项税额需区别情况处理,福利等部门领用的原材料,相应的增值税进项税额不予抵扣,应当随同原材料成本一并计入有关福利费开支。

领用原材料时,按实际成本加上不予抵扣的增值税进项税额,借记"应付职工薪酬"账户,按实际成本,贷记"原材料"账户,按不予抵扣的增值税进项税额,贷记"应交税费——应交增值税(进项税额转出)"账户。

用于机器设备安装的原材料增值税进项税额不需转出,可以抵扣。领用原材料时,按实际成本借记"在建工程"账户,贷记"原材料"账户。

20×9 年 4 月 1 日前,用于建筑物等不动产的原材料,增值税进项税额需转出 40%。

借:在建工程	
应交税费——待抵扣进项税额	
贷:原材料	
应交税费——应交增值税(进项税额转出)	

【任务举例 4-14】 高远公司于 20×8 年 9 月自建一座仓库,领用库存材料 10 000 元,原已抵扣的增值税额为 1 600 元。

会计分录如下:

借:在建工程	10 000
应交税费——待抵扣进项税额(1 600×40%)	640
贷:原材料	10 000
应交税费——应交增值税(进项税额转出)	640

3.出售的原材料,取得的收入作为其他业务收入,相应的原材料成本应计入其他业务成本。

出售原材料时,按已收或应收的价款,借记"银行存款""应收账款"等账户,按实现的营业收入,贷记"其他业务收入"账户,按增值税销项税额,贷记"应交税费——应交增值税(销项税额)"账户;月末,按出售原材料的实际成本结转销售成本,借记"其他业务成本"账户,贷记"原材料"账户。

【任务举例 4-15】 天马公司销售一批原材料,售价 2 000 元,增值税额 260 元,原材料实际成本 1 500 元。

会计分录如下:

借:银行存款 2 260
 贷:其他业务收入 2 000
  应交税费——应交增值税(销项税额) 260
借:其他业务成本 1 500
 贷:原材料 1 500

(三)包装物

包装物既有在生产环节领用的,也有在销售环节领用的,还有用于出租或出借的。不同环节领用的包装物以及不同用途的包装物,会计处理不尽相同。对于包装物的核算,可以设置"周转材料——包装物"账户,也可单独设置"包装物"账户。

1. 生产部门领用的包装物

生产部门领用的用于包装产品的包装物,构成产品实体的一部分,因此,应将包装物成本计入产品生产成本。领用包装物时,借记"生产成本"账户,贷记"包装物"账户。

2. 随同产品出售的包装物

随同商品出售的包装物,应分别以下两种情况进行会计处理:

(1)随同商品出售但不单独计价的包装物,应将包装物的成本计入销售费用。领用包装物时,借记"销售费用"账户,贷记"包装物"账户。

(2)随同商品出售并单独计价的包装物,应视同材料销售,将出售包装物取得的收入作为其他业务收入,相应的包装物成本计入其他业务成本。结转出售包装物的成本时,借记"其他业务成本"账户,贷记"包装物"账户。

【任务举例 4-16】 华飞公司销售一批产品,随同产品一并销售若干包装物。产品售价 100 000 元,增值税额 13 000 元,实际成本 60 000 元;包装物售价 2 000 元,增值税额 260 元,实际成本 1 000 元。

会计分录如下:

(1)销售产品及包装物。

借:银行存款 113 000
 贷:主营业务收入 100 000
  应交税费——应交增值税(销项税额) 13 000
借:银行存款 2 260
 贷:其他业务收入 2 000
  应交税费——应交增值税(销项税额) 260

(2)结转销售成本。

借:主营业务成本 60 000
 贷:库存商品 60 000
借:其他业务成本 1 000
 贷:包装物 1 000

　　3. 出租或出借的包装物

　　出租包装物属于企业的一项附加业务,收取的包装物租金应作为"其他业务收入",相应的包装物成本应计入"其他业务成本";出借包装物通常是为了方便本企业商品的销售,因而其成本应作为一项销售费用,计入"销售费用"。出租或出借包装物报废时,其残料价值应相应冲减其他业务成本或销售费用。

　　出租或出借包装物收取的押金,性质上属于暂收应付款项,应作为其他应付款入账。对逾期未退还包装物而没收的押金,应视为销售包装物取得的收入,计入其他业务收入,并计算相应的增值税销项税额。

　　由于出租或出借的包装物可以重复周转使用,并且在使用过程中基本不改变原来的物质形态,其价值是随着使用而逐渐消耗的,因此,包装物成本应当采用适当的摊销方法,分期计入各期损益。

　　出租或出借包装物的摊销方法有一次转销法和五五摊销法两种。

　　(1)一次转销法,是指包装物在领用时,将其账面价值一次计入有关成本费用的一种方法。

　　采用一次转销法,领用包装物时,按其实际成本,借记"其他业务成本"或"销售费用"账户,贷记"包装物"账户。

　　【任务举例4-17】　华飞公司销售部领用了10个周转箱,无偿提供给客户使用。周转箱单位成本20元,领用时一次计入销售费用。

　　会计分录如下:

　　借:销售费用　　　　　　　　　　　　　　　　　　　　　　　　　　　　　200
　　　贷:包装物　　　　　　　　　　　　　　　　　　　　　　　　　　　　　　200

　　一次转销法适合于出租或出借包装物业务不多、一次领用金额不大的企业使用。

　　(2)五五摊销法,是指包装物在领用时先摊销50%的账面价值,待报废时再摊销其余50%账面价值的一种摊销方法。

　　采用五五摊销法时,"包装物"账户下应设置"库存未用包装物""库存已用包装物""出租包装物""出借包装物""包装物摊销"五个明细账户。领用包装物时,按包装物的实际成本,借记"包装物——出租包装物"或"包装物——出借包装物"账户,贷记"包装物——库存未用包装物"或"包装物——库存已用包装物"账户,同时,按库存未用包装物账面价值的50%,借记"其他业务成本"或"销售费用"账户,贷记"包装物——包装物摊销"账户;出租或出借的包装物收回入库时,借记"包装物——库存已用包装物"账户,贷记"包装物——出租包装物"或"包装物——出借包装物"账户;包装物报废时,按包装物其余50%的账面价值,借记"其他业务成本"或"销售费用"账户,贷记"包装物——包装物摊销"账户,并按包装物的全部成本,借记"包装物——包装物摊销"账户,贷记"包装物——出租包装物"或"包装物——出借包装物"账户;报废包装物的残料价值,借记"原材料"等账户,贷记"其他业务成本"或"销售费用"账户。

　　【任务举例4-18】　华飞公司销售部领用了500个全新的包装箱,无偿提供给客户使用。包装箱单位成本100元,采用五五摊销法摊销。

　　会计分录如下:

①领用包装物时,摊销其价值的50%。

借:包装物——出借包装物 50 000

 贷:包装物——库存未用包装物 50 000

借:销售费用 25 000

 贷:包装物——包装物摊销 25 000

②包装物报废时,摊销剩余50%的价值,并转销包装物。

借:销售费用 25 000

 贷:包装物——包装物摊销 25 000

借:包装物——包装物摊销 50 000

 贷:包装物——出借包装物 50 000

采用五五摊销法计算出租或出借包装物的摊销价值,虽然会计处理略显繁琐,但出租或出借包装物在报废之前,始终有50%的价值保留在账面上,有利于加强对出租或出借包装物的管理与核算,适合于出租或出借包装物频繁、数量多、金额大的企业使用。

(四)低值易耗品

低值易耗品在生产经营过程中可以重复使用且原有物质形态基本保持不变,因而投入使用后可以使若干期间受益。对于低值易耗品的核算,可以设置"周转材料——低值易耗品"账户,也可单独设置"低值易耗品"账户。

根据低值易耗品的特点,企业应按其价值大小或耐用程度不同,选择适当的方法,对领用低值易耗品的成本进行摊销,计入有关成本费用。

低值易耗品报废时,其残料价值应冲减有关成本费用。

常用的低值易耗品摊销方法一般有一次转销法和五五摊销法。

一次转销法的会计处理与出租或出借包装物类似,在采用五五摊销法时,"低值易耗品"账户应设置"在库低值易耗品""在用低值易耗品"和"低值易耗品摊销"三个明细账户进行核算。

【任务举例4-19】 华飞公司生产车间本月领用低值易耗品1 000元,采用一次摊销法摊销。

会计分录如下:

借:制造费用 1 000

 贷:低值易耗品 1 000

【任务举例4-20】 华飞公司管理部门领用低值易耗品40 000元,采用五五摊销法摊销。

会计分录如下:

(1)领用低值易耗品时,摊销其价值的50%。

借:低值易耗品——在用低值易耗品 40 000

 贷:低值易耗品——在库低值易耗品 40 000

借:管理费用 20 000

 贷:低值易耗品——低值易耗品摊销 20 000

(2)低值易耗品报废时,摊销剩余50%的价值,并转销低值易耗品。

借:管理费用	20 000
贷:低值易耗品——低值易耗品摊销	20 000
借:低值易耗品——低值易耗品摊销	40 000
贷:低值易耗品——在用低值易耗品	40 000

任务四　计划成本法下存货的核算

一、计划成本法概述

原材料采用
计划成本核算

存货采用实际成本进行日常核算,要求存货的收入和发出凭证、明细分类账、总分类账全部按实际成本计价,这对于存货品种、规格、数量繁多的企业来说,日常核算工作量很大,核算成本较高,且会影响会计信息的及时性。为了简化存货的核算,便于成本管理绩效考核,并能及时地提供成本信息,企业可以采用计划成本法对存货的收入、发出及结存进行日常核算。

（一）计划成本法的基本核算程序

计划成本法,是指存货的日常收入、发出和结存均按计划成本计价,期末按差异调整为实际成本的一种核算方法。

在采用计划成本法核算的情况下需设置"材料成本差异""产品成本差异"等账户登记实际成本与计划成本之间的差异,月末,再通过对存货成本差异的分摊,将发出存货的计划成本和结存存货的计划成本调整为实际成本进行反映。

采用计划成本法进行存货日常核算的基本程序如下:

(1)制定存货目录。

存货目录规定存货的分类、名称、规格、编号、计量单位和单位计划成本。

(2)对每一品种、规格的存货制定计划成本。

计划成本,是指在正常的市场条件下,企业取得存货应当支付的合理成本,包括采购成本、加工成本和其他成本,其组成内容应当与实际成本完全一致。

计划成本一般由会计部门会同采购、生产等部门共同制定,制定的计划成本应尽可能接近实际,以利于发挥计划成本的考核和控制功能。

除特殊情况外,计划成本在年度内一般不作调整。

(3)设置"材料成本差异""产品成本差异"等账户,登记存货实际成本与计划成本之间的差异。

取得存货并形成差异时,实际成本高于计划成本的超支差异,在该账户的借方登记,实际成本低于计划成本的节约差异,在该账户的贷方登记;发出存货并分摊差异时,超支差异从该账户的贷方用蓝字转出,节约差异从该账户的贷方用红字转出或从借方用蓝字转出。

(4)设置"材料采购""库存商品——产成品"账户,对购入或入库存货的实际成本与计划成本进行计价对比。

"材料采购""库存商品——产成品"等账户的借方登记购入或入库存货的实际成本,

贷方登记购入存货的计划成本,并将计算的实际成本与计划成本的差额,转入"材料成本差异""产品成本差异"等账户。

(5)存货的日常收入与发出均按计划成本计价,月末,通过存货成本差异的分摊,将本月发出存货的计划成本和月末结存存货的计划成本调整为实际成本。

以下的具体介绍,基本是围绕原材料存货及其采购和有关方面按计划成本核算的内容。制造业的产成品按计划成本进行日常核算时,其实际成本与计划成本的差异,均可比照原材料及其差异核算的程序和方法进行。

(二)存货成本差异的形成

企业外购的存货,需要专门设置"材料采购"账户进行计价对比,以确定外购存货实际成本与计划成本的差异;而自制、委托加工、投资者投入、接受捐赠、盘盈的存货,应根据实际成本与计划成本的差额直接确定材料成本差异,不需要通过"材料采购"账户进行计价对比。

企业购进存货时,按确定的实际采购成本,借记"材料采购"账户,按增值税专用发票上注明的增值税额,借记"应交税费——应交增值税(进项税额)"账户,按已支付或应支付的金额,贷记"银行存款""应付票据""应付账款"等账户。

已购进的存货验收入库时,按计划成本,借记"原材料"等账户,贷记"材料采购"账户。已购进并已验收入库的存货,按实际成本大于计划成本的超支差额,借记"材料成本差异"账户,贷记"材料采购"账户;按实际成本小于计划成本的节约差额,借记"材料采购"账户,贷记"材料成本差异"账户。

月末,对已验收入库但尚未收到发票账单的存货,按计划成本暂估入账,借记"原材料"等账户,贷记"应付账款——暂估应付账款"账户,下月初再用红字作相同的会计分录予以冲回,以便下月收到发票账单和结算时,按正常的程序进行会计处理。

(三)存货成本差异的分摊

采用计划成本法对存货进行日常核算,发出存货时先按计划成本计价,即按发出存货的计划成本,借记"生产成本""制造费用""管理费用"等有关成本费用账户,贷记"原材料"等账户;月末,再将期初结存存货的成本差异和本月取得存货形成的成本差异,在本月发出存货和期末结存存货之间进行分摊,将本月发出存货和期末结存存货的计划成本调整为实际成本。

计划成本、成本差异与实际成本之间的关系如下:

$$实际成本=计划成本+超支差异$$
或
$$实际成本=计划成本-节约差异$$

为便于存货成本差异的分摊,企业应当计算材料成本差异率,作为分摊存货成本差异的依据。

材料成本差异率包括本月材料成本差异率和上月材料成本差异率两种。其计算公式如下:

$$本月材料成本差异率=\frac{月初结存存货的成本差异+本月收入存货的成本差异}{月初结存存货的计划成本+本月收入存货的计划成本}\times100\%$$

$$上月材料成本差异率=\frac{月初结存存货的成本差异}{月初结存存货的计划成本}\times100\%$$

企业应当分别原材料、包装物、低值易耗品等,按照类别或品种对存货成本差异进行明细核算,并计算相应的材料成本差异率,不能使用一个综合差异率。企业在计算发出存货应负担的成本差异时,除委托外部加工发出存货可按上月差异率计算外,一般应使用本月差异率计算。如果上月的成本差异率与本月成本差异率相差不大,也可按上月的成本差异率计算。材料成本差异率的计算方法一经确定,不得随意变更。如果确需变更,应在财务报表附注中予以说明。

本月发出存货应负担的成本差异及实际成本和月末结存存货应负担的成本差异及实际成本,可按如下公式计算:

本月发出存货应负担的成本差异＝发出存货的计划成本×材料成本差异率

本月发出存货的实际成本＝发出存货的计划成本±发出存货应负担的成本差异

月末结存存货应负担的成本差异＝结存存货的计划成本×材料成本差异率

月末结存存货的实际成本＝结存存货的计划成本±结存存货应负担的成本差异

发出存货应负担的成本差异,必须按月分摊,不得在季末或年末一次分摊。企业在分摊发出存货应负担的成本差异时,按计算的各成本费用项目应负担的差异金额,借记"生产成本""制造费用""管理费用"等账户,贷记"材料成本差异"账户。实际成本大于计划成本的超支差异,用蓝字登记;实际成本小于计划成本的节约差异,用红字登记。

本月发出存货应负担的成本差异从"材料成本差异"账户转出之后,该账户的余额为月末结存存货应负担的成本差异。

在编制资产负债表时,月末结存存货应负担的成本差异应作为存货的调整项目,将结存存货的计划成本调整为实际成本列示。

二、原材料在计划成本法下的核算举例

【任务举例 4-21】　旭日公司 20×9 年 11 月发生下列材料采购业务:

(1)11 月 4 日,购入一批原材料,增值税专用发票上注明的价款为 200 000 元,增值税额为 26 000 元。货款已通过银行转账支付,材料已验收入库。该批原材料的计划成本为210 000 元。

会计分录如下:

①借:材料采购　　　　　　　　　　　　　　　　　　　　　　200 000

　　应交税费——应交增值税(进项税额)　　　　　　　　　26 000

　　　贷:银行存款　　　　　　　　　　　　　　　　　　　　　226 000

②借:原材料　　　　　　　　　　　　　　　　　　　　　　　210 000

　　　贷:材料采购　　　　　　　　　　　　　　　　　　　　　210 000

借:材料采购　　　　　　　　　　　　　　　　　　　　　　　10 000

　　贷:材料成本差异　　　　　　　　　　　　　　　　　　　　10 000

(2)11 月 8 日,购入一批原材料,增值税专用发票上注明的价款为 100 000 元,增值税额为 13 000 元。货款尚未支付,材料尚在运输途中。

会计分录如下:

借:材料采购　　　　　　　　　　　　　　　　　　　　　　　100 000

应交税费——应交增值税(进项税额)	13 000
贷:银行存款	113 000

(3)11月15日,收到11月8日购进的原材料并验收入库。该批原材料的计划成本为95 000元。

会计分录如下:

借:原材料	95 000
贷:材料采购	95 000
借:材料成本差异	5 000
贷:材料采购	5 000

会计实务中,为了简化收入存货和结转存货成本差异的核算手续,企业平时收到存货时,也可以先不记录存货的增加,也不结转形成的存货成本差异,月末时,再将本月已付款或已开出、承兑商业汇票并已验收入库的存货,按实际成本和计划成本分别汇总,一次登记本月存货的增加,并计算和结转本月存货成本差异。

【任务举例4-22】 承【任务举例4-21】,旭日公司在采用月末汇总登记存货的增加和结转存货成本差异的方法时,平时取得存货时先不记录存货的增加,也不结转形成的存货成本差异,月末时,将本月已验收入库的存货,按实际成本和计划成本分别汇总,一次登记本月存货的增加,并计算和结转本月存货成本差异。

会计处理如下:

11月30日,汇总本月已付款或已开出、承兑商业汇票并已验收入库的原材料实际成本和计划成本,登记本月存货的增加,并计算和结转本月存货成本差异。

原材料实际成本=200 000+100 000=300 000(元)
原材料计划成本=210 000+95 000=305 000(元)
原材料成本差异=300 000-305 000=-5 000(元)

借:原材料	305 000
贷:材料采购	305 000
借:材料采购	5 000
贷:材料成本差异	5 000

【任务举例4-23】 旭日公司20×8年11月份领用原材料的计划成本为250 000元,其中,基本生产领用200 000元,车间一般耗用40 000元,管理部门领用1 000元。已知旭日公司20×8年11月1日,结存原材料的计划成本为45 000元,"材料成本差异——原材料"账户的借方余额为8 500元。11月份的材料采购业务见【任务举例4-21】。

会计处理如下:

(1)按计划成本发出原材料。

借:生产成本——基本生产成本	200 000
制造费用	40 000
管理费用	10 000
贷:原材料	250 000

(2)月末计算本月材料成本差异率。

$$本月材料\atop成本差异率 = \frac{月初结存存货的成本差异+本月收入存货的成本差异}{月初结存存货的计划成本+本月收入存货的计划成本} \times 100\%$$

$$= \frac{8\,500-5\,000}{45\,000+305\,000} \times 100\% = 1\%$$

（3）分摊材料成本差异

本月发出存货应负担的差异＝发出存货的计划成本×材料成本差异率

$$=250\,000 \times 1\% = 2\,500（元）$$

$$生产成本（基本生产成本）=200\,000 \times 1\% = 2\,000（元）$$

$$制造费用=40\,000 \times 1\% = 400（元）$$

$$管理费用=10\,000 \times 1\% = 100（元）$$

借：生产成本——基本生产成本　　　　　　　　　　　　　　2 000

　　制造费用　　　　　　　　　　　　　　　　　　　　　400

　　管理费用　　　　　　　　　　　　　　　　　　　　　100

　　贷：材料成本差异　　　　　　　　　　　　　　　　　　　2 500

（4）月末，计算结存原材料实际成本，据以编制资产负债表。

“原材料”账户期末余额$=(45\,000+305\,000)-250\,000=100\,000（元）$

“材料成本差异”账户期末借方余额$=(8\,500-5\,000)-2\,500=1\,000（元）$

结存原材料实际成本$=100\,000+1\,000=101\,000（元）$

月末编制资产负债表时，存货项目中的原材料存货应当按上列结存原材料实际成本101 000 元列示。

三、计划成本法的主要优点

1. 计划成本法可以简化存货的日常核算手续

在计划成本法下，同一种存货只有一个单位计划成本，因此，存货明细账平时可以只登记收、发、存数量，而不必登记收、发、存金额。需要了解某项存货的收、发、存金额时，以该项存货的单位计划成本乘以相应的数量即可求得，避免了繁琐的发出存货计价，简化了存货的日常核算手续。

2. 计划成本法有利于考核采购部门的工作业绩

计划成本法的显著特点是可以通过实际成本与计划成本的比较，得出实际成本脱离计划成本的差异，并通过对差异的分析，寻求实际成本脱离计划成本的原因，据以考核采购部门的工作业绩，促使采购部门不断降低采购成本。

鉴于上述优点，计划成本法在我国制造业企业应用比较广泛。

任务五　存货期末计价核算

一、成本与可变现净值孰低法

为了在资产负债表中更合理地反映期末存货的价值，企业应当选择适当的计价方法对期末存货进行再计量。

我国企业会计准则规定,存货的期末计价应当采用成本与可变现净值孰低法。

成本与可变现净值孰低法,是指按照存货的成本与可变现净值两者之中的较低者对期末存货进行计价的一种方法。

采用成本与可变现净值孰低法计价,当期末存货的成本低于可变现净值时,存货按成本计价;当期末存货的可变现净值低于成本时,存货按可变现净值计价。

这里的成本是指期末存货的实际成本,即采用先进先出法、加权平均法等存货计价方法,对发出存货(或期末存货)进行计价所确定的期末存货账面价值。如果存货的日常核算采用计划成本法、售价金额核算法等简化核算方法,则期末存货的实际成本是指通过差异调整而确定的存货成本。

可变现净值,是指在日常活动中,以存货的估计售价减去至完工时估计将要发生的成本、销售费用以及相关税费后的金额。

采用成本与可变现净值孰低法对期末存货进行计价,当某项存货的可变现净值跌至成本以下时,表明该项存货为企业带来的未来经济利益将低于账面价值,企业应按可变现净值低于成本的金额确认存货跌价损失,并将其从存货价值中扣除,否则,就会虚计当期利润和存货价值;而当可变现净值高于成本时,企业则不能按可变现净值高于成本的金额确认这种尚未实现的存货增值收益,否则,也会虚计当期利润和存货价值。因此,成本与可变现净值孰低法体现了谨慎性会计原则的要求。

二、可变现净值的确定

(一)存货减值迹象的判断

1. 存货存在下列情况之一的,表明存货的可变现净值低于成本:

(1)该存货的市场价格持续下跌,并且在可预见的未来无回升的希望;

(2)企业使用该项原材料生产的产品的成本大于产品的销售价格;

(3)企业因产品更新换代,原有库存原材料已不适应新产品的需要,而该原材料的市场价格又低于其账面成本;

(4)因企业所提供的商品或劳务过时或消费者偏好改变,而使市场的需求发生变化导致存货的市场价格逐渐下跌;

(5)其他足以证明该项存货实质上已经发生减值的情形。

2. 存货存在下列情形之一的,表明存货的可变现净值为零:

(1)已霉烂变质的存货;

(2)已过期且无转让价值的存货;

(3)生产中已不再需要,并且已无使用价值和转让价值的存货;

(4)其他足以证明已无使用价值和转让价值的存货。

(二)存货可变现净值的确定

根据存货的账面记录,可以很容易地获得存货的成本资料,因此,运用成本与可变现净值孰低法对期末存货进行计价的关键,是合理确定存货的可变现净值。

1. 确定存货可变现净值应考虑的主要因素

企业确定存货的可变现净值,应当以取得的确凿证据为基础,并且考虑持有存货的目的、资产负债表日后事项的影响等因素。

(1)存货可变现净值的确凿证据

可变现净值的确凿证据,是指对确定存货的可变现净值有直接影响的客观证明,如产品的市场销售价格、与企业产品相同或类似商品的市场销售价格、供货方提供的有关资料、销售方提供的有关资料、生产成本资料等。

(2)持有存货的目的

企业持有存货有两个基本目的,即持有以备出售和持有以备耗用。持有存货的目的不同,可变现净值的确定方法也不尽相同。

持有以备出售的产成品或商品,以及直接用于出售的原材料等存货,可变现净值按照在正常生产经营过程中,以存货的估计售价减去估计的销售费用和相关税费后的金额确定;仍然处在生产过程中的在产品,以及将在生产过程或提供劳务过程中耗用的材料、物料等存货,可变现净值按照在正常生产经营过程中,以存货的估计售价减去至完工估计将要发生的成本、估计的销售费用以及相关税费后的金额确定。

(3)资产负债表日后事项的影响

企业在确定资产负债表日存货的可变现净值时,不仅要考虑资产负债表日与该项存货相关的价格与成本波动,而且还应考虑未来的相关事项。

2. 存货可变现净值的确定

(1)产成品、商品和用于出售的材料等直接用于出售的商品存货,其可变现净值为:在正常生产经营过程中,该存货的估计售价减去估计的销售费用和相关税费后的金额。

(2)需要经过加工的材料存货,用其生产的产成品的可变现净值高于成本的,该材料仍然应当按照成本计量,材料价格的下降表明产成品的可变现净值低于成本的,该材料应当按照可变现净值计量,其可变现净值为:在正常生产经营过程中,以该材料所生产的产成品的估计售价减去至完工时估计将要发生的成本、销售费用和相关税费后的金额。

(3)为执行销售合同或者劳务合同而持有的存货,其可变现净值应当以合同价格为基础计算。

(4)企业持有的同一项存货的数量多于销售合同或劳务合同订购数量的,应分别确定其可变现净值,并与其相对应的成本进行比较,分别确定存货跌价准备的计提或转回金额;超出合同部分的存货的可变现净值,应当以一般销售价格为基础计算。

三、存货跌价准备

(一)存货跌价准备的计提

企业应当定期对存货进行全面检查,如果由于存货毁损、全部或部分陈旧过时或销售价格低于成本等原因,使存货可变现净值低于其成本,应按可变现净值低于成本的部分,计提存货跌价准备。

在一般情况下,存货跌价准备应当按照单个存货项目计提,即应当将每一存货项目的成本与可变现净值逐一进行比较,取其低者计量存货,并按可变现净值低于成本的差额计提存货跌价准备。但在某些情况下,比如,与具有类似目的或最终用途并在同一地区生产和销售的产品系列相关,且难以将其与该产品系列的其他项目区别开来进行估价的存货,可以合并计提存货跌价准备。此外,对于数量繁多、单价较低的存货,也可以按存货类别计提存货跌价准备。

在具体进行存货跌价准备的会计处理时,首先应按本期存货可变现净值低于成本的金额,确定本期存货的减值金额,然后将本期存货的减值金额与"存货跌价准备"账户的余额进行比较,按下列公式计算确定本期应计提的存货跌价准备金额:

$$\text{某期应计提的存货跌价准备} = \text{当期可变现净值低于成本的金额} - \text{"存货跌价准备"账户原有余额}$$

根据上述公式,如果本期存货减值的金额与"存货跌价准备"账户的贷方余额相等,不需要计提存货跌价准备;如果本期存货减值的金额大于"存货跌价准备"账户的贷方余额,应按二者之差补提存货跌价准备,借记"资产减值损失"账户,贷记"存货跌价准备"账户;如果本期存货减值的金额小于"存货跌价准备"账户的贷方余额,表明存货的价值得以恢复,应按二者之差冲减已计提的存货跌价准备,借记"存货跌价准备"账户,贷记"资产减值损失"账户。

(二)存货跌价准备的转回

当以前减记存货价值的影响因素已经消失,减记的金额应当予以恢复,并在原已计提的存货跌价准备金额内转回,转回的金额计入当期损益(资产减值损失),借记"存货跌价准备"账户,贷记"资产减值损失"账户。

(三)存货跌价准备的结转

企业计提了存货跌价准备,如果其中有部分存货已经销售,则企业在结转销售成本时,应同时结转对其已计提的存货跌价准备。

按存货类别计提存货跌价准备的,也应按比例结转相应的存货跌价准备。

【任务举例 4-24】 华阳公司在半年末和年末对存货按成本与可变现净值孰低计价,有关业务如下:

(1)20×7 年 6 月 30 日,甲商品的账面成本为 80 000 元,可变现净值跌至 70 000 元。

会计分录如下:

借:资产减值损失   10 000
　贷:存货跌价准备   10 000

(2)20×7 年 12 月 31 日,甲商品尚未售出,可变现净值已跌至 65 000 元。

甲商品的减值金额=80 000-65 000=15 000(元)
应计提的跌价准备=15 000-10 000=5 000(元)

会计分录如下:

借:资产减值损失   5 000
　贷:存货跌价准备   5 000

(3)20×8 年 6 月 30 日,甲商品仍未售出,可变现净值回升至 68 000 元。

甲商品的减值金额=80 000-68 000=12 000(元)
应计提的跌价准备=12 000-15 000=-3 000(元)

会计分录如下:

借:存货跌价准备   3 000

贷:资产减值损失　　　　　　　　　　　　　　　　　　　　　3 000

假定甲商品的可变现净值升至 85 000 元,高于甲商品的成本,则应将甲商品的账面价值恢复至初始成本,即将已计提的存货跌价准备全部转回。

已计提的存货跌价准备＝10 000＋5 000＝15 000(元)

会计分录如下:

借:存货跌价准备　　　　　　　　　　　　　　　　　　　　15 000

　贷:资产减值损失　　　　　　　　　　　　　　　　　　　15 000

(4)20×8 年 8 月 15 日,将甲商品按 70 000 元(不含增值税)售出。

会计分录如下:

借:银行存款　　　　　　　　　　　　　　　　　　　　　81 200

　贷:主营业务收入　　　　　　　　　　　　　　　　　　70 000

　　应交税费——应交增值税(销项税额)　　　　　　　　11 200

借:主营业务成本　　　　　　　　　　　　　　　　　　　68 000

　存货跌价准备　　　　　　　　　　　　　　　　　　　12 000

　贷:库存商品——甲商品　　　　　　　　　　　　　　　80 000

任务六　存货清查的核算

一、存货清查的意义与方法

存货清查

存货是企业资产的重要组成部分,且处于不断销售或耗用以及重置之中,具有较强的流动性。为了加强对存货的控制,维护存货的安全完整,企业应当定期或不定期对存货的实物进行盘点和抽查,并与账面记录进行核对,确保存货账实相符。企业至少应当在编制年度财务报告之前,对存货进行一次全面的清查盘点。

存货的清查可采用实地盘点和账实核对的方法。

清查盘点前,应将已经收发的存货数量全部登记入账,并准备盘点清册,抄列各种存货的编号、名称、规格和存放地点。盘点时,应在盘点清册上逐一登记各种存货的账面结存数量和实存数量,并进行核对。对于账实不符的存货,应查明原因,分清责任,并根据清查结果编制"存货盘存报告单",作为存货清查的原始凭证。

在进行存货清查盘点时,如果发现存货盘盈或盘亏,应于期末前查明原因,并根据企业的管理权限,报经股东大会或董事会,或经理会议或类似机构批准后,在期末结账前处理完毕。

二、存货盘盈与盘亏的会计处理

(一)存货盘盈

存货盘盈,是指存货的实存数量超过账面结存数量的差额。

存货发生盘盈,应按照同类或类似存货的市场价格作为实际成本及时登记入账,借记"原材料"等账户,贷记"待处理财产损溢——待处流动资产损溢"账户;待查明原因,报经批准处理后,冲减当期管理费用。

【任务举例 4-25】 吉力公司在存货清查中发现盘盈一批 A 材料,市场价格为 2 000 元。

会计分录如下:

(1)发现盘盈。

借:原材料——A 材料 2 000

　　贷:待处理财产损溢——待处理流动资产损溢 2 000

(2)报经批准处理。

借:待处理财产损溢——待处理流动资产损溢 2 000

　　贷:管理费用 2 000

(二)存货盘亏

存货盘亏,是指存货的实存数量少于账面结存数量的差额。

存货发生盘亏,应将其账面成本及时转销,借记"待处理财产损溢——待处流动资产损溢"账户,贷记"原材料"等账户;因非常损失而造成的存货毁损,还应将不能抵扣的增值税进项税额一并转出,借记"待处理财产损溢——待处理流动资产损溢"账户,贷记"应交税费——应交增值税(进项税额转出)"账户。待查明原因,报经批准处理后,根据造成盘亏的原因,分别以下情况进行会计处理:

(1)属于定额内自然损耗和收发计量差错造成的短缺,直接计入管理费用。

(2)属于管理不善等原因造成的短缺或毁损,在减去过失人或者保险公司等赔款和残料价值之后,将净损失计入管理费用。

(3)属于自然灾害或意外事故造成的毁损,在减去保险公司赔款和残料价值之后,将净损失计入营业外支出。

【任务举例 4-26】 吉力公司在存货清查中发现盘亏一批 B 材料,账面成本为 5 000 元。

会计分录如下:

(1)发现盘亏。

借:待处理财产损溢——待处理流动资产损溢 5 000

　　贷:原材料——B 材料 5 000

(2)查明原因,属于收发计量差错,报经批准处理。

借:管理费用 5 000

　　贷:待处理财产损溢——待处理流动资产损溢 5 000

如果盘盈或盘亏的存货在期末结账前尚未经批准,在对外提供财务报告时,应先按上述方法进行会计处理,并在财务报表附注中作出说明。如果其后批准处理的金额与已处理的金额不一致,应当调整当期财务报表相关项目的年初数。

如果发现的是以前会计期间的存货盘亏,应当作为前期差错更正处理。

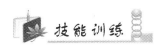 技能训练

一、简答题

1. 什么是存货？如何进行分类？

2. 存货的采购成本包括哪些具体内容？

3. 什么是移动加权平均法？此法下存货发出成本如何确定？

4. 什么是先进先出法？此法下存货发出成本如何确定？

5. 什么是存货计划成本法？企业存货采用计划成本法核算有何优点？

二、实训题

1. 甲企业委托乙单位将 A 材料加工成用于直接对外销售的应税消费品 B,消费税税率为 10%。发出 A 材料的实际成本为 50 000 元,加工费为 4 000 元,均以银行存款支付。假设双方均为增值税一般纳税人,增值税税率为 13%。

要求:根据以上经济业务编制甲企业会计分录。

2. A 公司为增值税一般纳税人。20×8 年 6 月 1 日结存材料的计划成本为 2 万元,原材料成本差异月初数额为节约 400 元。本月入库材料的计划成本为 18 万元,本月入库材料成本差异为超支 3 000 元,本月发出材料的计划成本为 15 万元(均为生产甲产品领用)。

要求:

(1)计算本月材料成本差异率、发出材料应负担的成本差异、发出材料的实际成本、结存材料应负担的成本差异以及结存材料的实际成本;

(2)编制材料验收入库、发出以及分配材料成本差异的会计分录。

3. 20×7 年 12 月 31 日吉力公司年末采用成本与可变现净值孰低法进行存货计价。

(1)20×7 年年末,甲产品账面成本为 60 万元,预计可变现净值为 58 万元,"资产减值准备"账户的贷方余额为 1 万元;

(2)20×8 年 6 月 30 日,甲产品账面成本为 60 万元,预计可变现净值为 55 万元;

(3)20×8 年年末,甲产品账面成本为 50 万元,预计可变现净值为 48 万元。

要求:根据以上经济业务编制会计分录。

项目五 投资的核算

1. 投资的意义和分类；
2. 交易性金融资产的概念与核算；
3. 持有至到期投资的概念与核算；
4. 可供出售金融资产的概念与核算；
5. 长期股权投资的概念与核算。

金融资产涉及的内容相当广泛，主要包括：库存现金、应收账款、应收票据、贷款、垫款、其他应收款、应收利息、债权投资、股权投资、基金投资以及衍生金融资产等。

企业在初始确认金融资产时，应当结合企业自身的业务特点和风险管理要求，可将其划分为四类：①以公允价值计量，且其变动计入当期损益的金融资产。以公允价值计量，且其变动计入当期损益的金融资产，可进一步划分为交易性金融资产和直接指定为以公允价值计量且其变动计入当期损益的金融资产。②持有至到期投资。③贷款和应收款项。④可供出售金融资产。

金融资产中的交易性金融资产、持有至到期投资、可供出售金融资产以及长期股权投资等内容均具有投资的特性。

任务一 投资概述

一、投资的意义

企业除了从事自身的生产经营活动外，还可以通过对外投资获得利益，以实现其经营目标。投资，是指企业通过资源重置来增加财富或为谋求其他利益，而将资产投向或让渡给其他单位所获得的另一项资产。

二、投资的分类

投资可以按照不同标准进行分类。

（一）按投资目的分类

按投资目的不同，投资可以分为短期投资和长期投资。

1.短期投资

短期投资,是指能够随时变现并且持有时间不准备超过一年(含一年)的投资。

企业短期投资的内容一般包括企业预期在一年内持有的股票、债券、基金等交易性金融资产。

短期投资的主要目的是利用生产经营过程中暂时闲置的货币资金谋求更多的经济利益。例如,在充分考虑风险因素的情况下,季节性生产企业可在生产淡季,利用暂时闲置的生产资金购买上市的股票、债券等,以获取比银行存款利息更高的收益;待生产旺季来临时,再将投资变现,投入生产。短期投资的目的决定了投资必须具有高度的流动性,在企业需要货币资金时,可以随时转让变现,以满足正常生产经营周转的需要以及其他方面的需要。

2.长期投资

长期投资,是指除短期投资以外的投资,包括企业不准备随时变现、持有时间在一年以上(不含一年)的股票投资、债券投资以及其他投资。

长期投资包括长期股权投资和长期债权投资。长期股权投资,是指企业不准备在一年内变现的各种股权性质的投资。

企业进行长期投资的目的要比短期投资复杂得多,除获取投资收益这一基本目的外,往往还具有某些战略性考虑。其投资目的主要有:

(1)为将来特定的用途积累资金,并在使用该资金之前合理利用,获得收益;

(2)影响或控制其他企业的经营决策,以配合本身的经营;

(3)扩大企业生产经营规模或发展多样化经营。

(二)按投资对象分类

按投资对象不同,投资可以分为股票投资、债券投资和其他投资。

1.股票投资

股票投资是指企业通过购买股份公司的股票所形成的对外投资。

股票是股份有限公司为便于筹集资本,将其全部资本划分成若干较小单位的等额股份而出具的股份证明。企业购入股票后,就成为发行股票公司的股东,有权参加其税后净利的分配,并可得到股票升值的利益;若持股份额达到一定比例,还可参加被投资企业的董事会,影响甚至控制被投资企业的财务与经营政策。股票投资收益的大小,取决于发行股票公司的获利能力、股利政策、资本结构、经营风险、每股账面价值以及证券市场状况等诸多因素,具有很大的不确定性。因此,股票投资具有投资风险较大但可望获取较多投资收益的特点。

2.债券投资

债券投资是指企业通过购买国家债券、金融债券和企业债券而形成的对外投资。

债券是由政府或企业发行的、以契约的形式明确规定还本付息金额和时间的一种有价证券。债券投资可以按期获得固定的利息收益,并在到期时收回本金。与股票投资相比,债券投资具有收益稳定、风险较低的特点。

3.其他投资

其他投资是指除股票投资和债券投资以外的其他投资。其他投资的内容基本是通过组建联营公司、设立合资企业、委托金融机构贷款等形成的投资。

(三)按投资性质分类

按投资性质的不同,投资可以分为股权性投资、债权性投资和混合性投资。

1. 股权性投资

股权性投资是指企业通过购买股票、投资组建联营企业或合资企业等方式,取得被投资企业股权而形成的对外投资。股权性投资的内容包括股票投资和其他股权投资。

2. 债权性投资

债权性投资是指企业通过购买债券、委托金融机构贷款等方式,取得被投资企业债权而形成的对外投资。债权性投资的内容包括债券投资和其他债权投资。

3. 混合性投资

混合性投资是指企业通过购买混合性证券的方式而形成的对外投资。混合性证券是指兼具股权和债权双重性质的有价证券,如优先股股票、可转换公司债券等。

任务二　交易性金融资产的核算

一、交易性金融资产概述

(1)金融资产同时符合下列条件的,应当分类为以摊余成本计量的金融资产:

①企业管理该金融资产的业务模式是以收取合同现金流量为目标。

②该金融资产的合同条款规定,在特定日期产生的现金流量,仅为对本金和以未偿付本金金额为基础的利息的支付。

例如,银行向企业客户发放的固定利率的贷款,在没有其他特殊安排的情况下,贷款的合同现金流量一般情况下可能符合仅为对本金和以未偿付本金金额为基础的利息支付的要求。如果银行管理该贷款的业务模式是以收取合同现金流量为目标,则该贷款应当分类为以摊余成本计量的金融资产。

企业一般应当设置"银行存款""贷款""应收账款""债权投资"等账户核算分类为以摊余成本计量的金融资产。

(2)金融资产同时符合下列条件的,应当分类为以公允价值计量且其变动计入其他综合收益的金融资产:

①企业管理该金融资产的业务模式既以收取合同现金流量为目标又以出售该金融资产为目标。

②该金融资产的合同条款规定,在特定日期产生的现金流量,仅为对本金和以未偿付本金金额为基础的利息的支付。

企业应当设置"其他债权投资"账户核算分类为以公允价值计量且其变动计入其他综合收益的金融资产。

(3)按照上述(1)和(2)分类为以摊余成本计量的金融资产和以公允价值计量且其变动计入其他综合收益的金融资产之外的金融资产,企业应当将其分类为以公允价值计量且其变动计入当期损益的金融资产。例如,企业持有的普通股股票的合同现金流量是收取被投资企业未来股利分配以及其清算时获得剩余收益的权利。由于股利及获得剩余收益的权利均不符合本金和利息的定义,因此企业持有的普通股股票应当分类为以公允价值计量且其变动计入当期损益的金融资产。

企业应当设置"交易性金融资产"账户核算以公允价值计量且其变动计入当期损益的金融资产,并按交易性金融资产的种类和品种(如股票、债券、基金、权证等),分别"成本"和"公允价值变动"设置明细账进行明细核算。企业持有的直接指定为以公允价值计量且其变动计入当期损益的金融资产,也在本账户核算。

二、交易性金融资产的核算

(一)交易性金融资产的取得

交易性金融资产的取得以购入方式为主,有时也可能以非货币性资产交换、债务重组、投资者投入等方式取得。本节仅以交易性股票、债券的购入为主说明交易性金融资产的会计处理原则和方法。

交易性金融
资产的核算

为了反映交易性金融资产的现值及其预计带来的收益情况,交易性金融资产应以公允价值反映,并详细记录每一交易性金融资产的成本及其公允价值变动。

交易性金融资产以公允价值购入,其入账成本就是该交易性金融资产的购买价格。购买交易性金融资产时,还需要支付交易费用(如印花税、手续费、佣金等)。对于支付的交易费用,我国会计准则规定将其作为投资费用处理,直接借记"投资收益"账户,不再将其计入投资成本。

在会计处理上,购入交易性金融资产时,按其买价记入"交易性金融资产——成本"账户,支付的交易费用,记入"投资收益"账户。

需要注意的是,交易性金融资产的买价中包括的已宣告但未发放的股利或已到付息期尚未领取的债券利息,应进行专门记录,并通过"应收股利"或"应收利息"账户反映。

【任务举例 5-1】　吉力公司 4 月 5 日从股票市场购入 A 公司股票 20 000 股,每股购买价格 10 元,另支付交易手续费等 500 元,款项以银行存款支付。

会计分录如下:

借:交易性金融资产——成本　　　　　　　　　　　　　　　　　200 000
　　投资收益　　　　　　　　　　　　　　　　　　　　　　　　　500
　　贷:其他货币资金——存出投资款　　　　　　　　　　　　　200 500

【任务举例 5-2】　吉力公司 5 月 10 日从证券市场购入 B 公司债券支付价款 5 000 000 元,以进行交易为目的,不准备持有至到期。购买价款中包含已到付息期但尚未领取的债券利息 5 000 元。购买该债券另支付交易费用 200 元。款项以银行存款支付。

会计分录如下:

借:交易性金融资产——成本　　　　　　　　　　　　　　　　　500 000
　　应收利息　　　　　　　　　　　　　　　　　　　　　　　　5 000
　　投资收益　　　　　　　　　　　　　　　　　　　　　　　　200
　　贷:银行存款　　　　　　　　　　　　　　　　　　　　　505 200

（二）交易性金融资产持有期间收到的股利、利息

交易性金融资产在持有期间可以凭持有的交易性金融资产依法获得相关的股利或债券利息收入。

在会计处理上，交易性金融资产持有期间被投资单位宣告发放的现金股利，或在资产负债表日按分期付息、一次还本债券的票面利率计算的利息，应作为交易性金融资产持有期间实际实现的投资收益，借记"应收股利"或"应收利息"账户，贷记"投资收益"账户。

实际收到股利或债券利息时，借记"银行存款""其他货币资金"等账户，贷记"应收股利""应收利息"账户。

【任务举例 5-3】 承【任务举例 5-1】，4 月 30 日 A 公司宣告分配现金股利每股 0.1 元。则吉力公司应做的会计分录如下：

借：应收股利 2 000
   贷：投资收益 2 000

【任务举例 5-4】 承【任务举例 5-2】，5 月 31 日吉力公司收到 B 公司分来的债券利息 5 000 元，由于吉力公司在购入该债券时已将此利息计入了"应收利息"，则其所做的会计处理为：

借：银行存款 5 000
   贷：应收利息 5 000

（三）交易性金融资产的期末计价

交易性金融资产以获取价差为目的。为了使交易性金融资产能够反映预计给企业带来的经济利益以及交易性金融资产预计获得价差的能力，在资产负债表日，应按当日各项交易性金融资产的公允价值对其账面价值进行调整。

交易性金融资产账面价值＝交易性金融资产（成本）
＋交易性金融资产（公允价值变动借方余额）

或
－交易性金融资产（公允价值变动贷方余额）

资产负债表日，交易性金融资产公允价值高于其原有账面价值的差额应增加交易性金融资产的账面价值，并确认为公允价值变动收益。交易性金融资产公允价值低于其原有账面价值的差额应减少交易性金融资产的账面价值，并确认为公允价值变动损失。即交易性金融资产公允价值高于其账面价值时，应按其差额借记"交易性金融资产——公允价值变动"账户，贷记"公允价值变动损益"账户；交易性金融资产公允价值低于其账面价值时，应按其差额做相反分录。

【任务举例 5-5】 承【任务举例 5-1】，吉力公司 12 月 31 日记录的持有 A 公司 20 000 股股票的账面价值为："交易性金融资产——成本"（借方余额）200 000 元。

12 月 31 日该股票当日收盘价为每股 9 元，当日的公允价值为 180 000 元，应调低该股票账面价值 20 000 元。

会计分录如下：

借：公允价值变动损益 20 000
   贷：交易性金融资产——公允价值变动 20 000

【任务举例 5-6】 承【任务举例 5-2】，吉力公司 12 月 31 日记录的持有 B 公司债券的

账面价值为:"交易性金融资产——成本"(借方余额)500 000 元。

12 月 31 日,若该债券的公允价值为 503 000 元,则吉力公司应调增债券的账面价值 3 000 元。

会计分录如下:

借:交易性金融资产——公允价值变动 3 000

　　贷:公允价值变动损益 3 000

(四)交易性金融资产的出售

交易性金融资产出售时,其损益已经实现。实现的损益应通过"投资收益"账户反映。

交易性金融资产出售后,出售收入与其账面价值的差额,应作为投资收益入账,以集中反映出售该交易性金融资产实际实现的损益。如果交易性金融资产是部分出售的,无论是其账面价值,还是原来已经计入公允价值变动损益的金额,均应按出售的交易性金融资产占该交易性金融资产的比例计算。

出售交易性金融资产时,按实际收到的金额借记"银行存款""其他货币资金"等账户,按出售交易性金融资产的成本贷记"交易性金融资产——成本"账户,按该项交易性金融资产的公允价值变动借记(原来记录的公允价值变动贷方余额)或贷记(原来记录的公允价值变动借方余额)"交易性金融资产——公允价值变动"账户,按两者的差额借记或贷记"投资收益"账户。

【任务举例 5-7】 承【任务举例 5-5】,吉力公司持有的交易性金融资产(A 公司股票)次年 1 月 31 日账户内反映的数据如下:

借方余额:交易性金融资产——成本 200 000

贷方余额:交易性金融资产——公允价值变动 20 000

假设吉力公司当日将该交易性金融资产出售,出售收入为 205 000 元,款项存入银行。

会计分录如下:

借:银行存款 205 000

　　交易性金融资产——公允价值变动 20 000

　　贷:交易性金融资产——成本 200 000

　　　　投资收益 25 000

【任务举例 5-8】 承【任务举例 5-6】,吉力公司持有的交易性金融资产(B 公司债券)次年 1 月 31 日账户内反映的数据如下:

借方余额:交易性金融资产——成本 500 000

借方余额:交易性金融资产——公允价值变动 3 000

假设吉力公司当日将该交易性金融资产全部出售,出售收入为 510 000 元,款项存入银行。

会计分录如下:

借:银行存款 510 000

　　贷:交易性金融资产——成本 500 000

　　　　交易性金融资产——公允价值变动 3 000

　　投资收益　　　　　　　　　　　　　　　　　　　　　　　　　　7 000

　　（五）转让金融商品

　　金融商品转让按照卖出价扣除买入价（不需要扣除已宣告未发放现金股利和已到付息期未领取的利息）后的余额作为销售额计算增值税，即转让金融商品按盈亏相抵后的余额为销售额。若相抵后出现负差，可结转下一纳税期与下期转让金融商品销售额互抵，但年末时仍出现负差的，不得转入下一会计年度。

　　转让金融资产当月月末，如产生转让收益，则按应纳税额，借记"投资收益"等账户，贷记"应交税费——转让金融商品应交增值税"账户；如产生转让损失，则按可结转下月抵扣税额，借记"应交税费——转让金融商品应交增值税"账户，贷记"投资收益"等账户。

　　年末，如果"应交税费——转让金融商品应交增值税"账户有借方余额，说明本年度的金融商品转让损失无法弥补，且本年度的金融资产转让损失不可转入下年度继续抵减转让金融资产的收益，因此，应借记"投资收益"等账户，贷记"应交税费——转让金融商品应交增值税"账户，将"应交税费——转让金融商品应交增值税"账户的借方余额转出。

　　承【任务举例5-8】，计算该项业务转让金融商品应交增值税。

　　转让金融商品应交增值税＝（51 000－50 000）/（1＋6％）×6％＝56.6（元）

　　吉力公司应编制如下会计分录：

　　借：投资收益　　　　　　　　　　　　　　　　　　　　　　　56.6
　　　　贷：应交税费——转让金融商品应交增值税　　　　　　　　　　　56.6

三、交易性金融资产的披露

　　交易性金融资产属于企业的流动资产，在资产负债表中列示为流动资产的项目，排在货币资金项目之后。资产负债表中列示的交易性金融资产反映的是它在资产负债表日的公允价值。

任务三　以摊余成本计量的金融资产的核算

一、以摊余成本计量的金融资产概述

　　金融资产同时符合下列条件的，应当分类为以摊余成本计量的金融资产：

　　（1）企业管理该金融资产的业务模式是以收取合同现金流量为目标。

　　（2）该金融资产的合同条款规定，在特定日期产生的现金流量，仅为对本金和以未偿付本金金额为基础的利息的支付。

　　例如，银行向企业客户发放的固定利率的贷款，在没有其他特殊安排的情况下，贷款的合同现金流量一般情况下可能符合仅为对本金和以未偿付本金金额为基础的利息支付的要求。如果银行管理该贷款的业务模式是以收取合同现金流量为目标，则该贷款应当分类为以摊余成本计量的金融资产。

　　企业一般应当设置"银行存款""贷款""应收账款""债权投资"等科目核算分类为以摊

余成本计量的金融资产。

企业初始确认金融资产或金融负债,应当按照公允价值计量。对于以公允价值计量且其变动计入当期损益的金融资产和金融负债,相关交易费用应当直接计入当期损益;对于其他类别的金融资产或金融负债,相关交易费用应当计入初始确认金额。

交易费用,是指可直接归属于购买、发行或处置金融工具的增量费用。增量费用是指企业没有发生购买、发行或处置相关金融工具的情形就不会发生的费用,包括支付给代理机构、咨询公司、券商、证券交易所、政府有关部门等的手续费、佣金、相关税费以及其他必要支出,不包括债券溢价、折价、融资费用、内部管理成本和持有成本等与交易不直接相关的费用。

企业应当根据《企业会计准则第 39 号——公允价值计量》的规定,确定金融资产和金融负债在初始确认时的公允价值。公允价值通常为相关金融资产或金融负债的交易价格。

企业取得金融资产所支付的价款中包含的已宣告但尚未发放的债券利息或现金股利,应当单独确认为应收项目进行处理。

二、以摊余成本计量的金融资产的初始计量

企业取得的以摊余成本计量的金融资产,按公允价值,借记"债权投资——成本"账户,支付价款中包含已到付息期但尚未领取的利息,应借记"应收利息"账户,按实际支付的金额,贷记"银行存款"等账户,按其差额,借记或贷记"债权投资——利息调整"账户。

【任务举例 5-9】 2018 年 1 月 1 日,吉力公司购入顺兴公司当日发行的 3 年期债券,并将其分类为以摊余成本计量的金融资产,该债券每年付息一次,到期归还本金,该债券面值 100 000 元,票面年利率为 5%。

吉力公司账务处理如下:

(1)若实际支付价款为 100 000 元。

借:债权投资——成本	100 000
贷:银行存款	100 000

(2)若实际支付价款为 105 000 元。

借:债权投资——成本	100 000
——利息调整	5 000
贷:银行存款	105 000

(2)若实际支付价款为 99 000 元。

借:债权投资——成本	100 000
贷:银行存款	99 000
债权投资——利息调整	1 000

三、以摊余成本计量的金融资产投资收益的确定

企业购入债券时发生的溢价,实际是企业预先垫付将来各期以较高利率多取得利息的代价;企业购入债券发生的折价,实际是企业预先取得的以后各期少得利息的补偿。

债券的溢折价应在持有期内分期摊销,调整各期的实际利息收入,即以当期的票面应

计利息减去当期应分摊的溢价额或加上当期应分摊的折价额作为当期利息收入。

对以摊余成本计量的金融资产的溢折价摊销,企业应采用实际利率法。

实际利率法,是指计算金融资产或金融负债的摊余成本以及将利息收入或利息费用分摊计入各会计期间的方法。

实际利率,是指将金融资产或金融负债在预计存续期的估计未来现金流量,折现为该金融资产账面余额或该金融负债摊余成本所使用的利率。在确定实际利率时,应当在考虑金融资产或金融负债所有合同条款(如提前还款、展期、看涨期权或其他类似期权等)的基础上估计预期现金流量,但不应当考虑预期信用损失。

实际利率法下,金融资产各期投资收益计算的基本公式为:

$$投资收益 = 期初摊余成本 \times 实际利率$$

资产负债表日,金融资产为分期付息、一次还本债权投资的,应按票面利率计算确定的应收未收利息,借记"应收利息"账户,按金融资产摊余成本和实际利率计算确定的利息收入,贷记"投资收益"账户,按其差额,借记或贷记"债权投资——利息调整"账户。收到分期付息、一次还本金融资产持有期间支付的利息,借记"银行存款"等账户,贷记"应收利息"账户。

金融资产为一次还本付息债券投资的,应于资产负债表日按票面利率计算确定的应收未收利息,借记"债权投资——应计利息"账户,按金融资产摊余成本和实际利率计算确定的利息收入,贷记"投资收益"账户,按其差额,借记或贷记"债权投资——利息调整"账户。

【任务举例 5-10】 承【任务举例 5-9】,若债券购入价格为 105 000 元,则该债券实际利率为 3.22%,采用实际利率法进行摊销,计算吉力公司各期应确认的投资收益、溢价摊销金额。

采用实际利率法计算的各期利息调整额见表 5-1。

表 5-1 金融资产溢价摊销额计算表 单位:元

计息日期	应收利息 ①	投资收益 ②=④×3.22%	溢价摊销额 ③=①-②	摊余成本 ④=上期余额+②-①
2018.1.1				105 000
2018.12.31	5 000	3 381	1 619	103 381
2019.12.31	5 000	3 329	1 671	101 710
2020.12.31	5 000	3 290	1 710	100 000

注:最后一年溢价摊销额采用倒挤方法确定。

根据表 5-1 计算结果,各年年末应编制的会计分录如下:

(1)2018 年 12 月 31 日,确定投资收益。

借:应收利息 5 000

　　贷:投资收益 3 381

　　　　债权投资——利息调整 1 619

收到利息。

借:银行存款 5 000

　　贷:应收利息　　　　　　　　　　　　　　　　　　　　　　　　　　5 000

　　(2)2019 年 12 月 31 日,确定投资收益。

　　借:应收利息　　　　　　　　　　　　　　　　　　　　　　　　　　5 000

　　　　贷:投资收益　　　　　　　　　　　　　　　　　　　　　　　　3 329

　　　　　债权投资——利息调整　　　　　　　　　　　　　　　　　　1 671

　　收到利息。

　　借:银行存款　　　　　　　　　　　　　　　　　　　　　　　　　　5 000

　　　　贷:应收利息　　　　　　　　　　　　　　　　　　　　　　　　5 000

　　(3)2020 年 12 月 31 日,确定投资收益。

　　借:应收利息　　　　　　　　　　　　　　　　　　　　　　　　　　5 000

　　　　贷:投资收益　　　　　　　　　　　　　　　　　　　　　　　　3 290

　　　　　债权投资——利息调整　　　　　　　　　　　　　　　　　　1 710

　　收到利息。

　　借:银行存款　　　　　　　　　　　　　　　　　　　　　　　　　　5 000

　　　　贷:应收利息　　　　　　　　　　　　　　　　　　　　　　　　5 000

四、以摊余成本计量的金融资产的到期处理

　　以摊余成本计量的金融资产为分期付息、一次还本债券投资的,到期兑现时,借记"银行存款"账户,贷记"债权投资——成本""应收利息"(最后一期利息)账户;以摊余成本计量的金融资产为到期一次还本付息债券投资的,到期兑现时,借记"银行存款"账户,贷记"债权投资——成本""债权投资——应计利息"账户。

　　【任务举例 5-11】　承【任务举例 5-9】,债券到期时的会计分录:

　　借:银行存款　　　　　　　　　　　　　　　　　　　　　　　　　100 000

　　　　贷:债权投资——成本　　　　　　　　　　　　　　　　　　　100 000

　　【任务举例 5-12】　2018 年 1 月 1 日,吉力公司支付价款 1 000 元(含交易费用)购入某公司当日发行 5 年期债券,面值 1 250 元,票面利率 4.72%,到期一次还本付息,实际利率 9.05%。采用实际利率法进行摊销,计算吉力公司各期应确认的投资收益、折价摊销金额。作出从购入债券到债券到期收回时的会计分录。

　　采用实际利率法计算的各期利息调整额见表 5-2。

表 5-2　摊余成本计量的金融资产折价摊销额计算表　　　　　　　　　　　单位:元

计息日期	现金流入 ①	投资收益 ②＝⑤×9.05%	应计利息 ③	折价摊销额 ④＝②－③	摊余成本 ⑤＝上期余额＋②－①
2018.1.1					1 000
2018.12.31	0	90.50	59	31.50	1 090.50
2019.12.31	0	98.69	59	39.69	1 189.19
2020.12.31	0	107.62	59	48.62	1 296.81
2021.12.31	0	117.36	59	58.36	1 414.17
2022.12.31	1 250＋295	130.83*	59	71.83	0

　　* 尾数调整。

具体会计处理如下：

(1)2018 年 1 月 1 日,购入债券。

借:债权投资——成本	1 250
贷:银行存款	1 000
债权投资——利息调整	250

(2)2018 年 12 月 31 日,确认实际利息收入。

借:债权投资——应计利息	59
——利息调整	31.50
贷:投资收益	90.50

(3)2019 年 12 月 31 日,确认实际利息收入。

借:债权投资——应计利息	59
——利息调整	39.69
贷:投资收益	98.69

(4)2020 年 12 月 31 日,确认实际利息收入。

借:债权投资——应计利息	59
——利息调整	48.62
贷:投资收益	107.62

(5)2021 年 12 月 31 日,确认实际利息收入。

借:债权投资——应计利息	59
——利息调整	58.36
贷:投资收益	117.36

(6)2022 年 12 月 31 日,确认实际利息收入。

借:债权投资——应计利息	59
——利息调整	71.83
贷:投资收益	130.83

(7)2023 年 1 月 1 日,债券到期承兑,收到本金和名义利息。

借:银行存款	1 545
贷:债权投资——成本	1 250
——应计利息	295

任务四　以公允价值计量且其变动计入其他综合收益的金融资产的核算

一、以公允价值计量且其变动计入其他综合收益的金融资产概述

(1)金融资产同时符合下列条件的,应当分类为以公允价值计量且其变动计入其他综合收益的金融资产:

①企业管理该金融资产的业务模式既以收取合同规金流量为目标又以出售该金融资

产为目标。

②该金融资产的合同条款规定,在特定日期产生的现金流量,仅为对本金和以未偿付本金金额为基础的利息的支付。

(2)对于按照公允价值进行后续计量的金融资产,其公允价值变动形成的利得或损失,除与套期会计有关外,应当按照下列规定处理:

①以公允价值计量且其变动计入当期损益的金融资产的利得或损失,应当计入当期损益。

②分类为以公允价值计量且其变动计入其他综合收益的金融资产所产生的所有利得或损失,除减值损失或利得和汇兑损益之外,均应当计入其他综合收益,直至该金融资产终止确认或被重分类。但是,采用实际利率法计算的该金融资产的利息应当计入当期损益。该金融资产计入各期损益的金额应当与视同其一直按摊余成本计量而计入各期损益的金额相等。

该金融资产终止确认时,之前计入其他综合收益的累计利得或损失应当从其他综合收益中转出,计入当期损益。

③指定为以公允价值计量且其变动计入其他综合收益的非交易性权益工具投资,除了获得的股利(明确代表投资成本部分收回的股利除外)计入当期损益外,其他相关的利得和损失(包括汇兑损益)均应当计入其他综合收益,且后续不得转入当期损益。当其终止确认时,之前计入其他综合收益的累计利得或损失应当从其他综合收益中转出,计入留存收益。

(3)企业只有在同时符合下列条件时,才能确认股利收入并计入当期损益:

①企业收取股利的权利已经确立;

②与股利相关的经济利益很可能流入企业;

③股利的金额能够可靠计量。

企业应当设置"其他债权投资"账户核算分类为以公允价值计量且其变动计入其他综合收益的金融资产。"其他权益工具投资"账户核算分类为以公允价值计量且其变动计入其他综合收益的非交易性权益工具投资。

二、以公允价值计量且其变动计入其他综合收益的金融资产的核算

(一)以公允价值计量且其变动计入其他综合收益的金融资产的计价

以公允价值计量且其变动计入其他综合收益的金融资产应当按取得该金融资产的公允价值和相关交易费用之和作为初始确认金额。支付的价款中包含的已到付息期但尚未领取的债券利息或已宣告但尚未发放的现金股利,应单独确认为应收项目。

资产负债表日,以公允价值计量且其变动计入其他综合收益的金融资产应当以公允价值计量,且公允价值变动计入其他综合收益。以公允价值计量且其变动计入其他综合收益的金融资产持有期间取得的利息或现金股利,应当计入投资收益。处置以公允价值计量且其变动计入其他综合收益的金融资产时,应将取得的价款与该金融资产账面价值之间的差额,计入投资损益;同时,将原直接计入所有者权益的公允价值变动累计额对应处置部分的金额转出,计入投资损益。

(二)以公允价值计量且其变动计入其他综合收益的金融资产的相关账务处理

企业对以公允价值计量且其变动计入其他综合收益的金融资产价值的增减变动进行记录,应当设置"其他债权投资"账户,并按金额资产的类别和品种,分别"成本""利息调整""应计利息""公允价值变动"等进行明细核算。本账户期末借方余额,反映企业以公允价值计量且其变动计入其他综合收益的金融资产的公允价值。

以公允价值计量且其变动计入其他综合收益的金融资产的相关账务处理如下:

(1)企业取得金融资产,应按其公允价值与交易费用之和,借记"其他权益工具投资——成本"账户,按支付的价款中包含的已宣告但尚未发放的现金股利,借记"应收股利"账户,按实际支付的金额,贷记"银行存款"等账户。

企业取得的金融资产为债券投资的,应按债券的面值,借记"其他债权投资——成本"账户,按支付的价款中包含的已到付息期但尚未领取的利息,借记"应收利息"账户,按实际支付的金额,贷记"银行存款"等账户,按差额,借记或贷记"其他债权投资——利息调整"账户。

(2)资产负债日,金融资产为分期付息、一次还本债券投资的,应按票面利率计算确定的应收未收利息,借记"应收利息"账户,按可供出售债券的摊余成本和实际利率计算确定的利息收入,贷记"投资收益"账户,按其差额,借记或贷记"其他债权投资——利息调整"账户。

可供出售债券为一次还本付息债券投资的,应于资产负债表日按票面利率计算确定的应收未收利息,借记"其他债权投资——应计利息"账户,按可供出售债券的摊余成本和实际利率计算确定的利息收入,贷记"投资收益"账户,按其差额,借记或贷记"其他债权投资——利息调整"账户。

(3)资产负债表日,以公允价值计量且其变动计入其他综合收益的金融资产的公允价值高于其账面余额的差额,借记"其他债权投资——公允价值变动"账户,贷记"其他综合收益"账户;公允价值低于其账面余额的差额做相反的会计分录。

(4)出售以公允价值计量且其变动计入其他综合收益的金融资产,应按实际收到的金额,借记"银行存款"等账户,按其账面余额,贷记"可供出售金融资产——成本"(或公允价值变动、利息调整、应计利息)账户,按应从所有者权益中转出的公允价值累计变动额,借记或贷记"其他综合收益"账户,按其差额,贷记或借记"投资收益"账户。

【任务举例5-13】 吉力公司于2018年5月10日从二级市场购入东方公司股票100 000股,每股市价11元(含已宣告发放的现金股利1元),手续费5 000元,占东方公司有表决权股份的1%;初始确认时,该股票划分为以公允价值计量且其变动计入其他综合收益的金融资产。

2018年5月30日吉力公司收到东方公司发放的现金股利1 000 000元;

2018年6月30日吉力公司仍持有该股票,当时的市价为每股12元;

2018年7月5日,吉力公司将该股票售出,售价为每股13元。

假定不考虑其他因素,其账务处理如下:

(1)2018年5月10日,购入股票。

借:其他权益工具投资——成本　　　　　　　　　　　　　　1 005 000

应收股利　　　　　　　　　　　　　　　　　　　　　　100 000

　贷:银行存款　　　　　　　　　　　　　　　　　　　1 105 000

(2)2018 年 5 月 30 日,收取现金股利。

借:银行存款　　　　　　　　　　　　　　　　　　　　100 000

　贷:应收股利　　　　　　　　　　　　　　　　　　　　100 000

(3)2018 年 6 月 30 日,确认股票的价格变动。

借:其他权益工具投资——公允价值变动　　　　　　　195 000

　贷:其他综合收益　　　　　　　　　　　　　　　　　　195 000

(4)2018 年 7 月 5 日,出售股票。

借:银行存款　　　　　　　　　　　　　　　　　　　1 300 000

　其他综合收益　　　　　　　　　　　　　　　　　　　195 000

　贷:其他权益工具投资——成本　　　　　　　　　　　1 005 000

　　　　　　　　　　——公允价值变动　　　　　　　　195 000

　投资收益　　　　　　　　　　　　　　　　　　　　　295 000

任务五　长期股权投资的核算

一、长期股权投资概述

股权投资,又称权益性投资,是指通过付出现金或非现金资产等取得被投资单位的股份或股权,享有一定比例的权益份额代表的资产。投资企业取得被投资单位的股权,相应地享有被投资单位净资产的有关份额,通过自被投资单位分得现金股利或利润以及待被投资单位增值后出售等获利。

股权投资基于投资合同、协议等约定,会形成投资方的金融资产,而对被投资单位,其所接受的来自投资方的出资会形成所有者权益,因此,按照《企业会计准则第 22 号——金融工具确认和计量》的界定,股权投资一方面形成投资方的金融资产,另一方面形成被投资单位的权益工具,原则上属于金融工具。在大的范畴属于金融工具的情况下,根据投资方在投资后对被投资单位能够施加影响的程度,企业会计准则将股权投资区分为应当按照金融工具确认和计量准则进行核算和应当按照长期股权投资准则进行核算两种情况。其中,属于长期股权投资准则规范的股权投资,是根据投资方在获取投资以后,能够对被投资单位施加影响的程度来划分的,而不是一定要求持有投资的期限长短。会计意义上的长期股权投资包括投资方持有的对联营企业、合营企业以及子公司的投资。

二、长期股权投资的初始计量

(一)长期股权投资的确认

长期股权投资的确认,是指投资方能够在自身账簿和报表中确认对被投资单位股权投资的时点,企业会计准则体系中对于联营企业、合营企业投资的确认没有非常明确的规定,原则上其确认应当遵从《企业会计准则——基本准则》中关于资产的界定,即有关股权投资在属于投资方的资产时确认。企业会计准则体系中仅就对子公司投资的确认时点进行了明确规定,即购买方(或合并方)应于购买日(或合并日)确认对子公司的长期股权投资。实务中,对于联营企业、合营企业等投资份额的持有一般会参照对子公司长期股权投资的确认条件进行。

对子公司投资应当在企业合并的合并日(或购买日)确认。其中合并日(或购买日)是指合并方(或购买方)实际取得对被合并方(或被购买方)控制权的日期,即投资方拥有对被投资方的权力,通过参与被投资方的相关活动而享有回报,且有能力运用对被投资方的权力影响其回报金额时。对于合并日(或购买日)的判断,满足以下有关条件的,通常可认为实现了控制权的转移:①企业合并合同或协议已获股东大会通过;②企业合并事项需要经过国家有关主管部门审批的,已获得批准;③参与合并各方已办理了必要的财产权转移手续;④合并方或购买方已支付了合并价款的大部分(一般应超过50%),并且有能力、有计划支付剩余款项;⑤合并或购买方实际上已经控制了被合并方或被购买方的财务和经营政策,并享有相应的利益、承担相应的风险。实务操作中,应结合具体交易情况进行综合判断,关键在于确定控制权的转移时点。

(二)对联营企业、合营企业投资的初始计量

对联营企业、合营企业投资,取得时初始投资成本的确定应遵循以下规定:

(1)以支付现金取得的长期股权投资,应当按照实际支付的购买价款作为长期股权投资的初始投资成本,包括与取得长期股权投资直接相关的费用、税金及其他必要支出,但所支付价款中包含的被投资单位已宣告但尚未发放的现金股利或利润应作为应收项目核算,不构成取得长期股权投资的成本。

(2)以发行权益性证券方式取得的长期股权投资,其成本为所发行权益性证券的公允价值,但不包括被投资单位已宣告但尚未发放的现金股利或利润。

为发行权益性证券支付给有关证券承销机构等的手续费、佣金等与权益性证券发行直接相关的费用,不构成取得长期股权投资的成本。按照《企业会计准则第37号——金融工具列报》的规定,该部分费用应自权益性证券的溢价发行收入中扣除,权益性证券的溢价收入不足冲减的,应冲减盈余公积和未分配利润。

(三)对子公司投资的初始计量

对于形成控股合并的长期股权投资,应分别形成同一控制下控股合并与非同一控制下控股合并两种情况确定长期股权投资的初始投资成本。

1. 同一控制下控股合并形成的对子公司的长期股权投资

同一控制下企业合并中,考虑到构成同一控制下企业合并的有关条件,即交易发生前后合并方、被合并方均在相同的最终控制方控制之下,从能够对参与合并各方在合并及合并前后均实施最终控制的一方来看,最终控制方在企业合并前及合并后能够控制的资产并没有发生变化,只是由于合并方的加入,其所控制子公司相互的层级、直接或间接关系的变化。控制的理念在会计核算中非常重要,从能够实施控制一方的角度,不管其在某些交易事项发生前后,对被投资方实施的是直接控制还是通过中间层次间接控制,只要能够实施控制,其所能够支配和运用的经济资源即是不变的。

　　同一控制下企业合并形成的合并方对被合并方的长期股权投资，是合并方在该项交易后在其个别财务报表中应当确认的资产，其成本代表的是在被合并方所有者权益中享有的份额。理论上来讲，该项资产是合并方通过支付相关的对价取得的，其初始入账价值应当按照合并方为获取该项资产所支付对价的公允价值计量，这是从单独的法律主体角度对合并方在交易中进行的真实价值交换的反映。但是，我国企业会计准则体系中未采用这一观点，而是从最终控制方的角度，将合并方取得被合并方股权的交易作为企业集团内资产和权益的重新整合处理，不管交易本身是否是按照公平的市场价格作价，也不管交易本身是否是在最终控制方的主导下进行，只要符合同一控制下企业合并的界定，合并方通过交易取得对被合并方的长期股权投资即应按照通过该项交易取得的被合并方账面净资产的份额确认。具体如下：

　　(1)合并方以支付现金、转让非现金资产或承担债务方式作为合并对价的，应当在合并日按照取得被合并方所有者权益在最终控制方合并财务报表中的账面价值的份额作为长期股权投资的初始投资成本。长期股权投资的初始投资成本与支付的现金、转让的非现金资产及所承担债务账面价值之间的差额，应当调整资本公积(资本溢价或股本溢价)；资本公积(资本溢价或股本溢价)的余额不足冲减的，调整留存收益。

　　具体进行会计处理时，合并方在合并日按取得被合并方所有者权益在最终控制方合并财务报表中账面价值的份额，借记"长期股权投资"账户，按应享有被投资单位已宣告但尚未发放的现金股利或利润，借记"应收股利"账户，按支付的合并对价的账面价值，贷记有关资产或负债科目，如为贷方差额，贷记"资本公积——资本溢价或股本溢价"账户；如为借方差额，应借记"资本公积——资本溢价或股本溢价"账户，资本公积(资本溢价或股本溢价)不足冲减的，依次借记"盈余公积""利润分配——未分配利润"账户。

　　(2)合并方以发行权益性证券作为合并对价的，应按合并日取得被合并方所有者权益在最终控制方合并财务报表中的账面价值的份额确认长期股权投资，按发行权益性证券的面值总额作为股本，长期股权投资初始投资成本与所发行权益性证券面值总额之间的差额，应当调整资本公积(资本溢价或股本溢价)；资本公积(资本溢价或股本溢价)不足冲减的，调整留存收益。

　　2.非同一控制下控股合并形成的对子公司的长期股权投资

　　非同一控制下企业合并本质上为市场化购买，其处理原则与一般的单项资产购买有相同之处，同时亦有区别。相同之处在于因为交易本身是按照市场化原则进行的，购买方在支付有关对价后，对于该项交易中自被购买方取得的各项资产、负债应当按照其在购买日的公允价值计量；与单项资产购买的不同之处在于，企业合并是构成业务的多项资产及负债的整体购买，由于在交易价格形成过程中购买方与出售方之间议价等因素的影响，交易的最终价格与通过交易取得被购买方持有的有关单项资产、负债的公允价值之和一般会存在差异。在非同一控制下的控股合并中，购买方应当按照确定的企业合并成本作为长期股权投资的初始投资成本。企业合并成本包括购买方付出的资产、发生或承担的负债、发行的权益性证券的公允价值之和。

　　具体进行会计处理时，对于非同一控制下控股合并形成的长期股权投资，应在购买日按企业合并成本(不含应自被投资单位收取的现金股利或利润)，借记"长期股权投资"账户,按享有被投资单位已宣告但尚未发放的现金股利或利润,借记"应收股利"账户,按支付合并对价的账面价值,贷记有关资产或负债账户,按其差额,贷记"营业外收入"或"投资收益"等账户,或借记"营业外支出""投资收益"等账户。按发生的直接相关费用,借记"管理费用"账户,贷记"银行存款"等账户。

非同一控制下控股合并涉及以库存商品等作为合并对价的,应按库存商品的公允价值,贷记"主营业务收入"或"其他业务收入"账户,并同时结转相关的成本。以公允价值计量且其变动计入其他综合收益的债权性金融资产作为合并对价的,原持有期间公允价值变动形成的其他综合收益应一并转入投资收益,借记"其他综合收益"账户,贷记"投资收益"账户。

三、长期股权投资的后续计量

投资企业在持有长期股权投资期间,应当根据对被投资单位能够施加的影响程度进行划分,在个别财务报表中分别采用成本法及权益法进行核算。

(一)长期股权投资的成本法

成本法,是指投资按成本计价的方法。长期股权投资的成本法适用于企业持有的、能够对被投资单位实施控制的长期股权投资。

长期股权投资本质上为一项金融资产,对其核算特别是在投资方个别财务报表中的核算视看待问题的角度不同,国际上有三种方法可供选择:如果将其作为金融资产,则投资方可选择在个别财务报表中对持有的股权投资采用公允价值计量,公允价值变动计入损益;对于具有重大影响以上的股权投资,作为长期股权投资处理的情况下,则可以选择采用成本法或是权益法。在上述三种方法下,我国企业会计准则对应当作为长期股权投资核算的联营企业、合营企业和子公司投资的处理方法进行了选择并作出明确规定。其中对子公司投资在投资方作为母公司的个别财务报表中采用成本法核算,对联营企业、合营企业的长期股权投资,在投资方的个别财务报表中应当采用权益法核算。

采用成本法核算的长期股权投资,核算方法如下:

(1)初始投资或追加投资时,按照初始投资或追加投资时的成本增加长期股权投资的账面价值。

(2)除取得投资时实际支付的价款或对价中包含的已宣告但尚未发放的现金股利或利润外,投资企业应当按照享有被投资单位宣告发放的现金股利或利润确认投资收益,不管有关利润分配是属于对取得投资前还是取得投资后被投资单位实现净利润的分配。

投资企业在确认自被投资单位应分得的现金股利或利润后,应当考虑有关长期股权投资是否发生减值。在判断该类长期股权投资是否存在减值迹象时,一般应当关注长期股权投资的账面价值是否大于享有被投资单位净资产(包括相关商誉)账面价值的份额等情况。出现类似情况时,企业应当按照《企业会计准则第8号——资产减值》的规定对长期股权投资进行减值测试,可收回金额低于长期股权投资账面价值的,应当计提减值准备。

(3)子公司将未分配利润或盈余公积转增股本(实收资本),且未向投资方提供等值现金股利或利润的选择权时,投资方并没有获得收取现金或者利润的权利,该项交易通常属于子公司自身权益结构的重分类,会计准则规定投资方不应确认相关的投资收益。

【任务举例 5-14】　吉力公司 2018 年 1 月 5 日以每股 5 元的价格购入甲公司每股面值为 1 元的股票 200 万股,占甲公司总股本的 60%,用银行存款实际支付价款 1 000 万元,其中包括已宣告发放尚未支取的现金股利 50 000 元。

会计分录如下:

借:长期股权投资——成本(甲公司)　　　　　　　　　　　　　　　　　9 950 000

　　应收股利　　　　　　　　　　　　　　　　　　　　　　　　　　　　50 000

　　贷:银行存款　　　　　　　　　　　　　　　　　　　　　　　　　10 000 000

【任务举例 5-15】　吉力公司 2018 年 1 月 1 日用银行存款 110 000 元购入一年内不准备变现的乙公司普通股股票 100 000 股,每股面值 1 元,占乙公司总股本的 1%。

会计分录如下:

借:长期股权投资——成本(乙公司)　　　　　　　　　　　　　　　　　110 000

　　贷:银行存款　　　　　　　　　　　　　　　　　　　　　　　　　110 000

【任务举例 5-16】　承【任务举例 5-15】,吉力公司购入乙公司普通股股票,对乙公司无重大影响,采用成本法核算股票投资。

(1)2018 年 3 月 20 日乙公司宣告发放 2017 年度现金股利,每股派送现金股利 0.2元,共 200 000 元。假设乙公司 2018 年 1 月 1 日的股东权益合计为 1 800 000 元,其中:股本为 1 000 000 元,资本公积为 600 000 元,未分配利润为 200 000 元。

则吉力公司 2018 年 3 月 20 日的会计处理:

$$吉力公司应收股利 = 100\ 000 \times 0.2 = 20\ 000(元)$$

由于这部分股利不属于吉力公司购入乙公司股票后产生的净利润的分配额,因此,应冲减初始投资成本。

会计分录如下:

借:应收股利　　　　　　　　　　　　　　　　　　　　　　　　　　　20 000

　　贷:投资收益　　　　　　　　　　　　　　　　　　　　　　　　　20 000

(2)2018 年度乙公司实现净利润 500 000 元,2019 年 3 月 20 日乙公司宣告发放 2018年度现金股利,每股分派现金股利 0.3 元,共 30 000 元。

会计分录如下:

借:应收股利　　　　　　　　　　　　　　　　　　　　　　　　　　　30 000

　　贷:投资收益　　　　　　　　　　　　　　　　　　　　　　　　　30 000

(二)长期股权投资的权益法

1. 权益法的定义及其适用范围

权益法是指投资以初始投资成本计量后,在持有期间,根据被投资单位所有者权益的变动,投资企业按应享有(或应分担)被投资企业所有者权益的份额调整其投资账面价值的方法。

企业会计准则规定,投资企业持有的对合营企业投资及联营企业投资,应当采用权益法核算。但是保险投资机构、共同基金以及类似主体持有的、在初始确认时按照《企业会计准则第 22 号——金融工具确认和计量》的规定以公允价值计量且其变动计入当期损益的金融资产,无论以上主体是否对这部分投资具有重大影响,应按照《企业会计准则第22号——金融工具确认和计量》的规定进行确认和计量。

2.权益法的核算

(1)初始投资成本的调整

投资企业取得对联营企业或合营企业的投资以后,对于取得投资时投资成本与应享有被投资单位可辨认净资产公允价值份额之间的差额,应区别情况进行处理。

初始投资成本大于取得投资时应享有被投资单位可辨认净资产公允价值份额的,该部分差额从本质上讲是投资企业在取得投资过程中通过购买作价体现出的与所取得股权份额相对应的商誉及被投资单位不符合确认条件的资产价值。长期股权投资在投资方的个别财务报表中作为单项资产核算的情况下,商誉等不单独反映,初始投资成本大于投资时应享有被投资单位可辨认净资产公允价值的份额时,不要求对长期股权投资的成本进行调整。

初始投资成本小于取得投资时应享有被投资单位可辨认净资产公允价值份额的,两者之间的差额体现为双方在交易作价过程中转让方的让步,该部分经济利益流入应作为收益处理,计入取得投资当期的营业外收入,同时调整增加长期股权投资的账面价值。

【任务举例5-17】 吉力公司于2018年1月1日以银行存款1 050 000元投资M公司普通股,占M公司普通股的30%,吉力公司采用权益法核算对M公司的投资。

M公司2017年12月31日经确认可辨认净资产的公允价值为3 000 000元,则初始投资时吉力公司应享有M公司可辨认净资产公允价值的份额为900 000(3 000 000×30%)元。

本例中,初始投资成本1 050 000元大于应享有M公司可辨认净资产公允价值的份额900 000元,差额为150 000元。

因此,吉力公司2018年1月1日投资时,其会计分录如下:

借:长期股权投资——成本(M公司)   1 050 000
    贷:银行存款   1 050 000

【任务举例5-18】 如果M公司2017年12月31日的可辨认净资产公允价值为4 000 000元,吉力公司对M公司的初始投资成本、持股比例均保持不变,则吉力公司2018年1月1日长期股权投资入账时的会计分录为:

借:长期股权投资——成本(M公司)   1 200 000
    贷:银行存款   1 050 000
      营业外收入   150 000

(2)投资损益的核算

①投资损益的账务处理。投资企业取得长期股权投资后,应当按照应享有或应分担被投资单位实现净利润或发生净亏损的份额,调整长期股权投资的账面价值,并确认为当期投资损益。被投资单位实现净利润时,按份额借记"长期股权投资——损益调整"账户,贷记"投资收益"账户;被投资单位发生净亏损,按份额借记"投资收益"账户,贷记"长期股权投资——损益调整"账户。

②取得现金股利或利润的账务处理。按照权益法核算的长期股权投资,投资企业自

被投资单位取得的现金股利或利润,应抵减长期股权投资的账面价值。在被投资单位宣告分派现金股利或利润时,借记"应收股利"账户,贷记"长期股权投资(损益调整)"账户。

③超额亏损的确认。按照权益法核算的长期股权投资,投资企业确认应分担被投资单位发生的损失,原则上应以长期股权投资及其他实质上构成对被投资单位净投资的长期权益减记至零为限,投资企业负有承担额外损失义务的除外。这里所讲的"其他实质上构成对被投资单位净投资的长期权益"通常是指长期应收项目,比如,企业对被投资单位的长期债权。

投资企业在确认应分担被投资单位发生的亏损时,具体应按照以下顺序处理:

第一步,减记长期股权投资的账面价值。

第二步,在长期股权投资的账面价值减记至零的情况下,对于未确认的投资损失,应考虑除长期股权投资以外,投资方的账面上是否有其他实质上构成对被投资单位净投资的长期权益项目,如果有,则应以其他长期权益的账面价值为限,继续确认投资损失,冲减长期应收项目等的账面价值。

第三步,经过上述处理,按照投资合同或协议约定,投资企业仍需要承担额外损失弥补等义务的,应按预计将承担的义务金额确认预计负债,计入当期投资损失。

企业在实务操作过程中,在发生投资损失时,应借记"投资收益"账户,贷记"长期股权投资——损益调整"账户。在长期股权投资的账面价值减记至零以后,考虑其他实质上构成对被投资单位净投资的长期权益,继续确认的投资损失,应借记"投资收益"账户,贷记"长期应收款"等账户;因投资合同或协议约定导致投资企业需要承担额外义务的,按照或有事项准则的规定,对于符合确认条件的义务,应确认为当期损失,同时确认预计负债,借记"投资收益"账户,贷记"预计负债"账户。除上述情况仍未确认的应分担被投资单位的损失,应在账外备查登记。

在确认了有关的投资损失以后,被投资单位于以后期间实现盈利的,应按以上相反顺序分别减记账外备查登记的金额、已确认的预计负债、恢复其他长期权益及长期股权投资的账面价值,同时确认投资收益。即应当按顺序分别借记"预计负债""长期应收款""长期股权投资"等账户,贷记"投资收益"账户。

【任务举例5-19】 承【任务举例5-17】若M公司2018年实现净利润120万元,2019年2月20日宣告发放现金股利80万元。

(1)根据M公司2018年度实现净利润,计算确定投资收益36(120×30%)万元,并调整长期股权投资账户。

会计分录如下:

借:长期股权投资——损益调整　　　　　　　　　　　　　　　　　360 000

　　贷:投资收益　　　　　　　　　　　　　　　　　　　　　　　　 360 000

(2)2019年2月20日当M公司宣告发放现金股利时,计算应收股利为24(80×30%)万元。其会计分录为:

借:应收股利　　　　　　　　　　　　　　　　　　　　　　　　　240 000

　　贷:长期股权投资——损益调整　　　　　　　　　　　　　　　　240 000

④其他综合收益的处理。在权益法核算下,被投资单位确认的其他综合收益及其变

动,也会影响被投资单位所有者权益总额,进而影响投资企业应享有被投资单位所有者权益的份额。因此,当被投资单位其他综合收益发生变动时,投资企业应当按照归属于本企业的部分,相应调整长期股权投资的账面价值,同时增加或减少其他综合收益。

【任务举例 5-20】 甲公司持有乙公司 25% 的股份,并能对乙公司施加重大影响。当期,乙公司将作为存货的房地产转换为以公允价值模式计量的投资性房地产,转换日公允价值大于账面价值 1 500 万元,计入了其他综合收益。不考虑其他因素,甲公司当期按照权益法核算应确认的其他综合收益的会计处理如下:

按权益法核算甲公司应确认的其他综合收益=1 500×25%=375(万元)

借:长期股权投资——其他综合收益　　　　　　　　　　　　　　　　　3 750 000

　　贷:其他综合收益　　　　　　　　　　　　　　　　　　　　　　　　3 750 000

⑤被投资单位所有者权益其他变动的处理。采用权益法核算时,投资企业对于被投资单位除净损益、其他综合收益以及利润分配以外所有者权益的其他变动,应按照持股比例与被投资单位所有者权益的其他变动计算的归属于本企业的部分,相应调整长期股权投资的账面价值,同时增加或减少资本公积(其他资本公积)。被投资单位除净损益、其他综合收益以及利润分配以外的所有者权益的其他变动,主要包括:被投资单位接受其他股东的资本性投入、被投资单位发行可分离交易的可转换公司债券中包含的权益成分、以权益结算的股份支付等。

【任务举例 5-21】 A 企业持有 B 企业 30% 的股份,能够对 B 企业施加重大影响。B 企业为上市公司,当期 B 企业的母公司捐赠 B 企业 1 000 万元,该捐赠实质上属于资本性投入,B 企业将其计入资本公积(股本溢价不考虑其他因素),A 企业按权益法作如下会计处理:

A 企业确认应享有被投资单位所有者权益的其他变动=1 000×30%=300(万元)

借:长期股权投资——其他权益变动　　　　　　　　　　　　　　　　　3 000 000

　　贷:资本公积——其他资本公积　　　　　　　　　　　　　　　　　　3 000 000

四、长期股权投资核算方法的转换

长期股权投资在持有期间,因各方面情况的变化,可能导致其核算需要由一种方法转换为另外一种方法,或者某些情况下因出售股权等原因对被投资单位丧失了控制、共同控制或重大影响时,长期股权投资则会转为金融资产核算。

(一)成本法转换为权益法

因处置投资导致对被投资单位的影响能力下降,由控制转为具有重大影响,或是与其他投资方一起实施共同控制的情况下,在投资企业的个别财务报表中,首先应按处置或收回投资的比例结转应终止确认的长期股权投资成本。在此基础上,将剩余的长期股权投资转为采用权益法核算,即应当比较剩余的长期股权投资成本与按照剩余持股比例计算原投资时应享有被投资单位可辨认净资产公允价值的份额,属于投资作价中体现的商誉部分,不调整长期股权投资的账面价值;属于投资成本小于应享有被投资单位可辨认净资产公允价值份额的,在调整长期股权投资成本的同时,应调整留存收益。对于原取得投资后至转变为权益法核算之间被投资单位实现的净损益中应享有的份额,一方面应调整长期股权投资的账面价值,同时对于原取得投资时至处置投资当期期初被投资单位实现的净损益(扣除已发放及已宣告发放的现金股利及利润)中应享有的份额,调整留存收益,对于处置投资当期期初至处置投资之日被投资单位实现的净损益中享有的份额,调整当期损益;其他原因导致被投资单位所有者权益变动中应享有的份额,在调整长期股权投资账面价值的同时,应当记入"其他综合收益"或"资本公积——其他资本公积"账户。

(二)公允价值计量或权益法转换为成市法

因追加投资原因导致原持有的分类为以公允价值计量且其变动计入当期损益的金融资产,或非交易性权益工具投资分类为公允价值计量且其变动计入其他综合收益的金融资产,以及对联营企业或合营企业的投资转变为对子公司投资的,长期股权投资账面价值的调整应当按照对子公司投资初始计量的相关规定处理。

对于原作为金融资产,转换为采用成本法核算的对子公司投资的,如有关金融资产分类为以公允价值计量且其变动计入当期损益的金融资产,应当按照转换时的公允价值确认为长期股权投资,公允价值与其原账面价值之间的差额计入当期损益;如非交易性权益工具投资分类为以公允价值计量且其变动计入其他综合收益的金融资产,在按照转换时的公允价值确认长期股权投资,该公允价值与账面价值之间的差额计入当期损益,原确认计入其他综合收益的前期公允价值变动亦应结转计入当期损益。

(三)公允价值计量转换为权益法核算

投资企业对原持有的被投资单位的股权不具有控制、共同控制或重大影响,按照金融工具确认和计量准则进行会计处理的,因追加投资等原因导致持股比例增加,使其能够对被投资单位实施共同控制或重大影响而转按权益法核算的,应在转换日,按照原股权的公允价值加上为取得新增投资而应支付对价的公允价值,作为改按权益法核算的初始投资成本;原股权投资于转换日的公允价值与账面价值之间的差额,以及原计入其他综合收益的累计公允价值变动转入改按权益法核算的当期损益。在此基础上,比较初始投资成本与获得被投资单位共同控制或重大影响时应享有被投资单位可辨认净资产公允价值份额之间的差额,前者大于后者的,不调整长期股权投资的账面价值;前者小于后者的,调整长期股权投资的账面价值,并计入当期营业外收入。

【任务举例5-22】　甲公司于2018年2月取得乙公司10%股权,对乙公司不具有控制、共同控制和重大影响,甲公司将其分类为以公允计量且其变动计入其他综合收益的金融资产,投资成本为900万元,取得时乙公司的可辨认净资产公允价值总额为8 400万元(假定公允价值与账面价值相同)。

2019年3月10日,甲公司又以1 800万元取得乙公司12%的股权,当日乙公司的可辨认净资产公允价值总额为12 000万元。取得该部分股权后,按照乙公司章程规定,甲公司能够派人参与乙公司的财务和生产经营决策,对该项长期股权投资转为采用权益法核算。假定甲公司在取得乙公司10%的股权后,双方未发生任何内部交易。乙公司通过生产经营活动实现的净利润为900万元,未派发现金股利或利润,除所实现净利润外,未发生其他所有者权益变动事项。2019年3月1日,甲公司对乙公司投资原10%股权的公允价值为1 300万元,原计入其他综合收益的累计公允价值变动收益为120万元。

本例中,2019年3月1日,甲公司对乙公司投资原10%股权的公允价值为1 300万元,账面价值为 1 020 万元,差额计入损益;同时,因追加投资改按权益法核算,原计入其他综合收益的累计公允价值变动收益 120 万元转入损益。

甲公司对乙公司股权增持后,持股比例改为 22%,初始投资成本为 3 100 万元(1 300 +1 800),应享有乙公司可辨认净资产公允价值份额为 2 640 万元(12 000×22%),前者大于后者 460 万元,不调整长期股权投资的账面价值。

甲公司对上述交易的会计处理如下:

借:长期股权投资——投资成本　　　　　　　　　　　　　　　　　　31 000 000
　　贷:银行存款　　　　　　　　　　　　　　　　　　　　　　　　18 000 000
　　　　投资收益　　　　　　　　　　　　　　　　　　　　　　　　 2 800 000
　　　　其他权益工具投资　　　　　　　　　　　　　　　　　　　　10 200 000
借:其他综合收益　　　　　　　　　　　　　　　　　　　　　　　　 1 200 000
　　贷:投资收益　　　　　　　　　　　　　　　　　　　　　　　　 1 200 000

(四)权益法转为公允价值计量的金融资产

投资企业原持有的被投资单位的股权对其具有共同控制或重大影响,因部分处置等原因导致持股比例下降,不能再对被投资单位实施共同控制或重大影响的,应于失去共同控制或重大影响时,改按金融工具确认和计量准则的规定对剩余股权进行会计处理。即对剩余股权在改按公允价值计量时,公允价值与其原账面价值之间的差额计入当期损益。同时,原采用权益法核算的相关其他综合收益应当在终止采用权益法核算时,采用与被投资单位直接处置相关资产或负债相同的基础进行会计处理;因被投资单位除净损益、其他综合收益和利润分配以外的其他所有者权益变动而确认的所有者权益,应当在终止采用权益法时全部转入当期损益。

【任务举例 5-23】 甲公司持有乙公司 30% 的有表决权股份,能够对乙公司施加重大影响,对该股权投资采用权益法核算。2018 年 10 月,甲公司将该项投资中的 50% 对外出售,取得价款 1 800 万元。相关股权划转手续于当日完成。甲公司持有乙公司剩余 15% 股权,无法再对乙公司施加重大影响,转为以公允价值计量且其变动计入其他综合收益的金融资产核算。股权出售日,剩余股权的公允价值为 1 800 万元。

出售该股权时,长期股权投资的账面价值为 3 200 万元,其中投资成本为 2 600 万元,损益调整为 300 万元,因被投资单位的非交易性权益工具投资以公允价值计量且其变动计入其他综合收益的金融资产的累计公允价值变动享有部分为 200 万元,除净损益、其他综合收益和利润分配外的其他所有者权益变动为 100 万元。不考虑相关税费等其他因素影响。

甲公司的会计处理如下:

(1)确认有关股权投资的处置损益:

借:银行存款　　　　　　　　　　　　　　　　　　　　　　　　　18 000 000
　　贷:长期股权投资　　　　　　　　　　　　　　　　　　　　　16 000 000
　　　　投资收益　　　　　　　　　　　　　　　　　　　　　　　 2 000 000

(2)由于终止采用权益法核算,将原确认的相关其他综合收益全部转入当期损益:

借:其他综合收益　　　　　　　　　　　　　　　　　　　　　　　 2 000 000

贷:投资收益　　　　　　　　　　　　　　　　　　　　　　　　　　　2 000 000

由于终止采用权益法核算,将原计入资本公积的其他所有者权益变动全部转入当期损益:

借:资本公积——其他资本公积　　　　　　　　　　　　　　　　　　　1 000 000

贷:投资收益　　　　　　　　　　　　　　　　　　　　　　　　　　1 000 000

剩余股权投资转为以公允价值计量且其变动计入其他综合收益的金融资产,当日公允价值为1 800万元,账面价值为1 600万元,两者差异计入当期投资收益:

借:其他权益工具投资　　　　　　　　　　　　　　　　　　　　　　18 000 000

贷:长期股权投资　　　　　　　　　　　　　　　　　　　　　　　16 000 000

投资收益　　　　　　　　　　　　　　　　　　　　　　　　　2 000 000

（五）成本法转为公允价值计量的金融资产

投资企业原持有被投资单位的股份使得其能够对被投资单位实施控制,其后因部分处置等原因导致持股比例下降,不能再对被投资单位实施控制,同时对被投资单位亦不具有共同控制能力或重大影响的,应将剩余股权改按金融工具确认和计量准则的要求进行会计处理,并于丧失控制权日将剩余股权按公允价值重新计量,公允价值与其账面价值的差额计入当期损益。

【任务举例5-24】　甲公司持有乙公司60％股权并能控制乙公司,投资成本为1 200万元,按成本法核算。2018年5月18日,甲公司出售所持乙公司股权的90％给非关联方,所得价款为1 800万元,剩余6％股权于丧失控制权日的公允价值为200万元,甲公司将其分类为以公允价值计量且其变动计入当期损益的金融资产。假定不考虑其他因素,甲公司于丧失控制权日的会计处理如下:

（1）出售股权:

借:银行存款　　　　　　　　　　　　　　　　　　　　　　　　　　18 000 000

贷:长期股权投资　　　　　　　　　　　　　　　　　　　　　　　10 800 000

投资收益　　　　　　　　　　　　　　　　　　　　　　　　　7 200 000

（2）剩余股权的处理:

借:其他权益工具投资　　　　　　　　　　　　　　　　　　　　　　2 000 000

贷:长期股权投资　　　　　　　　　　　　　　　　　　　　　　　1 200 000

投资收益　　　　　　　　　　　　　　　　　　　　　　　　　800 000

五、长期股权投资的处置

企业处置长期股权投资时,应相应结转与所售股权相对应的长期股权投资的账面价值,出售所得价款与处置长期股权投资账面价值之间的差额,应确认为处置损益。采用权益法核算的长期股权投资,原计入其他综合收益(不能结转损益的除外)或资本公积(其他资本公积)中的金额,如处置后因具有重大影响或共同控制仍然采用权益法核算的,在处置时亦应进行结转,将与所出售股权相对应的部分在处置时自其他综合收益或资本公积转入当期损益。如处置后对有关投资终止采用权益法的,则原计入其他综合收益(不能结转损益的除外)或资本公积(其他资本公积)中的金额应全部结转。

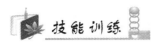 技能训练

一、简答题

1. 投资按投资目的如何分类?

2. 投资按投资性质如何分类?

3. 什么是交易性金融资产? 其账户设置有何特点?

二、实训题

1. 旭日公司 2018 年 12 月发生交易性金融资产业务如下:

(1)以存入的某证券公司投资款购入 B 公司股票 5 000 股,购买价格 30 000 元,另支付交易手续费 500 元。

(2)12 月 31 日该股票每股收盘价 6.5 元。

(3)2019 年 1 月 15 日,出售该股票,收入款项 32 000 元存入证券公司。

要求:根据以上经济业务编制有关的会计分录。

2. 吉力公司投资于 A 公司,有关投资情况如下:

(1)2018 年 1 月 1 日,吉力公司支付资金 800 万元取得 A 公司 60% 的股权,采用成本法核算,假设未发生直接相关费用和税金。

(2)2018 年 4 月 1 日,A 公司宣告分配 2018 年实现的净利润,其中分配现金股利 100 万元。吉力公司于 4 月 30 日收到现金股利 10 万元。

(3)2018 年,A 公司实现净利润 300 万元。

要求:对吉力公司的上述投资业务作出账务处理。

3. 华飞公司投资于 X 公司,有关投资情况如下:

(1)2018 年 1 月 1 日,华飞公司支付资金 1 400 万元取得 X 公司 30% 的股权(具有重大影响),采用权益法核算。假设未发生直接相关费用和税金。受让股权时 X 公司的可辨认净资产公允价值为 5 000 万元。

(2)2018 年 12 月 31 日,X 公司 2018 年实现的净利润为 500 万元。

(3)2019 年 4 月 12 日,X 公司宣告分配现金股利 100 万元;华飞公司于 4 月 30 日收到。

(4)2019 年,X 公司发生亏损 2 000 万元。

(5)2020 年 1 月 20 日,华飞公司经过协商,将持有的 X 公司的全部股权转让给 Y 企业,收到股权转让款 780 万元。

要求:对华飞公司的上述投资业务作出账务处理。

项目六　固定资产的核算

1.固定资产的概念与分类；

2.固定资产入账价值的确定与取得固定资产的会计处理；

3.固定资产折旧的方法与折旧的会计处理；

4.固定资产后续支出；

5.固定资产处置的会计处理；

6.固定资产期末计价；

7.固定资产的清查方法。

固定资产在企业经营活动中处于十分重要的地位,如机器设备、厂房、运输工具等都是企业重要的生产资料。与流动资产相比,固定资产的购置或取得,通常要花费较大的代价。在绝大多数企业中,固定资产所占的资金在其资金总额中占有较大的比重,是企业家底的"大头"。由于经济价值大的特点,固定资产对企业财务状况的反映也有很大影响,任何在固定资产计价或记录上的错误,都有可能在较大程度上改变企业真实的财务状况。同时,由于企业的固定资产具有价值高、种类多、使用周期长、使用地点分散等特点,给固定资产的管理带来了困难。

任务一　认识固定资产

一、固定资产概述

(一)固定资产的概念及特征

企业生产经营活动离不开各种有形资产,其中最重要的就是固定资产。

我国《企业会计准则第4号——固定资产》中规定:固定资产是同时具有以下特征的有形资产:为生产商品、提供劳务、出租或经营管理而持有;使用年限超过一个会计年度。

固定资产的主要特征:

(1)有形实物。任何固定资产均具有实物形态。

(2)使用时效长。固定资产能参加多个生产经营周期,并能保持其实物形态基本不变。这一特征表明固定资产能在一年以上的时间里为企业创造经济利益。

（3）目的性强。企业持有固定资产的目的是为生产经营活动提供服务，是企业开展生产经营活动的物资前提——而不是为了出售或对外投资。

（4）价值能在收益中得到逐渐补偿。固定资产价值随使用磨损逐渐转入成本、费用，随营业收入的实现而逐渐收回。

(二)固定资产的确认

固定资产在符合以上定义和特征的同时还要满足以下两个条件，才能加以确认：

1. 与该固定资产有关的经济利益很可能流入企业

这一条件要求企业必须采取一定方法对固定资产未来经济利益流入企业的确定程度作出可靠估计，只有在企业能够通过该资产获得报酬时才确认为固定资产。在实务中，判断与该固定资产有关的经济利益是否很可能流入企业，主要是通过判断与该固定资产所有权相关的风险和报酬是否转移到了企业来确定的，而通常情况下，取得固定资产所有权是判断与该固定资产所有权有关的风险和报酬转移到企业的一个重要标志。凡是所有权已归属企业，无论企业是否收到或拥有该固定资产，均应作为企业的固定资产；反之，则不能作为企业的固定资产。但是所有权是否转移，不是判断与该固定资产所有权相关的风险和报酬是否转移到了企业的唯一标志。在有些情况下，某些固定资产的所有权虽然不属于企业，但企业可以控制与该固定资产有关的经济利益的流入，从实质上意味着与该固定资产所有权相关的风险和报酬已经转移到了企业，这种情况下，遵循实质重于形式，企业应将该资产予以确认。例如，融资租入的固定资产，承租企业虽然不拥有该固定资产的所有权，但承租企业能够控制该资产所包含的经济利益，与该固定资产所有权相关的风险和报酬实质上已经转移到承租企业，因此，符合固定资产确认的第一个条件。

2. 该固定资产的成本能够可靠地计量

作为企业重要的资产，企业要确认固定资产，则在取得该资产时所发生的支出必须能够可靠计量。企业在确定固定资产成本时，有时需要根据所获得的最新资料进行合理的估计，如果企业能够合理估计固定资产的成本，则视同固定资产的成本能够可靠计量。

企业在对固定资产进行确认时，应当按照固定资产的定义和确认条件，考虑企业的具体情形加以判断。例如企业的环保设备和安全设备等资产，虽然不能直接为企业带来经济利益，却有助于企业从相关资产获得经济利益，也应当确认为固定资产，但这类资产与相关资产的账面价值之和不能超过这两类资产的可收回金额总额。再如固定资产的各组成部分，如果具有不同使用寿命或以不同方式为企业提供经济利益，使用不同折旧率或折旧方法的，此时，各组成部分实际上是以独立的方式为企业提供经济利益，因此，企业应当分别将各组成部分确认为单项固定资产。

二、固定资产的分类

企业的固定资产种类繁多，规格不一，为了加强管理，便于正确核算，应根据不同的管理和核算要求以及不同的分类标准进行分类。

(一)按固定资产的经济用途分类

按固定资产的经济用途分类，可分为生产经营用固定资产和非生产经营用固定资产。

(1)生产经营用固定资产,是指直接参加或服务于企业生产、经营过程的各种固定资产。如生产经营用的房屋、建筑物、机器、设备、器具、工具等。

(2)非生产经营用固定资产,是指不直接参加或服务于生产、经营过程的各种固定资产。如职工宿舍、食堂、浴室、理发室等非生产经营部门使用的房屋、设备和其他固定资产等。

按照固定资产的经济用途分类,可以归类反映和监督企业生产经营用固定资产和非生产经营用固定资产,以及生产经营各类固定资产之间的组成和变化情况,借以考核和分析企业固定资产的利用情况,促使企业合理地配置固定资产,充分发挥其效能。

(二)按固定资产的使用情况分类

按固定资产的使用情况分类,可分为使用中固定资产、未使用固定资产和不需用固定资产。

(1)使用中固定资产,是指正在使用中的经营性和非经营性固定资产。由于季节性经营或大修理等原因,暂时停止使用的固定资产仍属于企业使用中的固定资产,企业出租(指经营性租赁)给其他单位使用的固定资产和内部替换使用的固定资产也属于使用中的固定资产。

(2)未使用固定资产,是指已完工或已购建的尚未正式交付使用的新增固定资产以及因进行改建、扩建等原因暂停使用的固定资产。如企业购建的尚未正式使用的固定资产、经营任务变更停止使用的固定资产以及主要的备用设备等。

(3)不需用固定资产,是指本企业多余或不适用,需要调配处理的各种固定资产。

(三)按固定资产的所有权分类

按固定资产的所有权分类,可分为自有固定资产和融资租入固定资产。

(1)自有固定资产,是指企业拥有所有权并可供企业自由支配使用的固定资产。

(2)融资租入固定资产,指企业以融资租赁方式租入的固定资产。在租赁期内,企业不拥有所有权但拥有实质控制权,因此,应视同自有固定资产进行管理。

(四)按固定资产的经济用途和使用情况分类

采用这一分类方法,可把企业的固定资产分为七大类:

(1)生产经营用固定资产。

(2)非生产经营用固定资产。

(3)租出固定资产。指在经营性租赁方式下出租给外单位使用的固定资产。

(4)不需用固定资产。

(5)未使用固定资产。

(6)土地。指过去已经估价单独入账的土地。因征地而支付的补偿费,应计入与土地有关的房屋、建筑物的价值内,不单独作为土地价值入账。企业取得的土地使用权不能作为固定资产管理。

(7)融资租入固定资产。

由于企业的经营性质不同,经营规模各异,对固定资产的分类不可能完全一致,也没必要强求统一,企业可以根据各自的具体情况和经营管理、会计核算的需要进行必要的分类。

三、固定资产的计价基础

《企业会计准则第 4 号——固定资产》规定:固定资产应当按其成本进行初始计量。这里的成本指历史成本,亦称原始价值。考虑到固定资产价值较大,其价值会随着服务能力的下降而逐渐减少,还需要揭示固定资产的折余价值。

因此,固定资产的计价主要有以下三种方法:

(一)历史成本

固定资产的历史成本也称原始价值,是指企业购建某项固定资产达到可使用状态前所发生的一切合理、必要的支出。

企业新购建固定资产的计价、确定计提折旧的依据等均采用这种计价方法。其主要优点是它具有客观性和可验证性,也就是说,按这种计价方法确定的价值,均是实际发生并有支付凭证的支出。正是由于这种计价方法具有客观性和可验证性的特点,它成为固定资产的基本计价标准,在我国会计实务中,固定资产的计价均采用历史成本。但是,这种计价方法也存在一定的局限性:当物价水平变动时,按历史成本计价就无法真实地反映固定资产的现时价值,而固定资产的现时价值又是我们进行决策时所必需的。此外,由于固定资产的取得渠道多种多样,在有些情况下企业可能无法取得原始价值资料。因此,除了采用历史成本进行计价,会计上还有必要辅之以其他计价标准,例如重置完全价值和净值。

(二)重置完全价值

重置完全价值,是指在现时的生产技术和市场条件下,重新购置同样的固定资产所需支付的全部代价。

采用重置完全价值计价方法,可以比较真实地反映固定资产的现时价值,但重置完全价值经常变动,具体操作比较困难。所以,这种计价方法通常用于对财务报表进行必要的补充、辅助说明,以弥补历史成本计价的不足。此外,还可在无法确定其原始价值的情况下,如固定资产盘盈、接受捐赠固定资产等时采用。

(三)净值

净值也称为折余价值,是指固定资产原始价值或重置完全价值减去已提折旧后的净额。净值可以反映企业实际占用在固定资产上的资金额,也能说明固定资产的新旧程度。这种计价方法主要用于计算盘盈、盘亏、毁损固定资产的溢余或损失等的实际价值。

任务二 固定资产取得的核算

一、固定资产价值的构成

固定资产价值构成,是指固定资产价值所包括的范围。从理论上讲,它应包括企业为购建某项固定资产达到预定可使用状态前所发生的一切合理的、必要的支出,这些支出既有直接发生的,如购置固定资产的价款、运杂费、包装费和安装成本等;也有间接发生的,如应分摊的借款利息、外币借款折算差额以及应分摊的其他间接费用等。对于特定行业的特定固定资产,确定其成本时,还应考虑预计弃置费用因素,如核电站核废料的处置等。

由于固定资产的来源渠道不同,其价值构成的具体内容也有所差异。

1. 外购的固定资产

企业外购的固定资产,按实际支付的购买价款、相关税费以及使固定资产达到预定可使用状态前所发生的可归属于该项资产的装卸费、运输费、安装费和专业人员服务费等作为入账价值。

企业用一笔款项购入多项没有单独标价的固定资产时,应按各项固定资产公允价值的比例对总成本进行分配,以确定各项固定资产的入账价值。

有时,企业购买固定资产的价款有可能会延期支付、购买固定资产的价款超过正常信用条件延期支付,实质上具有融资性质,固定资产的成本应以购买价款的现值为基础确定。

2. 自行建造的固定资产

自行建造的固定资产,按建造该项资产达到预定可使用状态前所发生的必要支出作为入账价值。

3. 投资者投入的固定资产

投资者投入的固定资产,应当按照投资合同或协议约定的价值作为入账价值,但合同或协议约定价值不公允的除外。

4. 融资租入的固定资产

融资租入的固定资产,按租赁开始日租赁资产公允价值与最低租赁付款额的现值两者中较低者加上初始直接费用作为入账价值。如果融资租赁资产占企业资产总额比例等于或低于30%的,在租赁开始日,企业也可按最低租赁付款额作为固定资产的入账价值。

5. 改建、扩建的固定资产

在原有固定资产的基础上进行改建、扩建的,按原固定资产的账面价值,加上由于改建、扩建而使该项资产达到预定可使用状态前发生的支出,减去改建、扩建过程中发生的变价收入作为入账价值。

6. 接受捐赠的固定资产

接受捐赠的固定资产,可按以下情况确定其入账价值:

(1)捐赠方提供了有关凭据的,按凭据上标明的金额加上应支付的相关税费作为入账价值。

(2)捐赠方没有提供有关凭据的,按如下顺序确定其入账价值:

①同类或类似固定资产存在活跃市场的,按同类或类似固定资产的市场价格估计的金额,加上应支付的相关税费,作为入账价值;

②同类或类似固定资产不存在活跃市场的,按该接受捐赠的固定资产的预计未来现金流量现值,作为入账价值。

(3)如受赠的是旧的固定资产,按照上述方法确定的价值,减去按该项资产的新旧程度估计的价值损耗后的余额,作为入账价值。

7. 盘盈的固定资产

盘盈的固定资产,按同类或类似固定资产的市场价格,减去按该项资产的新旧程度估计的价值损耗后的余额,作为入账价值。如同类或类似固定资产不存在活跃市场的,按该项固定资产的预计未来现金流量现值,作为入账价值。

需要说明的是:按照我国最新税法的相关规定,我国增值税一般纳税人购进(包括接受捐赠、实物投资)或者自制(包括改扩建、安装)固定资产发生的进项税额(简称固定资产进项税额),可凭增值税专用发票、海关进口增值税专用缴款书和运输费用结算单据(统称增值税扣税凭证)从销项税额中抵扣,这部分增值税不计入固定资产成本。

固定资产的入账价值中,还应当包括企业为取得固定资产而交纳的契税、耕地占用税、车辆购置税等相关税费。如涉及借款,还应考虑相关的借款费用资本化金额、外币借款折算差额等因素。

二、固定资产取得的核算方法

固定资产的取得,按其来源不同分为:购置的固定资产,自行建造的固定资产,投资者投入的固定资产,租入的固定资产,接受捐赠的固定资产和盘盈的固定资产等,企业应当分别不同来源进行会计处理。

(一)购置的固定资产

企业购入的固定资产,按实际支付的买价、运杂费、安装成本、保险费、进口关税等相关税费,以及为使固定资产达到预定可使用状态前所发生的可直接归属于该资产的其他支出,作为购入的固定资产原始价值入账,借记"固定资产"账户,贷记"银行存款"账户。购入固定资产时的增值税如符合税法规定的可予以抵扣。企业若以赊购方式取得固定资产,在增加固定资产的同时,对于应支付的购买价款,应根据付款方式分别在"应付账款""应付票据""长期应付款"等账户中单独核算。

固定资产的
初始计量

企业购入的固定资产分不需要安装和需要安装两种情况。前者的取得成本由实际支付的买价加上运杂费、保险费、增值税、进口关税等相关税费构成;后者的取得成本是在前者取得成本的基础上,加上安装调试成本等。

【任务举例 6-1】 吉力公司购入一台不需要安装的设备,发票价格为 200 000 元,增值税进项税额为 26 000 元(可抵扣),发生的运费为 2 000 元,款项已全部付清。

会计分录如下:

借:固定资产 202 000

  应交税费——应交增值税(进项税额) 26 000

  贷:银行存款 228 000

企业购入的需要安装的固定资产,由于从固定资产运抵企业到交付使用,尚需经过安装调试过程,并发生安装调试成本。因此,应先通过"在建工程"账户核算购置固定资产所发生的价款、相关税费和安装成本等,待固定资产安装完毕,达到预定可使用状态交付使用后,再将"在建工程"账户归集的固定资产成本全部转入"固定资产"账户。

【任务举例 6-2】 吉力公司购入一台需要安装的设备,取得的增值税专用发票上注明的设备买价为 200 000 元,增值税额为 26 000 元(可抵扣),支付的运输费为 2 000 元,安装设备时,领用材料物资价值 2 000 元,支付工资 2 000 元。

会计分录如下：

（1）支付设备价款、税金和运费。

借：在建工程 202 000

应交税费——应交增值税（进项税额） 26 000

贷：银行存款 228 000

（2）领用安装材料，支付工资等费用。

借：在建工程 4 000

贷：原材料 2 000

应付职工薪酬 2 000

（3）设备安装完毕交付使用，确定固定资产的入账价值为 206 000 元。

借：固定资产 206 000

贷：在建工程 206 000

在个别情况下，企业若用一笔款项购入几种没有单独标价的固定资产，则需要将购入的总成本按各项资产的公允价值进行分配，以确定各项资产的入账价值。

【任务举例 6-3】　吉力公司一揽子购入甲、乙两台设备，价款共计 300 000 元，发票上的增值税为 39 000 元（可抵扣），款项已支付。经评估，上述资产的公允价值分别是 220 000 元和 110 000 元。各项资产均直接交付使用。

甲设备的入账价值＝300 000×220 000÷(220 000＋110 000)＝200 000(元)

乙设备的入账价值＝300 000×110 000÷(220 000＋110 000)＝100 000(元)

会计分录如下：

借：固定资产——甲设备 200 000

——乙设备 100 000

应交税费——应交增值税（进项税额） 39 000

贷：银行存款 339 000

有时，企业购买固定资产的价款有可能会延期支付，购买固定资产的价款超过正常信用条件延期支付，实质上具有融资性质，固定资产的成本应以购买价款的现值为基础确定。实际支付的价款与购买价款的现值之间的差额，应当在信用期间内采取实际利率法进行摊销，摊销金额除满足借款费用资本化条件应计入固定资产成本外，均应当在信用期间内确认为财务费用，计入当期损益。

【任务举例 6-4】　吉力公司 2018 年 1 月 1 日从某公司购入一台机器设备作为固定资产使用，该机器设备已收到，不需要安装。购货合同约定，该机器设备的总价款为 300 万元，分 3 年支付，2018 年、2019 年和 2020 年 1 月 1 日各支付 100 万元。假设实际利率为 5%。

具体账务处理如下（单位：万元）：

2018 年 1 月 1 日购入机器设备时。

固定资产入账价值＝100＋100×(1＋5%)$^{-1}$＋100×(1＋5%)$^{-2}$＝285.94(万元)

未确认融资费用＝300－285.94＝14.06(万元)

会计分录：

借：固定资产 285.94

　　未确认融资费用　　　　　　　　　　　　　　　　　　　　　14.06

　　贷:长期应付款　　　　　　　　　　　　　　　　　　　　　　200

　　　银行存款　　　　　　　　　　　　　　　　　　　　　　　　100

2018 年 12 月 31 日摊销未确认融资费用=185.94×5%=9.30(万元)。

会计分录:

借:财务费用　　　　　　　　　　　　　　　　　　　　　　　　9.30

　贷:未确认融资费用　　　　　　　　　　　　　　　　　　　　9.30

2019 年 1 月 1 日。

借:长期应付款　　　　　　　　　　　　　　　　　　　　　　　100

　贷:银行存款　　　　　　　　　　　　　　　　　　　　　　　100

2020 年 12 月 31 日。

摊销未确认融资费用=14.06-9.30=4.76(万元)。

会计分录:

借:财务费用　　　　　　　　　　　　　　　　　　　　　　　　4.76

　贷:未确认融资费用　　　　　　　　　　　　　　　　　　　　4.76

2021 年 1 月 1 日。

借:长期应付款　　　　　　　　　　　　　　　　　　　　　　　100

　贷:银行存款　　　　　　　　　　　　　　　　　　　　　　　100

(二)自行建造的固定资产

　　企业生产经营所需的固定资产,除了外购等方式取得外,还经常根据生产经营的特殊需要利用自有的人力、物力条件自行建造,称之为自制、自建固定资产。自行建造的固定资产,按建造该项资产达到预定可使用状态前所发生的必要支出作为入账价值,包括工程用物资成本、人工成本、应予以资本化的借款费用、交纳的相关税金和应分摊的其他间接费用等。企业自行建造固定资产按其实施的方式不同可分为自营工程和出包工程两种。企业无论采取何种方式自行建造固定资产,均应通过"在建工程"账户进行核算。

　　1. 自营工程

　　企业自营工程主要通过"工程物资"和"在建工程"账户进行核算。

　　"工程物资"账户,核算用于在建工程的各种工程物资实际成本的增减变动和结余情况,借方登记验收入库的工程物资的实际成本,贷方登记出库的工程物资的实际成本,借方余额表示库存的工程物资的实际成本。"工程物资"账户应按工程物资的品种设置明细账。

　　"在建工程"账户核算各项工程的实际成本,即企业为工程所发生的实际支出,以及改扩建工程等转入的固定资产净值,借方登记各项工程发生的实际成本,贷方登记已完工工程的实际成本,借方余额表示未完工工程的实际成本,"在建工程"账户应按工程项目设置明细账。

　　企业自营工程用物资可比照存货的有关外购材料的计价方法计价,领用工程物资时,根据其实际成本,借记"在建工程"账户,贷记"工程物资"账户。工程完工后剩余的工程物资,如转作本企业库存材料的,按其实际成本或计划成本,转作企业的库存材料。如可抵扣增值税进项税额的,应按减去增值税进项税额后的实际成本或计划成本,转作企业的库存材料,借记"原材料""应交税费——应交增值税(进项税额)"账户,贷记"工程物资"账户。盘盈、盘亏、报废、毁损的工程物资,减去保险公司、过失人赔偿部分后的差额,工程项目尚未完工的,计入或冲减所建工程项目的成本;工程已经完工的,计入当期营业外收入或营业外支出。

企业自营工程领用本企业商品产品时,应将该商品产品的实际成本和应负担的相关税金计入自营工程成本,借记"在建工程"账户,贷记"库存商品""应交税费——应交消费税"账户。

企业自营工程应负担的职工工资和职工福利费,应借记"在建工程"账户,贷记"应付职工薪酬"账户。

企业自营工程耗费的本单位辅助生产经营部门提供的水、电和各项劳务等,应根据实际成本和应负担的税费,借记"在建工程"账户,贷记"生产成本""应交税费"账户。

企业自营工程发生的其他支出,借记"在建工程"账户,贷记"银行存款"等账户。

企业自营工程的固定资产在交付使用前应负担的长期借款利息,应计入自营工程成本,借记"在建工程"账户,贷记"长期借款"等账户。

企业自营建造的固定资产在交付使用时,应根据自营工程的实际成本,借记"固定资产"账户,贷记"在建工程"账户。

企业所建造的固定资产已达到预定可使用状态,但尚未办理竣工决算的,应当自达到预定可使用状态之日起,按照工程预算、造价或者工程实际成本等,按估计的价值转入固定资产,并按有关计提固定资产折旧的规定,计提固定资产的折旧,待办理了竣工决算手续后再按实际成本调整原来的暂估价值,但不需要调整原已计提的折旧额。

【任务举例 6-5】 高远公司于 20×8 年 11 月自行建造厂房一座,购入为工程准备的各种物资 200 000 元,支付的增值税额为 32 000 元,建造过程领用了所有工程物资;另外还领用了企业生产用的原材料一批,实际成本为 20 000 元,已抵扣的增值税为 3 200 元;分配工程人员工资 60 000 元,企业辅助生产车间为工程提供有关劳务支出 10 000 元,工程完工交付使用。

会计处理如下:

(1)购入为工程准备的物资。

借:工程物资	200 000
应交税费——待抵扣进项税额(40%)	12 800
应交税费——应交增值税(进项税额)(60%)	19 200
贷:银行存款	232 000

(2)工程领用物资。

借:在建工程——厂房	200 000
贷:工程物资	200 000

(3)工程领用原材料。

借:在建工程——厂房	20 000
贷:原材料	20 000
借:应交税费——待抵扣进项税额(40%)	1 040

贷:应交税费——应交增值税(进项税额转出)(40%)　　　　　　　　1 040

(4)分配工程人员工资。

借:在建工程——厂房　　　　　　　　　　　　　　　　　　60 000

　贷:应付职工薪酬　　　　　　　　　　　　　　　　　　　60 000

(5)辅助生产车间为工程提供劳务支出。

借:在建工程——厂房　　　　　　　　　　　　　　　　　　10 000

　贷:生产成本——辅助生产成本　　　　　　　　　　　　　10 000

(6)工程完工交付使用。

借:固定资产　　　　　　　　　　　　　　　　　　　　　290 000

　贷:在建工程——厂房　　　　　　　　　　　　　　　　290 000

2. 出包工程

企业采用出包方式进行的自制、自建固定资产工程,其工程的具体支出在承包单位核算。在这种方式下,"在建工程"账户实际成为企业与承包单位结算账户,企业将与承包单位结算的工程价款作为工程成本,通过"在建工程"账户核算。企业按规定预付承包单位的工程价款时,借记"在建工程——××工程"账户,贷记"银行存款"等账户;工程完工收到承包单位账单,补付或补记工程价款时,借记"在建工程——××工程"账户,贷记"银行存款"等账户;工程完工交付使用时,按实际发生的全部支出,借记"固定资产"账户,贷记"在建工程——××工程"账户。

【任务举例6-6】 华阳公司采用出包方式建造仓库一座,合同约定工程总价款为600 000元,按合同约定华阳公司需预付总工程款的60%,剩余工程款于工程完工决算时补付。

会计处理如下:

(1)按合同约定预付工程款360 000元。

借:在建工程——仓库　　　　　　　　　　　　　　　　　360 000

　贷:银行存款　　　　　　　　　　　　　　　　　　　　360 000

(2)工程完工,验收合格,补付工程款240 000元。

借:在建工程——仓库　　　　　　　　　　　　　　　　　240 000

　贷:银行存款　　　　　　　　　　　　　　　　　　　　240 000

(3)结转工程成本。

借:固定资产——仓库　　　　　　　　　　　　　　　　　600 000

　贷:在建工程——仓库　　　　　　　　　　　　　　　　600 000

企业采用出包方式建造固定资产发生的、需分摊计入固定资产价值的待摊支出,应按一定的方法进行分摊。

(三)投资者投入的固定资产

企业对投资者投资转入的机器设备等固定资产,一方面反映本企业固定资产的增加,另一方面要反映投资者投资额的增加。投入的固定资产按投资合同或协议约定的价值,即投资双方确认的价值记账,借记"固定资产"账户,贷记"实收资本"账户。如果固定资产的入账价值大于投资方在企业注册资本中所占有的份额,其差额应贷记"资本公积"账户。

【任务举例 6-7】　吉力公司收到 M 公司投入的机器设备一台,M 公司记录的该机器设备的账面原价为 200 000 元,已提折旧 40 000 元;吉力公司接受投资时,双方同意按原固定资产的净值确认投资额。

会计分录如下:

借:固定资产　　　　　　　　　　　　　　　　　　　　　　　　　160 000
　　贷:实收资本　　　　　　　　　　　　　　　　　　　　　　　　160 000

(四)接受捐赠的固定资产

企业接受固定资产捐赠时,根据前述方法确定的入账价值,借记"固定资产"账户,贷记"营业外收入"账户。

【任务举例 6-8】　吉力公司接受某企业捐赠的设备一台,根据捐赠方提供的有关单据确定其价值为 80 000 元。吉力公司在收到捐赠的设备时的会计分录为:

借:固定资产　　　　　　　　　　　　　　　　　　　　　　　　　80 000
　　贷:营业外收入　　　　　　　　　　　　　　　　　　　　　　　80 000

任务三　固定资产折旧的核算

一、固定资产折旧的概念

固定资产在使用中会发生各种损耗,由于损耗的存在导致固定资产的价值减少。固定资产损耗分为有形损耗和无形损耗。有形损耗,是指固定资产在使用过程中由于正常使用而发生的使用性损耗和由于受自然力影响而发生的自然损耗所引起的使用价值和价值的损失。无形损耗,是指由于

固定资产
折旧的核算

科学技术进步和劳动生产率的提高、消费偏好的变化、经营规模扩大等原因而引起的固定资产在价值上的损失。无形损耗的特点是固定资产在物质形态上仍具有一定的服务潜力,但已不再适用或继续使用已不具经济价值。固定资产折旧既要考虑有形损耗,更要重视无形损耗。在科学技术发展日新月异的今天,固定资产无形损耗有时比有形损耗更严重,对折旧的计算影响更大。

固定资产在长期使用中,随着损耗程度,以折旧费的形式分期计入产品成本或费用中,并通过取得相应的收入而得到补偿。固定资产折旧,是指在固定资产使用寿命(含物理寿命和经济寿命)期内,按照确定的方法对应计折旧额进行系统的计提与分摊。

固定资产折旧计入生产成本的过程,即是随着固定资产价值的转移,以折旧的形式在产品销售收入中得到补偿,并转化为货币资金的过程。从本质上讲,折旧也是一种费用,只不过这一费用没有在计提期间付出实实在在的货币资金,但这种费用是前期固定资产购置时已经发生的支出,而这种支出的收益在资产投入使用后的有效使用期内实现,无论是从权责发生制的原则,还是从收入与费用配比的原则讲,计提折旧都是必要的,否则,不提折旧或不正确地计提折旧,都将错误地计算企业的产品成本(或营业成本)和损益。

二、影响固定资产折旧计算的因素和折旧范围

(一)影响固定资产折旧计算的因素

固定资产折旧计算和会计处理的目的就在于按照确定的方法对应计折旧总额在固定资产使用期内进行系统分摊。

应计折旧总额,是指固定资产原价扣除其预计净残值后的余额。

如果已对固定资产计提减值准备,还应当扣除已计提的固定资产减值准备累计金额。

因此,影响固定资产折旧计算的因素主要有:原始价值、预计净残值、固定资产减值准备和预计使用年限(或预计工作总量)。

1. 原始价值

原始价值,是指固定资产取得时的实际成本。

原始价值是计提折旧的基本依据。以原始价值作为计算折旧的基数,可以使折旧的计算建立在客观的基础之上,不容易受会计人员主观因素的影响。对于个别无法确定原始价值的固定资产,如盘盈的固定资产,应以重置完全价值为折旧基数。

2. 预计净残值

预计净残值,是指固定资产在预计使用期满,处于使用期终了的预期状态的处置中,获得的扣除预计处置费用后的余额。

在我国,预计净残值一般根据固定资产原值乘以预计净残值率计算。预计净残值率是指预计净残值与固定资产原值的比率。一般来说,各类固定资产预计净残值率的上下限由国家统一规定,各企业在其范围内确定本企业各类固定资产的预计净残值率。

3. 固定资产减值准备

固定资产减值准备,是指为应对固定资产价值在当期由于其市价大幅下跌,或经济、技术、法律环境等发生重大变化,引起的价值损失的补偿而建立的准备金。

4. 预计使用年限或预计工作总量

预计使用年限,是指预计固定资产使用的经济寿命年限。固定资产的预计使用年限也叫折旧年限,它一般短于固定资产的技术设计年限(物理寿命)。

企业在确定固定资产的预计使用年限时,应考虑如下因素:

(1)设计的生产能力或使用年限。

(2)有形损耗。

(3)无形损耗。如因新技术的出现而使现有的资产技术相对陈旧、市场需求变化使产品过时等。

(4)有关资产使用的法律或者类似的限制。

预计工作总量,是指固定资产从开始使用至报废清理的全部使用年限内预计完成的工作总量。

固定资产预计工作总量一般可根据固定资产和企业的具体情况自行确定,有的也可根据固定资产生产厂的设计确定。

以上因素中,固定资产原始价值和预计净残值是不论采用何种计提折旧方法均应考虑的因素,而第3、第4两个因素则视情况而定,如果企业计提了固定资产减值准备的,则

考虑该因素,反之,则不考虑该因素;如果企业按时间计提折旧,则应考虑固定资产预计使用年限;如果按完成的工作量计提折旧,则应考虑固定资产预计工作总量。

(二)固定资产的折旧范围

出于谨慎性原则的考虑,我国对过去规定的折旧范围进行了修订,根据我国现行会计准则规定,除下列情况外,企业应对其余所有固定资产计提折旧:

(1)已提足折旧仍继续使用的固定资产;

(2)按规定单独作价作为固定资产入账的土地。

已达到预定可使用状态的固定资产,如果尚未办理竣工决算的,应当按照估计价值暂估入账,并计提折旧;待办理了竣工决算手续后,再按照实际成本调整原来的暂估价值,但不需要调整原已计提的折旧额。

企业对固定资产进行更新改造时,应将更新改造的固定资产的账面价值转入在建工程,并在此基础上确定经更新改造后的固定资产原价。处于更新改造过程而停止使用的固定资产,因已转入在建工程,因此不计提折旧,待更新改造项目达到预定可使用状态转为固定资产后,再按重新确定的折旧方法和该项固定资产尚可使用年限计提折旧。

对于接受捐赠的旧固定资产,企业应当按照规定的固定资产入账价值、预计尚可使用年限、预计净残值,以及企业所选用的折旧方法计提折旧。

融资租入的固定资产,应当采用与自有应计折旧资产相一致的折旧政策。能够合理确定租赁期届满时将会取得租赁资产所有权的,应当在租赁资产尚可使用年限内计提折旧;无法合理确定租赁期届满时能够取得租赁资产所有权的,应当在租赁期与租赁资产尚可使用年限两者中较短的期间内计提折旧。

因进行大修理而停用的固定资产,应当照提折旧,计提的折旧额应计入相关资产成本或当期损益。

企业一般应当按月提取折旧,当月增加的固定资产,当月不提折旧,从下月起计提折旧;当月减少的固定资产,当月照提折旧,从下月起不提折旧。固定资产提足折旧后,不管能否继续使用,均不再提取折旧;提前报废的固定资产,也不再补提折旧,其未提足折旧的净损失应计入营业外支出。

三、固定资产的折旧方法

固定资产的折旧方法即是将应计折旧总额在固定资产使用期内进行系统分摊时所采用的具体计算方法。

企业应当根据固定资产所含经济利益预期实现方式,合理选择折旧方法,可选择的折旧方法包括年限平均法、工作量法、年数总和法和双倍余额递减法。

(一)年限平均法

年限平均法又称直线法,是将固定资产的应计折旧总额,在预计使用年限内均衡地分摊到各期的一种方法。采用这种方法计算的每期折旧额均是相等的。

其基本计算公式为:

$$年折旧额=\frac{固定资产原值-预计净残值}{预计使用年限}$$

在会计实务中,固定资产折旧是根据折旧率计算的。用公式表示为:

$$年折旧率=\frac{1-预计净残值率}{预计使用年限}\times100\%$$

$$月折旧率=\frac{年折旧率}{12}$$

$$月折旧额=固定资产原价\times月折旧率$$

【任务举例6-9】 腾飞公司有一厂房,原价为3 000 000元,预计可使用10年,按照有关规定,该厂房报废时的净残值率为4%。

该厂房的折旧率和折旧额的计算如下:

$$年折旧率=(1-4\%)\div10\times100\%=9.6\%$$

$$月折旧率=9.6\%\div12=0.8\%$$

$$月折旧额=3 000 000\times0.8\%=24 000(元)$$

采用年限平均法计算固定资产折旧虽然比较简便易行,易于理解,是会计实务中应用最广泛的一种方法,但它也存在着一些明显的局限性。首先,固定资产在不同使用年限提供的经济效益是不同的。一般来讲,固定资产在其使用前期工作效率相对较高,所带来的经济利益也就多;而在其使用后期,工作效率一般呈下降趋势,因而,所带来的经济利益也就逐渐减少。平均年限法不考虑这一事实,明显是不合理的。其次,固定资产在不同的使用年限负担的使用成本不均衡。固定资产的维修保养费用将随着其使用时间的延长而不断增大,而年限平均法也没有考虑这一因素,从而违背了收入与费用的配比原则。

(二)工作量法

工作量法,是以固定资产预计可完成的工作总量为分配标准,根据各期实际工作量计提折旧额的一种方法。

采用这种方法,假定固定资产的服务潜力随完成工作量的增加而逐渐减少,其效能与固定资产的新旧程度无关,因此,固定资产应计提折旧总额可以均匀地分摊于每一单位工作量。这种方法实际上是年限平均法的演变,只是将分配标准由使用年限改为工作量。

其计算公式为:

$$单位工作量折旧额=\frac{固定资产原值\times(1-预计净残值率)}{预计总工作量}$$

某项固定资产月折旧额=该项固定资产的月工作量×单位工作量折旧额

不同的固定资产其工作量有不同的表现形式,如机器设备的工作量表现为工作小时;运输工具的工作量表现为行驶里程等。

【任务举例6-10】 吉力公司的一辆货运卡车,原价为30 000元,预计总行驶里程为50万千米,其报废时的残值率为5%,本月行驶8 000千米。该辆卡车的月折旧额计算如下:

$$单位里程折旧额=30 000\times(1-5\%)\div500 000=0.057(元/千米)$$

$$本月折旧额=8 000\times0.057=456(元)$$

工作量法同样具有简便易行,易于理解的优点,同时弥补了平均年限法只重使用时间,不考虑使用强度的缺点,但它只将有形损耗作为折旧的唯一因素,没有考虑无形损耗的影响,因此,该方法一般适用于价值较高,使用情况不均衡的大型机器设备以及运输设备等固定资产的折旧计算。

(三)加速折旧法

加速折旧法也称为快速折旧法或递减折旧法,是在固定资产有效使用年限的前期多提折旧,后期则少提折旧,从而相对加快折旧的速度,以使固定资产成本在有效使用年限中加快得到补偿。

与直线法相比,采用加速折旧法,既不意味着要缩短折旧年限,也不意味着要增加或减少应提折旧总额,只是对应提折旧总额在各使用年限之间的分配采取了递减的方式而非平均式,不论采取直线法还是加速折旧法,在固定资产的预计使用年限内计提的折旧总额是相等的。采用加速折旧法,弥补了直线法的不足,它可以使固定资产的使用成本各年保持大致相同,可以使收入和费用合理配比,同时可降低无形损耗的风险。加速折旧的计提方法有多种,常用的有以下两种:

1. 双倍余额递减法

双倍余额递减法是在不考虑固定资产残值的情况下,根据每期期初固定资产账面价值和双倍的直线法折旧率计算固定资产折旧的一种方法。

其计算公式为:

$$年折旧率=\frac{2}{预计折旧年限}\times100\%$$

$$年折旧额=期初固定资产账面价值\times年折旧率$$

$$月折旧额=年折旧额\div12$$

采用双倍余额递减法计提折旧,一般不考虑固定资产的预计净残值,但预计净残值是实际存在的,因此,在应用这种方法时必须注意在预计使用年限结束时,不能使固定资产的账面折余价值降低到它的预计净残值以下,即实行双倍余额递减法计提折旧的固定资产,当在某一折旧年度,按双倍余额递减法计算的折旧额小于按年限平均法计算的折旧额时,应改为年限平均法计提折旧,方法的转换应满足如下条件:

$$当年按双倍余额递减法计算的折旧额<\frac{当年年初固定资产净值-预计净残值}{剩余使用年限}$$

在会计实务中,并结合现行会计制度规定,为简化折旧计算,一般在固定资产折旧年限到期以前两年内,就进行方法的转换,将固定资产净值扣除预计净残值后的余额平均摊销。

【任务举例 6-11】 东弘公司一项固定资产的原价为 50 000 元,预计使用年限为 5 年,预计净残值为 500 元。按双倍余额递减法计算折旧,每年的折旧额计算如下:

年折旧率=2÷5×100%=40%

第一年应提的折旧额=50 000×40%=20 000(元)

第二年应提的折旧额=(50 000—20 000)×40%=12 000(元)

第三年应提的折旧额=(50 000—32 000)×40%=7 200(元)

第四年、第五年应提的折旧额=(10 800—500)÷2=5 150(元)

2. 年数总和法

年数总和法又称合计年限法,是将固定资产的原值减去净残值后的净额,乘以一个逐年递减的分数折旧率计算每年的折旧额的一种计提折旧的方法。

这个分数折旧率的分子代表固定资产尚可使用的年数,分母代表各年年初固定资产尚可使用年数的逐年数字总和。这种方法与双倍余额递减法相比,其特点是每年计算折旧的基数相同,均是应提折旧总额,但每年的折旧率是一个逐年递减的分数折旧率,因此每年的折旧额是递减的。

其计算公式为:

$$年折旧率 = \frac{尚可使用年数}{预计使用年限的年数总和} \times 100\%$$

$$= \frac{预计使用年限 - 已使用年限}{预计使用年限 \times \dfrac{预计使用年限 + 1}{2}} \times 100\%$$

$$年折旧额 = (固定资产原值 - 残值) \times 年折旧率$$

$$月折旧额 = 年折旧额 \div 12$$

【任务举例 6-12】 某项固定资产的原值为 50 000 元,预计使用年限为 5 年,预计净残值为 500 元。采用年数总和法计算的各年折旧额如表 6-1 所示。

表 6-1 折旧计算表

(年数总和法)

年 份	尚可使用年限(年)	原值—净残值(元)	变动折旧率(%)	每年折旧额(元)
1	5	49 500	5/15	16 500
2	4	49 500	4/15	13 200
3	3	49 500	3/15	9 900
4	2	49 500	2/15	6 600
5	1	49 500	1/15	3 300

四、固定资产折旧的核算

固定资产折旧是企业成本费用的一个组成部分,因此企业应当按月计提折旧,并根据用途分别计入相关资产的成本或当期费用,将固定资产计提的折旧额进行归集、分配和反映。

固定资产计提折旧时,应以月初可提取折旧的固定资产账面原值为依据。企业各月计算提取折旧时,可以在上月计提折旧的基础上,对上月固定资产的增减情况进行调整后计算当月应计提的折旧额,以公式表示如下:

$$当月固定资产应计提的折旧额 = 上月固定资产计提的折旧额 + 上月增加固定资产应计提的折旧额 - 上月减少固定资产应计提的折旧额$$

企业按月计提固定资产折旧时,应根据用途分别借记"制造费用""销售费用""管理费用""其他业务成本"等账户,贷记"累计折旧"账户。例如企业管理部门使用的固定资产计提的折旧费用应计入管理费用;生产部门使用的固定资产计提的折旧费用应计入制造费用;销售部门使用的固定资产计提的折旧费用应计入销售费用;经营性出租的固定资产计提的折旧费用应计入其他业务成本;未使用固定资产的折旧费用应计入管理费用等。"累计折旧"是固定资产的备抵账户,当计提固定资产折旧额和增加固定资产而相应增加其已提折旧时,记入该账户的贷方;因出售、报废清理、盘亏等原因减少固定资产而相应转销其所提折旧额时,记入该账户的借方;该账户的余额在贷方,反映企业现有固定资产的累计折旧额。

在会计实务中,各月计提折旧的工作一般是通过编制"固定资产折旧计算表"来完成的。

固定资产折旧计算表可以由会计部门编制,也可以由各使用部门编制,最后由会计部门按固定资产服务的部门进行汇总编制"固定资产折旧计算汇总表",并以此作为原始凭证,据以编制记账凭证。

【任务举例6-13】　旭日公司2018年12月份的"固定资产折旧计算汇总表"如表6-2所示。

表 6-2　固定资产折旧计算汇总表

2018 年 12 月　　　　　　　　　　　　　　　　　　　　　单位:元

使用部门	固定资产项目	上月折旧额	上月增加固定资产		上月减少固定资产		本月折旧额	分配费用
			原价	折旧额	原价	折旧额		
A车间	厂房	5 000					5 000	制造费用
	机器设备	20 000					20 000	
	小计	25 000					25 000	
B车间	厂房	4 000					4 000	
	机器设备	10 000	60 000	300			10 300	
	小计	14 000					14 300	
厂部管理部门	房屋建筑	2 500					2 500	管理费用
	运输工具	1 500			6 000	200	1 300	
	小计	4 000					3 800	
合计		43 000	60 000	300	6 000	200	43 100	

根据上述"固定资产折旧计算汇总表"编制会计分录如下:

借:制造费用——A 车间　　　　　　　　　　　　　　　　　　　25 000

　　　　　　——B 车间　　　　　　　　　　　　　　　　　　　14 300

　　管理费用——厂部管理部门　　　　　　　　　　　　　　　　3 800

　　贷:累计折旧　　　　　　　　　　　　　　　　　　　　　　43 100

任务四　固定资产后续支出的核算

固定资产的后续支出,是指固定资产在使用过程中发生的更新改造支出、修理费用等。

固定资产投入使用后,为了适应新技术发展的需要,或者为维护或提高固定资产的使用效能,往往需要对现有固定资产进行维护、改建、扩建或者改良。

一、资本化的后续支出

企业将固定资产进行更新改造的后续支出,如符合资本化条件的,即满足与该固定资产有关的经济利益很可能流入企业,并且该项支出可以可靠计量的确认条件的,则该项支出应当计入固定资产的账面价值。

在固定资产发生可资本化的后续支出时,企业应将该固定资产的原价、已计提的累计折旧和减值准备转销,将固定资产的账面价值转入在建工程,并停止计提折旧。固定资产发生可资本化的后续支出,通过"在建工程"账户核算。在固定资产发生的后续支出完工并达到预定可使用状态时,应从"在建工程"账户转入"固定资产"账户,并重新确定使用寿命、预计净残值和折旧方法并计提折旧。

【任务举例6-14】 华阳公司对原有一套生产线进行改扩建,该套生产线原值800 000元,已计提折旧50 000元。改扩建过程中共发生支出300 000元,全部以银行存款支付。拆除部分的变价收入为5 000元。该套生产线改扩建工程达到预定可使用状态后,大大提高了生产能力,延长了其使用年限。假设该固定资产未计提减值准备。

会计处理如下:

(1)将生产线转入改扩建工程。

借:在建工程	750 000
累计折旧	50 000
贷:固定资产	800 000

(2)固定资产发生后续支出。

| 借:在建工程 | 300 000 |
| 贷:银行存款 | 300 000 |

(3)变价收入。

| 借:银行存款 | 5 000 |
| 贷:在建工程 | 5 000 |

(4)生产线改扩建工程达到预定可使用状态,交付使用时。

| 借:固定资产 | 1 000 000 |
| 贷:在建工程 | 1 000 000 |

企业在发生可资本化的固定资产后续支出时,可能涉及替换固定资产的某个组成部分。如果满足固定资产的确认条件,应当将用于替换的部分资本化,计入固定资产账面价值,同时终止确认被替换部分的账面价值,以免将替换部分的成本和被替换部分的账面价值同时计入固定资产成本。在实务中,如果企业不能确定被替换部分的账面价值,可将替换部分的成本视为被替换部分的账面价值。

二、费用化的后续支出

与固定资产有关的后续支出,如果不能满足与该固定资产有关的经济利益很可能流入企业,并且该项支出可以可靠计量的确认条件的,则应在发生时确认为费用。

　　一般情况下,固定资产投入使用后,由于磨损可能导致固定资产的局部损坏,为了维护固定资产的正常运转和使用,充分发挥其使用效能,企业将对固定资产进行必要的维护。这种维护支出只是确保固定资产的正常工作状态,它并不导致固定资产性能的改变或未来经济利益的增加,通常不满足固定资产的确认条件。因此,应于发生时一次性直接计入当期费用,不再通过预提或待摊的方式进行核算。

　　【任务举例 6-15】　吉力公司对管理部门的办公设备进行修理,支付修理费 10 000元,用银行存款转账支付。

　　会计分录如下:

　　借:管理费用　　　　　　　　　　　　　　　　　　　　　　　　　10 000
　　　　贷:银行存款　　　　　　　　　　　　　　　　　　　　　　　　　10 000

　　在实务中,对于固定资产发生的下列各项后续支出,通常的处理方法是:

　　(1)固定资产修理费用,应当直接计入当期费用。

　　(2)固定资产改良支出,应当计入固定资产账面价值。

　　(3)如果不能区分是固定资产修理还是固定资产改良,或固定资产修理和固定资产改良结合在一起,则企业应判断其发生的后续支出是否满足固定资产的确认条件,如果满足了确认条件,该后续支出应计入固定资产价值;否则,应计入当期费用。

　　(4)固定资产装修费用,符合固定资产确认条件的可予资本化的,装修费用应计入固定资产的账面价值,并在"固定资产"账户下单设"固定资产装修"明细账户核算,并在两次装修期间与固定资产尚可使用年限两者中较短的期间内,采用合理的方法单独计提折旧。如下次装修时,该项固定资产相关的"固定资产装修"明细账户留有余额,则应将该账面价值一次全部计入当期营业外支出。

　　(5)融资租赁方式租入的固定资产发生的后续支出,比照上述原则处理。发生的固定资产装修费用,符合上述原则可予资本化的,应在两次装修期间、剩余租赁期与固定资产尚可使用年限三者中较短的期间内,采用合理的方法单独计提折旧。

　　(6)经营租赁方式租入的固定资产发生的改良支出,作为长期待摊费用,在剩余租赁期与租赁资产尚可使用年限两者中较短的期间内,合理进行摊销。

任务五　固定资产减值的核算

一、固定资产减值的认定

　　为了比较准确、客观和可靠地反映企业固定资产的实际价值,在编制资产负债表时,应对固定资产的价值进行再确认,即确认固定资产在期末或一定时点的可收回金额。

　　企业的固定资产在使用过程中,由于存在有形损耗(如自然磨损等)和无形损耗(如技术陈旧等)以及其他的经济原因,发生资产价值的减值是必然的。固定资产因损坏、技术陈旧或其他经济原因,导致其可收回金额低于其账面价值,这种情况称之为固定资产价值减值。这里的可收回金额应当根据固定资产的公允价值减去处置费用后的净额与固定资产预计未来现金流量的现值两者之间较高者确定。固定资产的公允价值,应当根据公平交易中销售协议价格确定。不存在销售协议但存在资产活跃市场时,应当按照该固定资产的市场价格确定。在不存在销售协议或固定资产活跃市场的情况下,应当以可获取的最佳信息为基础,估计固定资产的公允价值。

企业按照上述规定仍然无法可靠估计固定资产的公允价值减去处置费用后的金额的,应当以该固定资产预计未来现金流量的现值作为其可收回金额。

对于已经发生的资产价值的减值如果不予以确认,必将导致虚夸资产的价值,这不符合真实性原则,也有悖于稳健原则。因此,企业应当在期末或者至少每年年度终了,对固定资产逐项进行检查,如发现存在下列情况,应当计算固定资产的可收回金额,以确定资产是否已经发生减值:

(1)固定资产市价大幅度下跌,其跌幅大大高于因时间转移或正常使用而预计的下跌,并且预计在近期内不可能恢复;

(2)企业所处经营环境,如技术、市场、经济或法律环境,或者产品营销市场在当期发生或在近期发生重大变化,并对企业产生负面影响;

(3)同期市场利率或其他市场投资报酬率在当期大幅度提高,进而很可能影响企业计算固定资产预计未来现金流量现值的折现率,并导致固定资产可收回金额大幅度降低;

(4)有证据表明固定资产已经陈旧过时或发生实体损坏等;

(5)固定资产预计使用方式发生重大不利变化,如企业计划终止或重组该资产的经营业务、提前处置资产等情形,从而对企业产生负面影响;

(6)企业内部报告的证据表明固定资产的经济绩效已经低于或者将低于预期,如固定资产所创造的净现金流量或者实现的营业利润(或亏损)远远低于(或高于)预计金额等;

(7)其他有可能表明资产已发生减值的情况。

在实际工作中,出现上述迹象,并不必然表明该固定资产发生减值,企业应综合考虑各方面因素作出职业判断。如果固定资产的可收回金额低于其账面价值,企业应当按可收回金额低于账面价值的差额计提固定资产减值准备,并计入当期损益。固定资产减值准备应按单项资产计提。

已计提减值准备的固定资产,应当按照该固定资产的账面价值以及尚可使用寿命重新计算确定折旧率和折旧额;因固定资产减值准备而调整固定资产折旧额时,对此前已计提的累计折旧不作调整。

有些固定资产由于各种原因导致其实际上已毫无价值,这时根据规定应当按照该项固定资产的账面价值全额计提固定资产减值准备,即当存在下列情况之一时,应当按照该项固定资产的账面价值全额计提固定资产减值准备:

(1)长期闲置不用,在可预见的未来不会再使用,且已无转让价值的固定资产;

(2)由于技术进步等原因,已不可使用的固定资产;

(3)虽然固定资产尚可使用,但使用后产生大量不合格品的固定资产;

(4)已遭毁损,以至于不再具有使用价值和转让价值的固定资产;

(5)其他实质上已经不能再给企业带来经济利益的固定资产。

已全额计提减值准备的固定资产,不再计提折旧。

企业除了要对固定资产的减值情况进行定期或年度终了的检查,还要对企业的在建工程进行全面检查,如果有证据表明在建工程已经发生减值,也应当计提减值准备。当在建工程存在以下一种或几种情况时,应当计提减值准备:

(1)长期停建并且预计在未来3年内不会重新开工的在建工程;

(2)所建项目无论在性能上,还是技术上都已落后,并给企业带来的经济利益具有很大的不确定性;

(3)其他足以表明在建工程已发生减值的情况。

二、固定资产减值的处理

为了核算在建工程减值准备和固定资产减值准备的提取和转销情况,应设置"在建工程减值准备"账户和"固定资产减值准备"账户。这两个账户分别是在建工程和固定资产的抵减调整账户,它们的贷方登记本期计提增加的在建工程减值准备和固定资产减值准备金额;借方登记由于各种原因处置在建工程和固定资产时转销的已提减值准备金额;期末余额在贷方,表示企业已提取但尚未转销的在建工程减值准备和固定资产减值准备金额。

企业发生固定资产减值时,应当将固定资产的账面价值减记至可收回金额,借记"资产减值损失"账户,贷记"固定资产减值准备"账户。固定资产减值损失确认后,减值固定资产的折旧费用应当在未来期间作相应调整,以使该固定资产在剩余使用寿命内,系统地分摊调整后的固定资产账面价值。固定资产减值损失一经确认,在以后会计期间不得转回。

【任务举例6-16】 华飞公司有关固定资产的业务资料如下:

(1)2017年12月31日,购置设备一台,不含税价为1 000 000元,增值税为160 000元。预计该设备使用寿命为5年,预计净残值为50 000元,采用年限平均法计提折旧,假定按年度计提折旧。

(2)2018年12月31日,企业进行检查时发现该设备发生减值,可收回金额750 000元。

(3)假设整个过程不考虑其他相关税费;该设备的折旧方法、预计净残值和预计使用寿命始终没有发生变更。

会计处理如下:

(1)2017年12月31日,购置固定资产。

借:固定资产　　　　　　　　　　　　　　　　　　　1 000 000
　　应交税费——应交增值税(进项税额)　　　　　　　160 000
　　贷:银行存款　　　　　　　　　　　　　　　　　　　1 160 000

(2)2018年12月31日计提折旧。

借:制造费用　　　　　　　　　　　　　　　　　　　190 000
　　贷:累计折旧　　　　　　　　　　　　　　　　　　　190 000

(3)2018年12月31日计提减值准备。

借:资产减值损失——计提固定资产减值准备　　　　　60 000

　　贷:固定资产减值准备　　　　　　　　　　　　　　　　　　　　　60 000

（4）以后每年12月31日计提折旧。

每年折旧额＝（750 000－50 000）÷4＝175 000（元）

借:制造费用　　　　　　　　　　　　　　　　　　　　　　　　175 000

　　贷:累计折旧　　　　　　　　　　　　　　　　　　　　　　　　175 000

任务六　固定资产的处置和清查核算

一、固定资产的处置

固定资产
的处置

　　固定资产处置,是指由于各种原因使企业的固定资产退出生产经营过程所做的处理活动。

　　企业在生产经营过程中,对那些不适用或不需用的固定资产,可以出售转让;对那些由于使用而不断磨损直至最终报废,或由于技术进步等原因发生提前报废,或由于遭受自然灾害等发生毁损的固定资产应及时进行清理;此外,企业因其他原因,如对外投资、捐赠、非货币性资产交换、调拨、债务重组等原因减少固定资产,也属于固定资产的处置。

　　固定资产满足下列条件之一的,应当予以终止确定:

　　（1）该固定资产处于处置状态。

　　（2）该固定资产预期通过使用或处置不能产生经济利益。

　　企业因固定资产处置而减少的固定资产,一般应通过"固定资产清理"账户进行核算。该账户是专门用来核算固定资产处置过程及结果的账户,其借方登记由于各种原因处置固定资产时转入的固定资产净值和在处置过程中发生的各种费用以及应交的税金;贷方登记因处置固定资产而取得的变价收入、入库残料价值以及应由责任人赔偿的金额;借方和贷方的差额即为固定资产处置净损益,转入资产处置损益,如果是自然灾害导致的固定资产处置净损益,则转入营业外收入或营业外支出。

　　一般来说,企业出售、报废和毁损等原因减少的固定资产,会计核算一般可分以下几个步骤:

　　第一,固定资产转入清理。企业出售、报废和毁损的固定资产转入清理时,应按清理固定资产的净值,借记"固定资产清理"账户,按已提的折旧,借记"累计折旧"账户,按已计提的减值准备,借记"固定资产减值准备"账户,按固定资产原价,贷记"固定资产"账户。

　　第二,发生的清理费用。固定资产清理过程中发生的清理费用以及应交的税金,也应记入"固定资产清理"账户,按实际发生的清理费用以及应交的税金,借记"固定资产清理"账户,贷记"银行存款""应交税费"等账户。

　　第三,出售收入和残料等的处理。企业收回出售固定资产的价款、报废固定资产的残料价值和变价收入等,应冲减清理支出,按实际收到的出售价款及残料变价收入等,借记"银行存款""原材料"等账户,贷记"固定资产清理"账户。

第四,保险赔偿的处理。企业计算或收到的应由保险公司或过失人赔偿的报废、毁损固定资产的损失时,应冲减清理支出,借记"银行存款"或"其他应收款"账户,贷记"固定资产清理"账户。

第五,清理净损益的处理。固定资产清理后的净收益,属于生产经营期间的,计入当期损益,借记"固定资产清理"账户,贷记"资产处置损益"账户;属于筹建期间的,冲减长期待摊费用。固定资产清理后的净损失,属于生产经营期间的,借记"资产处置损益"账户,贷记"固定资产清理"账户;属于筹建期间的,计入长期待摊费用,借记"长期待摊费用"账户,贷记"固定资产清理"账户。如果是自然灾害导致的固定资产处置净损益,则转入营业外收入或营业外支出。

(一)固定资产的报废

固定资产的报废有的属于正常报废,有的属于非正常报废。

正常报废一般包括:使用磨损报废和由于技术进步而发生的提前报废。

非正常报废主要是指自然灾害和责任事故所导致的报废。

固定资产正常报废与非正常报废的会计处理基本相同。

【任务举例 6-17】 吉力公司为增值税一般纳税人,20×9 年 6 月,一台设备由于性能等原因决定提前报废,原价为 500 000 元,相关增值税税额为 85 000 元,已计提折旧 450 000 元,未计提减值准备。报废时的残值变价收入为 20 000 元,增值税税额为 2 600 元。报废清理过程中发生清理费用 3 500 元。有关收入、支出均通过银行办理结算。吉力公司应作如下会计处理:

(1)将报废固定资产转入清理时:

借:固定资产清理	50 000
累计折旧	450 000
贷:固定资产	500 000

(2)收回残料变价收入时:

借:银行存款	22 600
贷:固定资产清理	20 000
应交税费——应交增值税(销项税额)	2 600

(3)支付清理费用时:

| 借:固定资产清理 | 3 500 |
| 　贷:银行存款 | 3 500 |

(4)结转报废固定资产发生的净损失时:

| 借:资产处置损益 | 33 500 |
| 　贷:固定资产清理 | 33 500 |

【任务举例 6-18】 吉力公司为增值税一般纳税人,20×9 年 8 月因遭受台风袭击而毁损一座仓库,该仓库原价 4 000 000 元,已计提折旧 1 000 000 元,未计提减值准备。其残料估计价值为 50 000 元,残料已办理入库手续。发生的清理费用已取得增值税专用发票,注明的装卸费为 20 000 元,增值税税额为 2 600 元,以银行存款支付。经保险公司核定应赔偿损失 1 500 000 元,增值税税额为 0 元,款项已存入银行。吉力公司应作如下会

计处理：

（1）将毁损的仓库转入清理时：

借：固定资产清理 3 000 000

累计折旧 1 000 000

贷：固定资产 4 000 000

（2）残料入库时：

借：原材料 50 000

贷：固定资产清理 50 000

（3）支付清理费用时：

借：固定资产清理 20 000

应交税费——应交增值税（进项税额） 2 600

贷：银行存款 22 600

（4）收到保险公司理赔款项时：

借：银行存款 1 500 000

贷：固定资产清理 1 500 000

（5）结转毁损固定资产发生的损失时：

借：营业外支出——非常损失 1 470 000

贷：固定资产清理 1 470 000

（二）固定资产的出售

企业因调整经营方针或因考虑技术进步等因素，可以将不需用的固定资产出售给其他企业，以收回资金，避免资源的浪费。

【任务举例 6-19】 天翼公司出售一厂房，原价 1 000 000 元，已计提折旧 400 000 元，支付清理费用 10 000 元，出售的价款收入为 800 000 元，增值税征收率为 3%，假设其他税费忽略不计。

会计处理如下：

（1）固定资产转入清理。

借：固定资产清理 600 000

累计折旧 400 000

贷：固定资产 1 000 000

（2）支付清理费用。

借：固定资产清理 10 000

贷：银行存款 10 000

（3）收到出售价款时。

借：银行存款 800 000

贷：固定资产清理 800 000

（4）计算应交纳的增值税[800 000×3%＝24 000（元）]。

借：固定资产清理 24 000

贷：应交税费——应交增值税 24 000

（5）上交增值税。

借：应交税费——应交增值税 24 000

　贷：银行存款 24 000

（6）结转固定资产清理后的净收益。

借：固定资产清理 166 000

　贷：资产处置损益 166 000

二、固定资产的清查

为了随时掌握固定资产的真实存在状况，企业应定期或不定期对固定资产进行清查。

企业一般每年至少应在编制会计决算报告之前对固定资产进行一次全面清查，平时可以根据需要进行局部清查。对清查中发现的盘盈、盘亏的固定资产，应及时查明原因，并编制固定资产盘盈盘亏报告表，作为调整固定资产账簿的依据。

（一）盘盈的固定资产

企业在清查过程中，盘盈的固定资产，应按同类或类似资产的市场价格，减去按该项资产的新旧程度估计的价值损耗后的余额，或在同类或类似固定资产不存在活跃市场时，按该项固定资产的预计未来现金流量现值，作为入账价值。

企业盘盈固定资产，一般是以前年度的会计差错，应根据上述方法确定的价值借记"固定资产"账户，贷记"以前年度损益调整"账户。

【任务举例 6-20】　吉力公司在固定资产清查中发现一台账外设备，该设备七成新，该设备的同类新设备的市场价格为 100 000 元。

会计分录如下：

借：固定资产 70 000

　贷：以前年度损益调整 70 000

（二）盘亏的固定资产

企业在对固定资产清查过程中，如果发现账簿记录的固定资产的实物并不存在，则视为盘亏固定资产。

盘亏固定资产的核算应通过"待处理财产损溢"账户进行。当发现盘亏固定资产时，在未报经批准处理前，按其账面净值，借记"待处理财产损溢"账户，按已提折旧，借记"累计折旧"账户，按该项固定资产已计提的减值准备，借记"固定资产减值准备"账户，按固定资产原价，贷记"固定资产"账户；待报经批准处理后，再将净值转入"营业外支出"账户，即借记"营业外支出"账户，贷记"待处理财产损溢"账户。

【任务举例 6-21】　吉力公司期末财产清查时发现盘亏一台机器设备，账面记录其原价 50 000 元，已提折旧为 24 000 元。

会计处理如下：

（1）盘亏机器设备。

借：待处理财产损溢——待处理固定资产损溢 26 000

　　累计折旧 24 000

　贷：固定资产 50 000

(2)盘亏固定资产报经批准后处理。

借:营业外支出——固定资产盘亏　　　　　　　　　　　　26 000

　　贷:待处理财产损溢——待处理固定资产损溢　　　　　　　　26 000

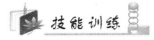 技能训练

一、简答题

1. 什么是固定资产？它有哪些分类？

2. 固定资产的计价基础有哪些？

3. 固定资产的入账价值如何确定？

4. 固定资产后续支出按其性质可分为哪几类？应如何处理？

5. 企业对盘盈、盘亏的固定资产应如何进行核算？

6. 固定资产的处置一般分哪几个步骤？

二、实训题

1. 吉力公司 20×9 年有关固定资产增加的资料如下：

(1)购入不需要安装的设备一台，价款为 50 000 元，增值税税率为 13%，运费为 1 000 元；设备已运达企业交付使用，各种款项均以银行存款支付。

(2)购入需要安装的机器一台，价格为 80 000 元，增值税税率为 13%，运费为 800 元、装卸费为 100 元、安装费为 500 元，各种款项均以银行存款支付，机器安装完毕后交付使用。

(3)采用出包方式建造一幢仓库，发生如下经济业务：①合同规定，预付承包单位工程款 400 000 元；②工程完工，验收合格，补付工程款 200 000 元，已通过银行结算；③结转工程成本。

要求：根据上述资料，编制相关会计分录。

2. 吉力公司属于增值税一般纳税人，2016 年 5 月 8 日购入一台需要安装的生产设备，取得的增值税专用发票上注明的设备买价为 60 000 元，增值税额为 9 600 元，支付的运杂费为 1 500 元，设备安装时领用生产用材料的成本为 1 000 元（不含税），购进该批材料的增值税为 170 元，所有款项均用银行存款支付。2016 年 8 月 15 日该设备安装完工投入使用。公司对该设备采用年限平均法计提折旧，估计可用 5 年，残值 2 500 元，假定只在每年末一次性计提全年的折旧。到 2019 年 3 月 1 日该设备已不能使用、提前报废，出售设备残料得款 20 000 元存入银行，支付清理费 5 000 元，应交纳增值税 2 600 元，设备清理完毕。

要求：编制如下各环节的会计分录：①设备购买时；②设备安装时；③设备安装完工投入使用时；④每年年末计提折旧时；⑤设备报废清理及清理完毕时。

项目七　无形资产及投资性房地产的核算

1.无形资产的定义与确认条件；

2.无形资产的初始计量、后续计量及处置；

3.投资性房地产的定义；

4.投资性房地产的初始计量、后续计量、转换及处置。

随着社会的进步,专利权、非专利技术、商标权、著作权、土地使用权、特许权等无形资产在生产经营中发挥的作用日益显著,有些时候它们为企业创造的利润甚至超过了实物资产。为了规范无形资产,财政部根据《企业会计准则——基本准则》,制定了《企业会计准则第6号——无形资产》;企业合并中形成的商誉,适用《企业会计准则第8号——资产减值》和《企业会计准则第20号——企业合并》;石油天然气矿区权益,适用《企业会计准则第27号——石油天然气开采》。

企业持有的房地产除了用作自身管理、生产经营活动场所和对外销售之外出现了将房地产用于赚取租金或增值收益的活动,甚至是个别企业的主营业务,这就需要将投资性房地产单独作为一项资产核算和反映,与自用的厂房、办公楼等房地产和作为存货(已建完工商品房)的房地产加以区别,从而更加清晰地反映企业所持有房地产的构成情况和盈利能力。为了规范投资性房地产的确认、计量和相关信息的披露,财政部根据《企业会计准则——基本准则》,制定了《企业会计准则第3号——投资性房地产》。

任务一　无形资产的核算

一、无形资产的定义与确认条件

(一)无形资产的定义

无形资产是指企业拥有或者控制的没有实物形态的可辨认非货币性资产。无形资产具有以下主要特征:

1.不具有实物形态

无形资产通常表现为某种权利、某项技术或是某种获取超额利润的综合能力。它们不具有实物形态,看不见、摸不着,如土地使用权、非专利技术等。无形资产为企业带来经济利益的方式与固定资产、存货不同,固定资产或存货是通过实物价值的磨损和一次性转移为企业带来经济利益,而无形资产很大程度上是通过自身所具有的技术等优势为企业带来经济利益。

2.具有可辨认性

要作为无形资产进行核算,该资产必须是能够区别于其他资产可单独辨认的,如企业持有的专利权、非专利技术、商标权、土地使用权、特许权等。

3.属于非货币性资产

非货币性资产,是指企业持有的货币资金和将以固定或可确定的金额收取的资产以外的其他资产。无形资产由于没有发达的交易市场,一般不容易转化成现金,在持有过程中为企业带来未来经济利益的情况不确定,不属于以固定或可确定的金额收取的资产属于非货币性资产。货币性资产主要有现金、银行存款、应收账款、应收票据和短期有价证券等。

(二)无形资产的确认条件

无形资产应当在符合定义的前提下,同时满足以下两个确认条件时,才能予以确认。

1.与该资产有关的经济利益很可能流入企业

作为无形资产确认的项目,必须具备产生的经济利益很可能流入企业。实务中,要确定无形资产创造的经济利益是否很可能流入企业,需要实施职业判断。在实施判断时,企业管理者应对无形资产的预计使用寿命内存在的各种因素作出最稳健的估计。

2.该无形资产的成本能够可靠地计量

成本能够可靠地计量是资产确认的一项基本条件。对于无形资产来说,这个条件相对更为重要。比如,企业内部产生的品牌、报刊名等,因其成本无法可靠计量,不作为无形资产确认。又比如,一些高新科技企业的科技人才,假定其与企业签订了服务合同,且合同规定其在一定期限内不能为其他企业提供服务。在这种情况下,虽然这些科技人才的知识在规定的期限内预期能够为企业创造经济利益,但由于这些技术人才的知识难以辨认,且形成这些知识所发生的支出难以计量,因而不能作为企业的无形资产加以确认。

二、无形资产的内容

无形资产通常包括专利权、非专利技术、商标权、著作权、特许权、土地使用权等。

1. 专利权

专利权,是指国家专利主管机关依法授予发明创造专利申请人,对其发明创造在法定期限内所享有的专有权利,包括发明专利权、实用新型专利权和外观设计专利权。

2. 非专利技术

非专利技术,也称专有技术。它是指不为外界所知、在生产经营活动中已采用了的、不享有法律保护的、可以带来经济效益的各种技术和诀窍。非专利技术一般包括工业专有技术、商业贸易专有技术、管理专有技术等。

3. 商标权

商标是用来辨认特定商品或劳务的标记。商标权指专门在某类指定的商品或产品上使用特定的名称或图案的权利。

4. 著作权

著作权又称版权,指作者对其创作的文学、科学和艺术作品依法享有的某些特殊权利。著作权包括作品署名权、发表权、修改权和保护作品完整权,还包括复制权、发行权、出租权、展览权、表演权、放映权、广播权、信息网络传播权、摄制权、改编权、翻译权、汇编权以及应当由著作权人享有的其他权利。

5. 特许权

特许权,又称经营特许权、专营权,指企业在某一地区经营或销售某种特定商品的权利或是一家企业接受另一家企业使用其商标、商号、技术秘密等的权利。通常有两种形式,一种是由政府机构授权,准许企业使用或在一定地区享有经营某种业务的特权,如水、电、邮电通信等专营权、烟草专卖权等;另一种是指企业间依照签订的合同,有限期或无限期使用另一家企业的某些权利,如连锁店分店使用总店的名称等。

6. 土地使用权

土地使用权,是指国家准许某企业在一定期间内对国有土地享有开发、利用、经营的权利。根据我国土地管理法的规定,我国土地实行公有制,任何单位和个人不得侵占、买卖或者以其他形式非法转让。企业取得土地使用权的方式大致有行政划拨取得、外购取得及投资者投资取得等。

三、无形资产的初始计量

无形资产通常是按实际成本计量,即以取得无形资产并使之达到预定用途而发生的全部支出,作为无形资产的成本。不同来源取得的无形资产,其初始成本构成也不尽相同。

(一)外购的无形资产

1. 正常支付

外购的无形资产,应按其取得成本进行初始计量,其成本包括购买价款、相关税费以及直接归属于使该项资产达到预定用途所发生的其他支出。其中,直接归属于使该项资产达到预定用途所发生的其他支出包括使无形资产达到预定用途所发生的专业服务费用、测试无形资产是否能够正常发

无形资产
的核算

挥作用的费用等。下列各项不包括在无形资产的初始成本中:为引入新产品进行宣传发生的广告费、管理费用及其他间接费用;无形资产已经达到预定用途以后发生的费用。

【任务举例7-1】 甲公司因某项生产活动需要乙公司已获得的专利技术,如果使用了该项专利技术,甲公司预计其生产能力比原先提高30%,销售利润率增长25%。为此,甲公司从乙公司购入一项专利权。按照协议约定以现金支付价款200万元,并支付相关税费1万元和有关专业服务费用3万元,款项已通过银行转账支付。

分析:①甲公司购入的专利权符合无形资产的定义,即甲公司能够拥有或者控制该项专利技术,符合可辨认的条件,同时是不具有实物形态的非货币性资产。②甲公司购入的专利权符合无形资产的确认条件。首先,甲公司的某项生产活动需要乙公司已获得的专利技术,甲公司使用该项专利技术,预计生产能力比原先提高30%,销售利润率增长

25%，即经济利益很可能流入；其次，甲公司购买该项专利权的成本为200万元，另外支付相关税费1万元和有关专业服务费用3万元，即成本能够可靠计量。因此符合无形资产的确认条件。

无形资产初始计量的成本＝200＋1＋3＝204（万元）

甲公司的账务处理如下：

借：无形资产——专利权 2 040 000

　　贷：银行存款 2 040 000

2.延期支付

如果购入的无形资产超过正常信用条件延期支付价款，实质上具有融资性质的，应按所取得无形资产购买价款的现值计量其成本，现值与应付价款之间的差额作为未确认的融资费用，该差额在以后期间除按照"借款费用"的有关规定应予资本化的以外，应当在信用期间内采用实际利率法进行摊销，计入当期损益。

（二）投资者投入的无形资产

投资者投入的无形资产的成本，应当按照投资合同或协议约定的价值确定无形资产的取得成本。如果投资合同或协议约定价值不公允的，应按无形资产的公允价值作为无形资产的初始成本入账。

【任务举例7-2】　乙公司创立的商标已有较好的声誉，甲公司预计使用乙公司商标后可使其未来利润增长20%。为此，甲公司与乙公司协议商定，乙公司以其商标权投资于甲公司，双方协议价格为600万元，而公允价值为500万元，甲公司注册资本为2 000万元，乙公司享有30%的份额。甲公司另支付印花税等相关税费2万元，款项已通过银行转账支付。

该商标权的初始计量，应当以取得时的成本为基础。

甲公司接受乙公司作为投资的商标权的成本＝500＋2＝502（万元）

甲公司的账务处理如下：

借：无形资产——商标权 5 020 000

　　资本公积——资本溢价（或股本溢价） 1 000 000

　　贷：实收资本（或股本） 6 000 000

　　　银行存款 20 000

（三）自行研发取得的无形资产

通常情况下，企业自创商誉以及企业内部产生的无形资产不确认为无形资产。但是，研究与开发费用符合无形资产的定义和相关特征（例如，可辨认性）、预期能够为企业产生经济利益，以及成本能够可靠地计量，遵循无形资产确认和初始计量的一般要求，同时满足其他特定的条件时可确定为一项无形资产。

1.研究阶段和开发阶段的划分

对于企业自行研究开发的项目，应当区分研究阶段与开发阶段分别进行核算。

（1）研究阶段：研究是指为获取并理解新的科学或技术知识而进行的独创性有计划的调查。从研究活动的特点看，其研究是否能在未来形成成果，即通过开发后是否会形成无形资产均具有很大的不确定性，企业也无法证明其能够带来未来经济利益的无形资产的存在,因此,研究阶段的有关支出在发生时,应当予以费用化计入当期损益。

(2)开发阶段:开发阶段是指在进行商业性生产或使用前,将研究成果或其他知识应用于某项计划或设计,以生产出新的或具有实质性改进的材料、装置、产品等。由于开发阶段相对于研究阶段更进一步,进入开发阶段,则很大程度上形成一项新产品或新技术的基本条件已经具备,此时如果企业能够证明满足无形资产的定义及相关确认条件,所发生的开发支出可资本化,确认为无形资产的成本。

2. 开发阶段支出资本化的条件

在开发阶段,判断可以将有关支出资本化计入无形资产成本的条件包括:

(1)完成该无形资产以使其能够使用或出售在技术上具有可行性。

(2)具有完成该无形资产并使用或出售的意图。

(3)无形资产产生经济利益的方式,包括能够证明运用该无形资产生产的产品存在市场或无形资产自身存在市场,无形资产将在内部使用的,应当证明其有用性。

(4)有足够的技术、财务资源和其他资源支持,以完成该无形资产的开发,并有能力使用或出售该无形资产。

(5)归属于该无形资产开发阶段的支出能够可靠地计量。

3. 内部研发的无形资产的计量

内部研发活动形成的无形资产成本,由可直接归属于该资产的创造、生产并使该资产能够以管理层预定的方式运作的所有必要支出组成。可直接归属成本包括:开发该无形资产时耗费的材料、劳务成本,注册费,在开发该无形资产过程中使用的其他专利权和特许权的摊销,以及按照借款费用的处理原则可资本化的利息支出。在开发无形资产过程中发生的除上述可直接归属于无形资产开发活动的其他销售费用、管理费用等间接费用、无形资产达到预定用途前发生的可辨认的无效和初始运作损失、为运行该无形资产发生的培训支出等不构成无形资产的开发成本。

内部研发无形资产的成本仅包括在满足资本化条件的时点至无形资产达到预定用途前发生的支出总和,对于同一项无形资产在研发过程中达到资本化条件之前已经费用化计入当期损益的支出不再进行调整。

4. 内部研发费用的会计处理

企业内部研发无形资产,其在研究阶段的支出全部费用化,计入当期损益(管理费用);开发阶段的支出符合条件的资本化,不符合资本化条件的计入当期损益(管理费用)。如果确实无法区分研究阶段的支出和开发阶段的支出时,应将其所发生的研发支出全部费用化,计入当期损益。

(1)企业自行研发无形资产发生的研发支出,不满足资本化条件的,借记"研发支出——费用化支出"账户,满足资本化条件的,借记"研发支出——资本化支出"账户,贷记"原材料""银行存款""应付职工薪酬"等账户。

(2)企业以其他方式取得的正在进行中的研发项目,应按确定的金额,借记"研发支出——资本化支出"账户,贷记"银行存款"等账户。以后发生的研发支出,应当比照上述第一条原则进行处理。

(3)期末将"研发支出——费用化支出"账户的余额转入管理费用,借"管理费用"账户,贷"研发支出——费用化支出"账户;研发项目达到预定用途形成无形资产的,应按"研发支出——资本化支出"账户的余额,借记"无形资产"账户,贷记"研发支出——资本化支出"账户。

内部研发费用的会计处理如图7-1所示。

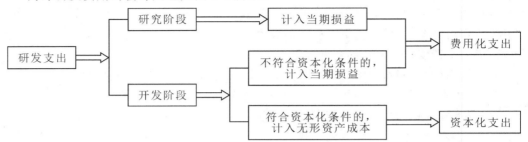

图7-1 内部研发费用的会计处理

【**任务举例7-3**】 吉力公司从20×7年12月1日开始自行研发一项新产品专利技术,在研发过程中发生材料费3 000万元、人工工资500万元,以及用银行存款支付的其他费用200万元,共计3 700万元,其中,符合资本化条件的支出为3 000万元,20×7年12月31日,该专利技术已经达到预定用途,不考虑其他相关税费。

会计处理如下:

借:研发支出——费用化支出		700
——资本化支出		3 000
贷:原材料		3 000
应付职工薪酬		500
银行存款		200

20×7年12月31日。

借:管理费用		700
无形资产		3 000
贷:研发支出——费用化支出		700
——资本化支出		3 000

(四)土地使用权的处理

企业单独取得的土地使用权,通常应当按照取得时所支付的价款及相关税费确认为无形资产。具体核算包括下列四种情况:

1. 作为无形资产

土地使用权用于自行开发建造厂房等地上建筑物时,土地使用权的账面价值不与地上建筑物合并计算其成本,而仍作为无形资产进行核算,土地使用权与地上建筑物分别进行摊销和提取折旧。

2. 计入建造成本

房地产开发企业取得的土地使用权用于建造对外出售的房屋建筑物,相关的土地使用权应当计入所建造的房屋建筑物成本。

3. 合理划分

企业外购的房屋建筑物,实际支付的价款中包括土地以及建筑物的价值,则应当对支付的价款按照合理的方法(例如,公允价值比例)在土地和地上建筑物之间进行分配;如果确实无法在地上建筑物与土地使用权之间进行合理分配的,应当全部作为固定资产,按照固定资产确认和计量的规定进行处理。

4.作为投资性房地产

企业改变土地使用权的用途,将其用于出租或增值目的时,应将其转为投资性房地产。

四、无形资产的摊销

无形资产初始确认和计量后,在其后使用该项无形资产期间内应以成本减去累计摊销额和累计减值损失后的余额计量。要确定无形资产在使用过程中的累计摊销额,基础是估计其使用寿命,而使用寿命有限的无形资产才需要在估计使用寿命内采用系统合理的方法进行摊销,对于使用寿命不确定的无形资产则不需要摊销。

(一)确认无形资产的使用寿命

1.合同性权利或其他法定权利

某些无形资产的取得源自合同性权利或其他法定权利,其使用寿命不应超过合同性权利或其他法定权利的期限。但如果企业使用资产的预期期限短于合同性权利或其他法定权利规定的期限的,则应当按照企业预期使用资产的期限确定其使用寿命。

2.综合其他各方面情况

没有明确的合同或法律规定无形资产的使用寿命的,企业应当综合各方面情况,来确定无形资产为企业带来未来经济利益的期限。

3.寿命无法确定

如果经过上述努力,仍确实无法合理确定无形资产为企业带来经济利益的期限的,才能将该无形资产作为使用寿命不确定的无形资产。

4.无形资产使用寿命的复核

企业至少应当于每年年度终了,对无形资产的使用寿命及摊销方法进行复核。对于使用寿命不确定的无形资产,如果有证据表明其使用寿命是有限的,则应视为会计估计变更,应当估计其使用寿命并按照使用寿命有限的无形资产的处理原则进行处理。

(二)使用寿命有限的无形资产残值的确定

除下列情况外,无形资产的残值一般为零:

(1)有第三方承诺在无形资产使用寿命结束时购买该项无形资产;

(2)可以根据活跃市场得到无形资产的预计残值信息,并且该市场在该项无形资产使用寿命结束时可能存在。

残值确定以后,在持有无形资产的期间,至少应于每年年末进行复核,预计其残值与原估计金额不同的,应按照会计估计变更进行处理。如果无形资产的残值重新估计以后高于其账面价值的,则无形资产不再摊销,直至残值降至低于账面价值时再恢复摊销。

(三)使用寿命有限的无形资产的摊销处理

使用寿命有限的无形资产,应在其预计的使用寿命内采用系统合理的方法对应摊销的金额进行摊销。应摊销金额,是指无形资产的成本扣除残值后的金额。已计提减值准备的无形资产,还应扣除已计提的无形资产减值准备累计金额。

无形资产的摊销期自其可供使用(即其达到预定用途)时起至终止确认时止。即无形资产摊销的起始和停止日期应依据:当月增加的无形资产,当月开始摊销;当月减少的无形资产,当月不再摊销。

企业选择的无形资产摊销方法应当能够反映与该项无形资产有关的经济利益的预期实现方式,并一致地运用于不同会计期间。无法可靠确定其预期实现方式的,应当采用直线法进行摊销。

【任务举例 7-4】 20×9 年 1 月 1 日,A 公司从外单位购得一项非专利技术,支付价款 5 000 万元,款项已支付,估计该项非专利技术的使用寿命为 10 年,该项非专利技术用于产品生产;同时,购入一项商标权,支付价款 3 000 万元,款项已支付,估计该商标权的使用寿命为 15 年。假定这两项无形资产的净残值均为零,并按直线法摊销。

本例中,A 公司外购的非专利技术的估计使用寿命为 10 年,表明该项无形资产是使用寿命有限的无形资产,且该项无形资产用于产品生产,因此,应当将其摊销金额计入相关产品的制造成本。A 公司外购的商标权的估计使用寿命为 15 年,表明该项无形资产同样也是使用寿命有限的无形资产,而商标权的摊销金额通常直接计入当期管理费用。

A 公司的账务处理如下:

(1)取得无形资产时。

借:无形资产——非专利技术　　　　　　　　　　　　　　　　50 000 000
　　无形资产——商标权　　　　　　　　　　　　　　　　　　30 000 000
　　贷:银行存款　　　　　　　　　　　　　　　　　　　　　　　80 000 000

(2)按年摊销时。

借:制造费用——非专利技术　　　　　　　　　　　　　　　　 5 000 000
　　管理费用——商标权　　　　　　　　　　　　　　　　　　　 2 000 000
　　贷:累计摊销　　　　　　　　　　　　　　　　　　　　　　　 7 000 000

五、无形资产的减值处理

根据可获得的相关信息判断,如果无法合理估计某项无形资产的使用寿命的,应作为使用寿命不确定的无形资产进行核算。对于使用寿命不确定的无形资产,在持有期间内不需要摊销,但应当在每个会计期间进行减值测试。其减值测试的方法按照资产减值的原则进行处理,如经减值测试表明已发生减值,则需要计提相应的减值准备,其相关的账务处理为:借记"资产减值损失"账户,贷记"无形资产减值准备"账户。减值损失一经确认,不得转回。

六、无形资产的处置

无形资产的处置,主要是指无形资产出售、对外出租、对外捐赠,或者是无法为企业带来未来经济利益时应予终止确认并转销。

（一）无形资产的出售

企业出售某项无形资产，表明企业放弃该无形资产的所有权，应将所取得的价款与该无形资产账面价值的差额计入当期损益。出售无形资产时，应按实际收到的金额，借记"银行存款"等账户，按已计提的累计摊销，借记"累计摊销"账户，原已计提减值准备的，借记"无形资产减值准备"账户，按应支付的相关税费，贷记"应交税费"等账户，按其账面金额，贷记"无形资产"账户，按其差额，借记或贷记"资产处置损益"账户。

【任务举例 7-5】 20×9 年 1 月 1 日，A 公司拥有某项专利技术的成本为 1 000 万元，已摊销金额为 500 万元，已提的减值准备为 20 万元。A 公司于 5 月 31 日将该项专利技术出售给 B 公司，取得出售收入 600 万元，应交纳的增值税为 54 万元。

A 公司的账务处理如下：

借：银行存款　　　　　　　　　　　　　　　　　　　　　　6 000 000

　　累计摊销　　　　　　　　　　　　　　　　　　　　　　5 000 000

　　无形资产减值准备　　　　　　　　　　　　　　　　　　　200 000

　贷：无形资产　　　　　　　　　　　　　　　　　　　　　10 000 000

　　　应交税费——应交增值税　　　　　　　　　　　　　　　540 000

　　　资产处置损益　　　　　　　　　　　　　　　　　　　　960 000

（二）无形资产的出租

企业将所拥有的无形资产的使用权让渡给他人，并收取租金，在满足收入确认条件的情况下，应确认相关的收入及成本，并通过其他业务收支账户进行核算。让渡无形资产使用权而取得的租金收入，借记"银行存款"等账户，贷记"其他业务收入"等账户；摊销出租无形资产的成本并发生与转让有关的各种费用支出时，借记"其他业务成本"账户，贷记"累计摊销"等账户。

【任务举例 7-6】 20×9 年 1 月 1 日，A 企业将一项专利技术出租给 B 企业使用，该专利技术账面余额为 600 万元，摊销期限为 10 年，出租合同规定，承租方每销售一件用该专利生产的产品，必须付给出租方 10 万元专利技术使用费。假定承租方当年销售该产品10 件。

A 企业的账务处理如下：

（1）取得该项专利技术使用费时。

借：银行存款　　　　　　　　　　　　　　　　　　　　　　1 000 000

　贷：其他业务收入　　　　　　　　　　　　　　　　　　　1 000 000

（2）按年对该项专利技术进行摊销。

借：其他业务成本　　　　　　　　　　　　　　　　　　　　　600 000

　贷：累计摊销　　　　　　　　　　　　　　　　　　　　　　600 000

（三）无形资产的报废

如果无形资产预期不能为企业带来经济利益，例如，该无形资产已被其他新技术所替代或超过法律保护期，不能再为企业带来经济利益的，则不再符合无形资产的定义，应将其报废并予以转销，其账面价值转作当期损益。转销时，应按已计提的累计摊销，借记"累计摊销"账户；按其账面余额，贷记"无形资产"账户；按其差额，借记"资产处置损益"账户。

已计提减值准备的,还应同时结转减值准备。

【任务举例 7-7】 A 企业拥有某项专利技术,根据市场调查,用其生产的产品已没有市场,决定予以转销。转销时,该项专利技术的账面余额为 600 万元,摊销期限为 10 年,采用直线法进行摊销,已摊销了 6 年,假定该项专利权的残值为零,已累计计提的减值准备为 200 万元,假定不考虑其他相关因素。

账务处理如下:

借:累计摊销   3 600 000

  无形资产减值准备   2 000 000

  资产处置损益   400 000

  贷:无形资产——专利权   6 000 000

任务二 投资性房地产的核算

一、投资性房地产的定义与特征

投资性房地产是指为赚取租金或资本增值,或者两者兼有而持有的房地产(即房产和地产)。投资性房地产应当能够单独计量和出售。

投资性房地产具有以下特征:

1. 投资性房地产是一种经营活动

(1)让渡资产使用权

投资性房地产的主要形式是出租建筑物、出租土地使用权,这实质上属于一种让渡资产使用权行为。房地产租金就是让渡资产使用权取得的使用费收入,是企业为完成其经营目标所从事的经营性活动以及与之相关的其他活动形成的经济利益总流入。

(2)增值以备出售

投资性房地产的另一种形式是持有并准备增值后转让的土地使用权,尽管其增值收益通常与市场供求、经济发展等因素相关,但目的是为了增值后转让以赚取增值收益,也是企业为完成其经营目标所从事的经营性活动以及与之相关的其他活动形成的经济利益总流入。

2. 投资性房地产在用途、状态、目的等方面区别于作为生产经营场所的房地产和用于销售的房地产

企业持有的房地产除了用作自身管理、生产经营活动场所和对外销售之外,出现了将房地产用于赚取租金或增值收益的活动,甚至成为个别企业的主营业务。这就需要将投资性房地产单独作为一项资产核算和反映,与自用的厂房、办公楼等房地产和作为存货(已建完工商品房)的房地产加以区别,从而更加清晰地反映企业所持有房地产的构成情况和盈利能力。

二、投资性房地产的范围

投资性房地产的范围主要包括已出租的土地使用权、持有并准备增值后转让的土地

使用权和已出租的建筑物。

（一）属于投资性房地产的项目

1.已出租的土地使用权

已出租的土地使用权是指企业通过出让或转让方式取得并以经营租赁方式出租的土地使用权。企业计划用于出租但尚未出租的土地使用权，不属于此类。

2.持有并准备增值后转让的土地使用权

持有并准备增值后转让的土地使用权是指企业通过出让或转让方式取得并准备增值后转让的土地使用权。但是，按照国家有关规定认定的闲置土地，不属于持有并准备增值的土地使用权。

3.已出租的建筑物

已出租的建筑物是指企业拥有产权并以经营租赁方式出租的房屋等建筑物，包括自行建造或开发活动完成后用于出租的建筑物。

企业在判断和确认已出租的建筑物时，应当把握以下要点：

（1）用于出租的建筑物是指企业拥有产权的建筑物，所以企业以经营租赁方式租入再转租的建筑物不属于投资性房地产。

（2）已出租的建筑物是企业已经与其他方签订了租赁协议，约定以经营租赁方式出租的建筑物。一般应自租赁协议规定的租赁期开始日起，经营租出的建筑物才属于已出租的建筑物。

（3）企业将建筑物出租，按租赁协议向承租人提供的相关辅助服务在整个协议中不重大的，应当将该建筑物确认为投资性房地产。例如，企业将其办公楼出租，同时向承租人提供维护、保安等日常辅助服务，企业应当将其确认为投资性房地产。

（二）不属于投资性房地产的项目

1. 自用房地产

自用房地产，即为生产商品、提供劳务或者经营管理而持有的房地产，包括自用建筑物（固定资产）和自用土地使用权（无形资产）。例如，企业拥有并自行经营的旅馆饭店，其经营目的主要是通过提供客房服务赚取服务收入，该旅馆饭店不确认为投资性房地产。

2. 作为存货的房地产

作为存货的房地产，通常指房地产开发企业在正常经营过程中销售的或为销售而正在开发的商品房和土地。

如果某项房地产部分用于赚取租金或资本增值、部分自用（即用于生产商品、提供劳务或经营管理），能够单独计量和出售的、用于赚取租金或资本增值的部分，应当确认为投资性房地产。例如，甲房地产开发企业建造了一栋商住两用楼盘，一层出租给一家大型超市，已签订经营租赁合同；其余楼层均为普通住宅，正在公开销售中。这种情况下，如果一层商铺能够单独计量和出售，应当确认为甲企业的投资性房地产，其余楼层为甲企业的存货，即开发产品。

不能够单独计量和出售的、用于赚取租金或资本增值的部分，不确认为投资性房地产。该项房地产自用的部分，以及不能够单独计量和出售的、用于赚取租金或资本增值的部分，应当确认为固定资产或无形资产。

三、投资性房地产的确认和初始计量

将某个项目确认为投资性房地产，首先应当符合投资性房地产的概念，其次要同时满足资产（投资性房地产）的两个确认条件：

（1）与该投资性房地产有关的经济利益很可能流入企业。

（2）该投资性房地产的成本能够可靠地计量。

投资性房地产应当按照成本进行初始计量。根据投资性房地产不同的取得方式，分别进行初始计量。

（一）外购投资性房地产

企业外购的房地产，只有在购入的同时开始对外出租或用于资本增值，才能称之为外购的投资性房地产，作为投资性房地产加以确认。

企业外购投资性房地产时，应当按照取得时的实际成本进行初始计量。取得时的实际成本，包括购买价款、相关税费和可直接归属于该资产的其他支出。采用成本模式进行后续计量的，企业应当在购入投资性房地产时，借记"投资性房地产"账户，贷记"银行存款"等账户；采用公允价值模式进行后续计量的，企业应当在购入投资性房地产时，借记"投资性房地产——成本"账户，贷记"银行存款"等账户。

如果企业购入房地产，自用一段时间之后再改为出租或用于资本增值的，应当先将外购的房地产确认为固定资产或无形资产，自租赁期开始日或用于资本增值之日起，才能从固定资产或无形资产转换为投资性房地产。

【任务举例 7-8】 20×9 年 5 月，吉力公司计划购入一栋办公楼用于对外出租。6 月 5 日，吉力公司实际购入写字楼，支付价款共计 1 000 万元（采用成本模式进行后续计量）。

会计分录如下：

借：投资性房地产——写字楼   10 000 000

    贷：银行存款   10 000 000

【任务举例 7-9】 沿用上例，假设吉力公司拥有的投资性房地产符合采用公允价值计量模式的条件，采用公允价值模式进行后续计量。

会计分录如下：

借：投资性房地产——成本（写字楼）   10 000 000

    贷：银行存款   10 000 000

（二）自行建造投资性房地产

企业自行建造的房地产，只有在自行建造活动完成（达到预定可使用状态）的同时开始对外出租或用于资本增值，才能将自行建造的房地产确认为投资性房地产。自行建造投资性房地产的成本，由建造该项房地产达到预定可使用状态前发生的必要支出构成，包括土地开发费、建筑成本、安装成本、应予资本化的借款费用、支付的其他费用和分摊的间接费用等。采用成本模式进行后续计量的，应按照确定的自行建造投资性房地产成本，借记"投资性房地产"账户，贷记"在建工程"或"开发产品"账户。采用公允价值模式进行后续计量的，应按照确定的自行建造投资性房地产成本，借记"投资性房地产——成本"账户，贷记"在建工程"或"开发产品"账户。

企业自行建造的房地产达到预定可使用状态后一段时间才对外出租或用于资本增值的,应当先将自行建造的房地产确认为固定资产、无形资产或存货,自租赁期开始日或用于资本增值之日开始,从固定资产、无形资产或存货转换为投资性房地产。

【任务举例 7-10】　20×8 年 1 月,吉力公司从其他单位购入一块土地的使用权,并在这块土地上开始自行建造四栋厂房。20×8 年 10 月,预计厂房即将完工,与乙公司签订了经营租赁合同,将其中的一栋厂房租赁给乙公司使用。租赁合同约定,该厂房于完工(达到预定可使用状态)时开始起租。20×8 年 11 月 1 日,四栋厂房同时完工(达到预定可使用状态)。该块土地使用权的成本为 600 万元;四栋厂房的实际造价均为 1 000 万元,能够单独出售。假设吉力公司采用成本计量模式。

账务处理如下:

土地使用权中的对应部分同时转换为投资性房地产＝600×1/4＝150(万元)

借:投资性房地产——厂房　　　　　　　　　　　　　　　　　10 000 000

　　贷:在建工程　　　　　　　　　　　　　　　　　　　　　10 000 000

借:投资性房地产——已出租土地使用权　　　　　　　　　　　1 500 000

　　贷:无形资产——土地使用权　　　　　　　　　　　　　　1 500 000

(三)其他方式

随着经营环境的变化,企业可以改变房地产用途由非投资性房地产转换为投资性房地产,其初始计量可以参见本书有关内容。

四、投资性房地产的后续计量

投资性房地产的后续计量有成本和公允价值两种模式,通常应当采用成本模式计量,只有满足特定条件时才可以采用公允价值模式计量。但是,同一企业只能采用一种模式对所有投资性房地产进行后续计量,不得同时采用两种计量模式,并且一旦采用公允价值模式不得再转换为成本模式。

(一)采用成本模式计量的投资性房地产

1.账户设置

企业通常应当采用成本模式对投资性房地产进行后续计量。采用成本模式进行后续计量的投资性房地产,应当按照《企业会计准则第 4 号——固定资产》或《企业会计准则第 6 号——无形资产》的有关规定设置相应的账户。

(1)投资性房地产:核算符合资产确认条件的投资性房地产的入账价值,包括初始取得成本和资本化支出的金额。

(2)投资性房地产累计折旧(房产):核算投资性房地产各期的折旧额。

(3)投资性房地产累计摊销(地产):核算投资性房地产各期的摊销额。

(4)投资性房地产减值准备:核算投资性房地产的减值状况。

2.账务处理

(1)结转成本

按期(月)计提折旧或摊销,借记"其他业务成本"等账户,贷记"投资性房地产累计折旧(摊销)"账户。

（2）确认收入

取得的租金收入,借记"银行存款"等账户,贷记"其他业务收入"等账户。

【任务举例 7-11】 吉力公司将一栋写字楼出租给乙公司使用,确认为投资性房地产,采用成本模式进行后续计量。假设这栋办公楼的成本为 72 000 000 元,按照年限平均法计提折旧,使用寿命为 10 年,预计净残值为零。经营租赁合同约定,乙公司每月等额支付吉力公司租金 700 000 元。

吉力公司账务处理如下:

①每月计提折旧

每月计提的折旧＝（72 000 000÷10）÷12＝600 000（元）

借:其他业务成本——出租写字楼折旧　　　　　　　　　　　　600 000

　　贷:投资性房地产累计折旧　　　　　　　　　　　　　　　　600 000

②每月确认租金收入

借:银行存款（或其他应收款）　　　　　　　　　　　　　　　700 000

　　贷:其他业务收入——出租写字楼租金收入　　　　　　　　　700 000

（3）减值测试

投资性房地产存在减值迹象的,适用资产减值的有关规定。经减值测试后确定发生减值的,应当计提减值准备,借记"资产减值损失"账户,贷记"投资性房地产减值准备"账户。已经计提减值准备的投资性房地产,其减值损失在以后的会计期间不得转回。

（4）后续支出

①费用化支出。与投资性房地产有关的后续支出,不满足投资性房地产确认条件的应当在发生时计入当期损益。借记"其他业务成本"等账户,贷记"银行存款"等账户。

②资本化支出。与投资性房地产有关的后续支出,满足投资性房地产确认条件的应当计入投资性房地产成本,如同固定资产资本化支出。例如,企业为了提高投资性房地产的使用效能,往往需要对投资性房地产进行改建、扩建而使其更加坚固耐用,或者通过装修而改善其室内装潢,改扩建或装修支出满足确认条件的,应当将其资本化。企业对某项投资性房地产进行改扩建等再开发且将来仍作为投资性房地产的,在开发期间应继续将其作为投资性房地产,如同固定资产在开发期间不计提折旧或摊销。

【任务举例 7-12】 2018 年 5 月,吉力公司与乙公司的一项厂房经营租赁合同即将到期。该厂房原价为 600 万元,已计提折旧 200 万元,已计提减值准备 100 万元。为了提高厂房的租金收入,吉力公司决定在租赁期满后对该厂房进行改扩建,并与丙公司签订了经营租赁合同,约定自改扩建完工时将该厂房出租给丙公司。2018 年 5 月 31 日,与乙公司的租赁合同到期,该厂房随即进入改扩建工程。2018 年 12 月 31 日,该厂房改扩建工程完工,共发生支出 300 万元,款已支付,即日按照租赁合同出租给丙公司。假定吉力公司采用成本模式计量。

吉力公司账务处理如下（单位:万元）:

(1)2018 年 5 月 31 日,投资性房地产转入改扩建工程

借:投资性房地产——厂房——在建　　　　　　　　　　　　　300

　　投资性房地产累计折旧　　　　　　　　　　　　　　　　　200

投资性房地产减值准备		100
贷:投资性房地产——厂房		600

(2)2018年5月31日至2018年12月31日,发生改扩建支出

　　借:投资性房地产——厂房——在建　　　　　　　　　　　300

　　　　贷:银行存款/原材料/应付职工薪酬　　　　　　　　　　　　300

(3)2018年12月31日,改扩建工程完工

　　借:投资性房地产——厂房　　　　　　　　　　　　　　　600

　　　　贷:投资性房地产——厂房——在建　　　　　　　　　　　　600

(二)采用公允价值模式计量的投资性房地产

只有存在确凿证据表明投资性房地产的公允价值能够持续可靠取得的情况下,企业才可以采用公允价值模式对投资性房地产进行后续计量。企业一旦选择采用公允价值计量模式,就应当对其所有投资性房地产均采用公允价值模式进行后续计量。

1.前提条件

(1)投资性房地产所在地有活跃的房地产交易市场。

所在地,通常指投资性房地产所在的城市。对于大中型城市,应当为投资性房地产所在的城区。

(2)企业能够从活跃的房地产交易市场上取得同类或类似房地产的市场价格及其他相关信息,从而对投资性房地产的公允价值作出合理的估计。

同类或类似的房地产,对建筑物而言,是指所处地理位置和地理环境相同、性质相同、结构类型相同或相近、新旧程度相同或相近、可使用状况相同或相近的建筑物;对土地使用权而言,是指同一位置区域、所处地理环境相同或相近、可使用状况相同或相近的土地。

投资性房地产的公允价值是指在公平交易中,熟悉情况的当事人之间自愿进行房地产交换的价格。确定投资性房地产的公允价值时,应当参照活跃市场上同类或类似房地产的现行市场价格(市场公开报价);无法取得同类或类似房地产现行市场价格的,应当参照活跃市场上同类或类似房地产的最近交易价格,并考虑交易情况、交易日期、所在区域等因素,从而对投资性房地产的公允价值作出合理的估计;也可以基于预计未来获得的租金收益和相关现金流量予以计量。

2.账户设置

应设置的主要账户有:①投资性房地产——成本;②投资性房地产——公允价值变动;③公允价值变动损益。

3.账务处理

(1)资产负债表日调整账面价值

企业应当以资产负债表日投资性房地产的公允价值为基础调整其账面价值,公允价值与原账面价值之间的差额计入当期损益。

资产负债表日,投资性房地产的公允价值高于原账面价值的差额,借记"投资性房地产——公允价值变动"账户,贷记"公允价值变动损益"账户;公允价值低于原账面价值的差额,作相反的账务处理。

(2)租金日确认租金收入

取得的租金收入,借记"银行存款"等账户,贷记"其他业务收入"等账户。

(3)后续支出

①费用化支出。同成本模式计量的投资性房地产一样,与投资性房地产有关的后续支出,不满足投资性房地产确认条件的应当在发生时计入当期损益。借记"其他业务成本"等账户,贷记"银行存款"等账户。

②资本化支出。同成本模式计量的投资性房地产一样,与投资性房地产有关的后续支出,满足投资性房地产确认条件的应当计入投资性房地产成本,如同固定资产资本化支出。

【任务举例 7-13】 20×9 年 9 月,甲公司与乙公司签订租赁协议,约定将甲公司新建造的一栋写字楼租赁给乙公司使用,租赁期为 10 年。

20×9 年 12 月 1 日,该写字楼开始起租,写字楼的工程造价为 80 000 000 元,公允价值也为相同金额。该写字楼所在区域有活跃的房地产交易市场,而且能够从房地产交易市场上取得同类房地产的市场报价,甲公司决定采用公允价值模式对该项出租的房地产进行后续计量。

在确定该投资性房地产的公允价值时,甲公司选取了与该处房产所处地区相近,结构及用途相同的房地产,参照公司所在地产交易市场的平均销售价格,结合周边市场信息和自有房产的特点。20×9 年 12 月 31 日,该写字楼的公允价值为 84 000 000 元。

甲公司的账务处理如下:

(1)20×9 年 12 月 1 日,甲公司出租写字楼

借:投资性房地产——写字楼——成本   80 000 000

    贷:固定资产——写字楼   80 000 000

(2)20×9 年 12 月 31 日,按照公允价值调整其账面价值,公允价值与原账面价值之间的差额计入当期损益

借:投资性房地产——写字楼——公允价值变动   4 000 000

    贷:公允价值变动损益——投资性房地产   4 000 000

【任务举例 7-14】 20×8 年 3 月,吉力公司与乙企业的一项厂房经营租赁合同即将到期。到期后吉力公司决定对厂房进行改扩建,并与丙企业签订了经营租赁合同,约定自改扩建完工时将厂房出租给丙企业,假设采用公允价值计量模式。3 月 15 日,与乙企业的租赁合同到期,厂房随即进入改扩建工程,此时厂房账面余额为 500 万元,其中成本 400 万元,累计公允价值变动 100 万元。12 月 20 日,厂房改扩建工程完工,共发生支出 100 万元,即日起按照租赁合同出租给丙企业。

吉力公司的账务处理如下:

(1)20×8 年 3 月 15 日,投资性房地产转入改扩建工程:

借:投资性房地产——厂房(在建)   5 000 000

    贷:投资性房地产——成本   4 000 000

                   ——公允价值变动   1 000 000

(2)改扩建期间:

借:投资性房地产——厂房(在建)   1 000 000

贷:银行存款/原材料/应付职工薪酬	1 000 000

(3)20×8年12月20日,改扩建工程完工:

借:投资性房地产——成本	6 000 000
贷:投资性房地产——厂房(在建)	6 000 000

(三)投资性房地产后续计量模式的变更

为保证会计信息的可比性,企业对投资性房地产的计量模式一经确定,不得随意变更。只有在房地产市场比较成熟、能够满足采用公允价值模式条件的情况下,才允许企业对投资性房地产从成本模式计量变更为公允价值模式计量。成本模式转为公允价值模式的,应当作为会计政策变更处理,将计量模式变更时公允价值与账面价值的差额,调整为期初留存收益。

企业变更投资性房地产计量模式,符合《企业会计准则第3号——投资性房地产》规定的,应当按照计量模式变更日投资性房地产的公允价值,借记"投资性房地产——成本"账户,按照已计提的折旧或摊销,借记"投资性房地产累计折旧(摊销)"账户,原已计提减值准备的金额,借记"投资性房地产减值准备"账户,按照原账面余额,贷记"投资性房地产"账户,按照公允价值与其账面价值之间的差额,贷记或借记"利润分配——未分配利润""盈余公积"等账户。

已采用公允价值模式计量的投资性房地产,不得从公允价值模式转为成本模式。

【任务举例7-15】　20×6年,吉力公司将一栋写字楼对外出租,采用成本模式进行后续计量。20×8年2月1日,假设吉力公司持有的投资性房地产满足采用公允价值模式条件,吉力公司决定采用公允价值模式计量对该写字楼进行后续计量。20×8年2月1日,该写字楼的原价为600万元,已计提折旧为200万元,减值准备为100万元,公允价值为450万元。吉力公司按净利润的10%计提盈余公积。

会计分录如下:

借:投资性房地产——成本	4 500 000
投资性房地产累计折旧	2 000 000
投资性房地产减值准备	1 000 000
贷:投资性房地产	6 000 000
利润分配——未分配利润	1 350 000
盈余公积	150 000

五、投资性房地产的转换和处置

(一)投资性房地产的转换

1. 投资性房地产的转换形式

房地产的转换是指房地产用途的变更。企业有确凿证据表明房地产用途发生改变,满足下列条件之一的,应当将投资性房地产转换为其他资产或者将其他资产转换为投资性房地产:

(1)投资性房地产开始自用,即将投资性房地产转为自用房地产。

(2)房地产企业将用于经营出租的房地产重新开发用于对外销售,从投资性房地产转为存货。

(3)自用建筑物停止自用,改为出租。即企业将原本用于生产商品、提供劳务或者经营管理的房地产改用于出租,固定资产相应地转换为投资性房地产。

(4)自用土地使用权停止自用,改用于赚取租金或资本增值。即企业将原本用于生产商品、提供劳务或者经营管理的土地使用权改用于赚取租金或资本增值,该土地使用权相应地转换为投资性房地产。

(5)作为存货的房地产,改为出租,通常是指房地产开发企业将其持有的开发产品以经营租赁的方式出租,存货相应地转换为投资性房地产。

以上所指确凿证据包括两个方面:一是企业董事会或类似机构应当就改变房地产用途形成正式的书面决议;二是房地产因用途改变而发生实际状态上的改变,如从自用状态改为出租状态。

2. 投资性房地产转换日的确定

(1)投资性房地产转为自用房地产,转换日为房地产达到自用状态,企业开始将其用于生产商品、提供劳务或者经营管理的日期。

(2)投资性房地产(租赁)转为存货,转换日为租赁期满,企业董事会或类似机构作出书面决议明确表明将其重新开发用于对外销售的日期。

(3)存货相应地转换为投资性房地产(租赁),转换日为房地产的租赁期开始日。租赁期开始日,是指承租人有权行使其使用租赁资产权利的日期。

(4)自用土地使用权停止自用,转换为投资性房地产(赚取租金或资本增值),转换日为自用土地使用权停止自用后,确定用于赚取租金或资本增值的日期。

(二)投资性房地产转换的会计处理

1. 采用成本模式进行后续计量的投资性房地产转换

(1)投资性房地产转换为自用房地产

企业将采用成本模式计量的投资性房地产转换为自用房地产时,应当按该项投资性房地产在转换日的账面余额、累计折旧、减值准备等,对应转入"固定资产""累计折旧""固定资产减值准备"等账户,按其账面余额,借记"固定资产"或"无形资产"账户,贷记"投资性房地产"账户,按已计提的折旧或摊销,借记"投资性房地产累计折旧(摊销)"账户,贷记"累计折旧"或"累计摊销"账户,原已计提减值准备的,借记"投资性房地产减值准备"账户,贷记"固定资产减值准备"或"无形资产减值准备"账户。

【任务举例7-16】 20×8年9月1日,吉力公司将出租在外的厂房收回,并开始用于本公司生产经营用。该项房地产的账面余额为600万元,累计已提折旧200万元,已计提减值准备100万元。假设该公司采用成本计量模式。

账务处理如下:

借:固定资产	6 000 000
投资性房地产累计折旧(摊销)	2 000 000
投资性房地产减值准备	1 000 000
贷:投资性房地产	6 000 000
累计折旧	2 000 000

固定资产减值准备	1 000 000

（2）投资性房地产转换为存货

企业将采用成本模式计量的投资性房地产转换为存货时,应当按照该项房地产在转换日的账面价值,借记"开发产品"账户,按照已计提的折旧或摊销,借记"投资性房地产累计折旧(摊销)"账户,原已计提减值准备的,借记"投资性房地产减值准备"账户,按其账面余额,贷记"投资性房地产"账户。

【任务举例 7-17】 天源房地产开发企业将其开发的部分写字楼用于对外经营租赁。20×8 年 11 月,租赁期满,该企业将出租的写字楼收回,并作出书面决议,将该写字楼重新开发用于对外销售,即由投资性房地产转换为存货,转换日的公允价值为 500 万元。该项房地产在转换前采用成本模式计量,原账面余值 600 万元,累计已提折旧 200 万元,已计提减值准备 100 万元。

账务处理如下:

借:开发产品	3 000 000
投资性房地产累计折旧(摊销)	2 000 000
投资性房地产减值准备	1 000 000
贷:投资性房地产	6 000 000

（3）自用房地产转换为投资性房地产

企业将自用土地使用权或建筑物转换为采用成本模式计量的投资性房地产时,与上述(1)的处理正好相反,按该项建筑物或土地使用权在转换日的原价、累计折旧、减值准备等,分别转入"投资性房地产""投资性房地产累计折旧(摊销)""投资性房地产减值准备"账户,按其账面余额,借记"投资性房地产"账户,贷记"固定资产"或"无形资产"账户,按已计提的折旧或摊销,借记"累计折旧"或"累计摊销"账户,贷记"投资性房地产累计折旧(摊销)"账户,原已计提减值准备的,借记"固定资产减值准备"或"无形资产减值准备"账户,贷记"投资性房地产减值准备"账户。

【任务举例 7-18】 吉力公司拥有一栋办公楼,用于本公司办公,20×8 年 10 月 10 日,与乙企业签订了经营租赁协议,于租赁期开始日 20×8 年 11 月 10 日,将该栋办公楼出租给乙企业使用,为期 5 年。20×8 年 11 月 10 日,该栋办公楼的账面余额为 600 万元,已计提折旧 200 万元,已计提减值准备 100 万元,采用成本计量模式。

吉力公司的账务处理如下:

借:投资性房地产——办公楼	6 000 000
累计折旧	2 000 000
固定资产减值准备	1 000 000
贷:固定资产	6 000 000
投资性房地产累计折旧	2 000 000
投资性房地产减值准备	1 000 000

（4）作为存货的房地产转换为投资性房地产

企业将作为存货的房地产转换为采用成本模式计量的投资性房地产时,应当按该项存货在转换日的账面价值,借记"投资性房地产"账户,原已计提跌价准备的,借记"存货跌价准备"账户,按其账面余额,贷记"开发产品"等账户。

【任务举例 7-19】 腾飞公司于 20×8 年 4 月 20 日与乙企业签订了租赁协议,将其开发的一栋写字楼出租给乙企业使用,租赁期开始日为 20×8 年 4 月 25 日。该写字楼的账面余额为 600 万元,存货跌价准备为 100 万元,假设采用成本模式对其投资性房地产进行后续计量。

腾飞公司的账务处理如下:

借:投资性房地产——写字楼   5 000 000
　　存货跌价准备   1 000 000
　　贷:开发产品   6 000 000

2.采用公允价值模式进行后续计量的投资性房地产的转换

(1)投资性房地产转换为自用房地产

将投资性房地产转换为自用房地产时,应当以其转换当日的公允价值作为自用房地产的账面价值,公允价值与原账面价值的差额计入当期损益。转换日,按该项投资性房地产的公允价值,借记"固定资产"或"无形资产"账户,按该项投资性房地产的成本,贷记"投资性房地产——成本"账户,按该项投资性房地产的累计公允价值变动,贷记或借记"投资性房地产——公允价值变动"账户,按其差额,贷记或借记"公允价值变动损益"账户。

【任务举例 7-20】 20×8 年 9 月 1 日,高远公司将出租在外的厂房收回,并开始用于本公司生产经营用,当日的公允价值为 500 万元。该项房地产初始账面成本为 600 万元,公允价值增值为 100 万元。假设该公司采用公允价值模式计量。

账务处理如下:

借:固定资产   5 000 000
　　公允价值变动损益   2 000 000
　　贷:投资性房地产——成本   6 000 000
　　　　　　　　　　——公允价值变动   1 000 000

(2)投资性房地产转换为存货

将投资性房地产转换为存货时,应当以其转换当日的公允价值作为存货的账面价值,公允价值与原账面价值的差额计入当期损益。转换日,按该项投资性房地产的公允价值,借记"开发产品"等账户,按该项投资性房地产的成本,贷记"投资性房地产——成本"账户;按该项投资性房地产的累计公允价值变动,贷记或借记"投资性房地产——公允价值变动"账户;按其差额,贷记或借记"公允价值变动损益"账户。

【任务举例 7-21】 天源公司将其开发的写字楼用于对外经营租赁。20×8 年 10 月租赁期满,将出租的写字楼收回,并作出书面决议,将该写字楼重新开发用于对外销售,该项房地产在转换前采用公允价值模式计量,初始账面成本为 600 万元,公允价值增值为 100 万元。

账务处理如下:

借:开发产品   5 000 000
　　公允价值变动损益   2 000 000
　　贷:投资性房地产——成本   6 000 000

——公允价值变动	1 000 000

（3）自用房地产转换为投资性房地产

将自用土地使用权或建筑物转换为投资性房地产时,应当按该项土地使用权或建筑物在转换日的公允价值,借记"投资性房地产——成本"账户,按已计提的累计摊销或累计折旧,借记"累计摊销"或"累计折旧"账户,原已计提减值准备的,借记"无形资产减值准备""固定资产减值准备"账户,按其账面余额,贷记"无形资产"或"固定资产"账户。值得注意的是:转换日的公允价值小于账面价值的,按其差额,借记"公允价值变动损益"账户;转换日的公允价值大于账面价值的,按其差额,贷记"资本公积——其他资本公积"账户,待该项投资性房地产处置时,计入资本公积的部分应转入当期损益。

【任务举例 7-22】　吉力公司拥有一栋办公楼,用于本公司办公,20×9 年 10 月 10 日,与乙企业签订了经营租赁协议,于租赁期开始日 20×9 年 11 月 10 日,将该栋办公楼出租给乙企业使用,为期 5 年。20×9 年 11 月 10 日,该栋办公楼的账面余额为 600 万元,已计提折旧为 200 万元,已计提减值准备为 100 万元,公允价值为 700 万元,采用公允价值模式计量。

吉力公司的账务处理如下:

借:投资性房地产——成本	7 000 000
累计折旧	2 000 000
固定资产减值准备	1 000 000
贷:固定资产	6 000 000
资本公积——其他资本公积	4 000 000

（4）作为存货的房地产转换为投资性房地产

将作为存货的房地产转换为投资性房地产时,应当按该项房地产在转换日的公允价值,借记"投资性房地产——成本"账户,原已计提跌价准备的,借记"存货跌价准备"账户,按其账面余额,贷记"开发产品"等账户。值得注意的是:转换日的公允价值小于账面价值的,按其差额,借记"公允价值变动损益"账户;转换日的公允价值大于账面价值的,按其差额,贷记"资本公积——其他资本公积"账户,待该项投资性房地产处置时,计入资本公积的部分应转入当期损益。

【任务举例 7-23】　20×8 年 3 月 10 日,天源公司与乙企业签订了租赁协议,将其开发的一栋写字楼出租给乙企业。租赁期开始日为 20×8 年 4 月 10 日。20×8 年 4 月 10 日,该写字楼的账面余额为 600 万元,公允价值为 700 万元。

天源公司的账务处理如下:

借:投资性房地产——成本	7 000 000
贷:开发产品	6 000 000
资本公积——其他资本公积	1 000 000

假如 20×8 年 4 月 10 日,公允价值为 500 万元。

借:投资性房地产——成本	5 000 000
公允价值变动损益	1 000 000
贷:开发产品	6 000 000

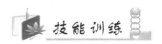

一、简答题

1. 什么是无形资产？其特征是什么？
2. 不同渠道取得的无形资产的价值如何确定？
3. 简述减值准备的含义和减值确认的程序。
4. 简述投资性房地产的含义。
5. 简述投资性房地产后续计量模式的适用性。

二、实训题

1. 20×9 年 1 月 1 日，甲公司经董事会批准研发某项新产品专利技术，该公司董事会认为，研发该项目具有可靠的技术和财务等资源的支持，并且一旦研发成功将降低该公司生产产品的生产成本。该公司在研究开发过程中发生材料费 5 000 万元、人工工资 1 000 万元，以及其他费用 4 000 万元，总计 10 000 万元，其中，符合资本化条件的支出为 6 000 万元。20×9 年 12 月 31 日，该专利技术已经达到预定可使用状态。

要求：编制甲公司上述经济业务的会计分录。

2. 20×9 年 1 月 1 日，A 公司购入一块土地的使用权，以银行存款转账支付 8 000 万元，并在该土地上自行建造厂房等工程，发生材料支出 12 000 万元，工资费用 8 000 万元，其他相关费用 10 000 万元。该工程已经完工并达到预定可使用状态。假定土地使用权的使用年限为 50 年，该厂房的使用年限为 25 年，两者都没有净残值，都采用直线法进行摊销和计提折旧。为简化核算，不考虑其他相关税费。

要求：编制 A 公司上述经济业务的会计分录。

3. 甲公司于 20×5 年 12 月 31 日将一幢建筑物对外出租并采用公允价值模式计量，租期为 3 年，每年 12 月 31 日收取租金 150 万元，出租时，该建筑物的成本为 2 800 万元，已提折旧 500 万元，已提减值准备 300 万元，尚可使用 20 年，公允价值为 1 800 万元，20×6 年 12 月 31 日，该建筑物的公允价值为 1 850 万元，20×7 年 12 月 31 日，该建筑物的公允价值为 1 820 万元，20×8 年 12 月 31 日，该建筑物的公允价值为 1 780 万元，20×9 年 1 月 5 日将该建筑物对外出售，收到 1 800 万元存入银行。

要求：编制甲公司上述经济业务的会计分录。（假定按年确认公允价值变动损益和确认租金收入）

项目八　流动负债的核算

学习要点

1.短期借款的定义及账务处理；

2.应付票据的定义、种类及账务处理；

3.应付账款的定义、科目设置及账务处理；

4.预收账款的定义及账务处理；

5.应付职工薪酬的定义、核算范围及账务处理；

6.应交税费的定义、核算范围及账务处理。

项目导入

流动负债也叫短期负债,反映企业将在一年(含一年)或者超过一年的一个营业周期内偿还的债务,包括短期借款、应付票据、应付账款、预收账款、应付工资、应付福利费、应付股利、应交税金、其他暂收应付款项、预提费用和一年内到期的长期借款等。为了规范职工薪酬的确认、计量和相关信息的披露,财政部根据《企业会计准则——基本准则》,制定了《企业会计准则第 9 号——职工薪酬》;为了规范借款费用的确认、计量和相关信息的披露,制定了《企业会计准则第 17 号——借款费用》;为了规范金融工具的确认和计量,制定了《企业会计准则第 22 号——金融工具确认和计量》;为了规范股份支付的确认、计量和相关信息的披露,制定了《企业会计准则第 11 号——股份支付》。

任务一　短期借款的核算

一、短期借款的定义

短期借款是指企业向银行或其他非银行金融机构借入的期限在一年以内(含一年)的借款。短期借款按照有无担保,可分为信用借款和抵押借款。

二、账户设置

企业应通过"短期借款"账户核算短期借款的取得及偿还情况。该账户贷方登记取得借款的本金数额,借方登记偿还借款本金的数额,余额在贷方,表示尚未偿还的短期借款。本账户可按借款种类、贷款人和币种进行明细核算。

三、账务处理

1. 发生借款

企业从银行或其他金融机构取得短期借款时,借记"银行存款"账户,贷记"短期借款"账户。

2. 计提利息

在实际工作中,银行一般于每季度末收取短期借款利息,为此,企业的短期借款利息一般采用月末预提的方式进行核算。短期借款利息属于筹资费用,应借记"财务费用"账户,贷记"应付利息"账户。

3. 支付利息

实际支付利息时,根据已预提的利息,借记"应付利息"账户,根据应计利息,借记"财务费用"账户,根据应付利息总额,贷记"银行存款"账户。

4. 偿还本金

企业短期借款到期偿还本金时,借记"短期借款"账户,贷记"银行存款"账户。

【任务举例8-1】 吉力公司于20×8年1月1日向银行借入一笔生产经营用短期借款,共计1 000万元,期限为9个月,年利率为12%。根据与银行签署的借款协议,该项借款的本金到期后一次归还;利息分月预提,按季支付。

账务处理如下:

(1)1月1日借入短期借款时:

借:银行存款   10 000 000

  贷:短期借款   10 000 000

(2)1月末,计提1月份应计利息时:

借:财务费用   100 000

  贷:应付利息   100 000

本月应计提的利息金额=1 000×12%÷12=10(万元)。本例中,短期借款利息10万元属于企业的筹资费用,应记入"财务费用"账户。

2月末计提2月份利息费用与1月份相同。

(3)3月末支付第一季度借款利息时:

借:财务费用   100 000

   应付利息   200 000

  贷:银行存款   300 000

第二、三季度的会计处理同上。

(4)10月1日偿还银行借款本金时:

借:短期借款   1 000 000

  贷:银行存款   1 000 000

如果上述借款期限是7个月,则到期日为8月1日,7月末之前的会计处理与上述相同。8月1日偿还银行借款本金,同时支付7月已经计提但未支付的利息:

借:短期借款   1 000 000

应付利息		100 000
贷:银行存款		1 100 000

任务二　应付票据的核算

一、应付票据的定义

应付票据是指企业购买材料、商品和接受劳务供应等而开出、承兑的商业汇票。商业汇票按承兑人的不同分为商业承兑汇票和银行承兑汇票;应付票据按是否带息分为带息应付票据和不带息应付票据两种。

二、账户设置

企业应通过"应付票据"账户核算应付票据的发生、偿付等情况。该账户贷方登记开出、承兑汇票的面值及带息票据的预提利息,借方登记支付票据的金额,月末余额在贷方,表示企业尚未到期的商业汇票的票面金额。

三、账务处理

(一)带息应付票据的处理

通常而言,商业汇票的付款期限不超过 6 个月,因此在会计上应作为流动负债管理和核算。同时,由于应付票据的偿付时间较短,在会计实务中,一般均按照开出、承兑的应付票据的面值入账。

1. 开出、承兑商业汇票(购入货物、抵付账款)

企业因购买材料、商品和接受劳务供应等而开出、承兑的商业汇票,应当按其票面金额作为应付票据的入账金额,借记"材料采购""库存商品""应付账款""应交税费——应交增值税(进项税额)"等账户,贷记"应付票据"账户。

2. 期末提息

由于我国商业汇票期限较短,在期末,通常对尚未支付的应付票据计提利息:借记当期财务费用,贷记应付利息;票据到期支付票款时,尚未计提的利息部分直接计入当期财务费用。

3. 汇票到期

(1)能够支付

应付票据到期支付票款时,应按账面余额予以结转,借记"应付票据"账户,按已经计提的利息借记"应付利息"账户,尚未计提的利息部分借记"财务费用"账户,贷记"银行存款"账户。

【任务举例 8-2】 20×8 年 7 月 6 日,甲企业于 2 月 6 日开出的商业汇票到期。甲企业通知其开户银行以银行存款 58 500 元支付票款。该企业的有关会计分录如下:

借:应付票据		58 500

  贷：银行存款   58 500

  （2）无力支付

  开出并承兑的商业承兑汇票如果不能如期支付票款的,应在票据到期时,将"应付票据"账面价值转入"应付账款"账户,待协商后再行处理。如果重新签发新的票据以清偿原应付票款的,再从"应付账款"账户转入"应付票据"账户。

  如果银行承兑汇票到期企业无力支付到期票款时,承兑银行除凭票向持票人无条件付款外,对出票人尚未支付的汇票金额转作逾期贷款处理。企业无力支付到期银行承兑汇票,在接到银行转来的"××号汇票无款支付转入逾期贷款户"等有关凭证时,借记"应付票据"账户,贷记"短期借款"账户。对计收的利息,按短期借款利息处理。

  （二）不带息应付票据的处理

  不带息应付票据,其面值就是票据到期时的应付金额,不用计提利息,其余账务处理同带息票据。

任务三 应付账款的核算

一、应付账款的定义

  应付账款是指企业因购买材料、商品或接受劳务供应等经营活动应支付的款项。一般应在与所购买物资所有权相关的主要风险和报酬已经转移,或者所购买的劳务已经接受时确认。

  在会计实务中,为了使所购物资的金额、品种、数量和质量等与合同规定的条款相符,避免因验收时发现所购物资存在数量或质量问题而对入账的物资或应付账款金额进行改动,在物资和发票账单同时到达的情况下,一般在所购物资验收入库后,再根据发票账单登记入账,确认应付账款。在所购物资已经验收入库,但是发票账单未能同时到达的情况下,企业应付物资供应单位的债务已经成立,在会计期末,为了反映企业的负债情况,需要将所购物资和相关的应付账款暂估入账,待下月初作相反分录予以冲回。

二、账户设置

  因购买商品等而产生的应付账款,应设置"应付账款"账户进行核算,用以反映这部分负债的价值。该账户贷方登记企业购买材料、商品和接受劳务等而发生的应付账款,借方登记偿还的应付账款,或开出商业汇票抵付应付账款的款项,或已冲销的无法支付的应付账款,余额一般在贷方,表示企业尚未支付的应付账款余额。本账户一般应按照债权人设置明细账户进行明细核算。

三、账务处理

  1. 发生应付账款（购入货物）

  应付账款一般按应付金额入账,而不按到期应付金额的现值入账。

企业购入材料、商品等或接受劳务所产生的应付账款,根据有关凭证(发票账单、随货同行发票上记载的实际价款或暂估价值),借记"材料采购""在途物资""生产成本""管理费用"等账户,按可抵扣的增值税额,借记"应交税费——应交增值税(进项税额)"账户,按应付的价款,贷记"应付账款"账户。

如果购入的资产在形成一笔应付账款时是带有现金折扣的,应付账款入账金额的确定按发票上记载的应付金额的总值(即不扣除折扣)记账。在这种方法下,应按发票上记载的全部应付金额,借记有关账户,贷记"应付账款"账户。

如果购入的资产存在商业折扣时,则应按折后的金额计入应付账款。

2.偿还应付账款(发生现金折扣)

企业偿还应付账款或开出商业汇票抵付应付账款时,借记"应付账款"账户,贷记"银行存款""应付票据"等账户,获得的现金折扣冲减财务费用。

3.转销应付账款(无法归还的应付账款)

企业转销确实无法支付的应付账款(比如因债权人撤销等原因而产生无法支付的应付账款),应按其账面余额计入营业外收入,借记"应付账款"账户,贷记"营业外收入"账户。

【任务举例 8-3】　腾飞公司为增值税一般纳税人,20×9 年 10 月份购入一批生产用原材料,价款 100 万元,双方协商现金折扣方式为:2/10,1/20,n/30,款项尚未支付,材料已验收入库。

会计处理如下:

(1)假设增值税额打折

①采购

借:原材料　　　　　　　　　　　　　　　　　　　　　　　　　1 000 000

　　应交税费——应交增值税(进项税额)　　　　　　　　　　　130 000

　　　贷:应付账款　　　　　　　　　　　　　　　　　　　　　1 130 000

②付款

10 天内付款

借:应付账款　　　　　　　　　　　　　　　　　　　　　　　　1 130 000

　　贷:银行存款　　　　　　　　　　　　　　　　　　　　　　1 107 400

　　　　财务费用　　　　　　　　　　　　　　　　　　　　　　　22 600

20 天内付款

借:应付账款　　　　　　　　　　　　　　　　　　　　　　　　1 130 000

　　贷:银行存款　　　　　　　　　　　　　　　　　　　　　　1 118 700

　　　　财务费用　　　　　　　　　　　　　　　　　　　　　　　11 300

30 天内付款

借:应付账款　　　　　　　　　　　　　　　　　　　　　　　　1 130 000

　　贷:银行存款　　　　　　　　　　　　　　　　　　　　　　1 130 000

(2)假设增值税额不打折

①采购

借:原材料   1 000 000

  应交税费——应交增值税（进项税额） 130 000

   贷:应付账款   1 130 000

②付款

10 天内付款

借:应付账款   1 130 000

  贷:银行存款   1 110 000

   财务费用   20 000

20 天内付款

借:应付账款   1 130 000

  贷:银行存款   1 120 000

   财务费用   10 000

30 天内付款

借:应付账款   1 130 000

  贷:银行存款   1 130 000

【任务举例8-4】 20×8 年 12 月 31 日,腾飞公司确定一笔应付账款 100 万元为无法支付的款项,应予转销。该公司的有关会计分录如下:

借:应付账款   1 000 000

  贷:营业外收入   1 000 000

本例中,腾飞公司转销确实无法支付的应付账款 100 万元,应按其账面余额记入"营业外收入"账户。

任务四   预收账款的核算

一、预收账款的定义

预收账款是指企业按照合同规定向购货单位预收的款项。与应付账款不同,预收账款所形成的负债不是以货币偿付,而是以货物偿付。有些购销合同规定,销货企业可向购货企业预先收取一部分货款,待向对方发货后再收取其余货款。企业在发货前收取的货款,表明了企业承担了会在未来导致经济利益流出企业的应履行的义务,从而成为企业的一项负债。

二、账户设置

企业应通过"预收账款"账户,核算预收账款的取得、偿付等情况。该账户贷方登记发生的预收账款的数额和购货单位补付账款的数额,借方登记企业向购货方发货后冲销的预收账款数额和退回购货方多付账款的数额,余额一般在贷方,反映企业向购货单位预收款项但尚未向购货方发货的数额,如为借方余额,反映企业尚未转销的款项。企业应当按照购货单位设置明细账户进行明细核算。

三、账务处理

1.收到预收款时

企业向购货单位预收款项时,借记"银行存款"账户,贷记"预收账款"账户。

2.销售实现时(提供货物)

销售实现时,按实现的收入和应交的增值税销项税额,借记"预收账款"账户,按照实现的营业收入,贷记"主营业务收入"账户,按照增值税专用发票上注明的增值税额,贷记"应交税费——应交增值税(销项税额)"等账户。

3.收到补付的款项时

收到购货单位补付的款项,借记"银行存款"账户,贷记"预收账款"账户。

4.退回多余款项

向购货单位退回其多付的款项时,借记"预收账款"账户,贷记"银行存款"账户。

【任务举例 8-5】　吉力公司为增值税一般纳税人。20×9 年 5 月,与甲企业签订供货合同,向其出售一批设备,货款为 100 万元,应交纳增值税 13 万元。根据购货合同规定,甲企业当月向吉力公司预付货款 60 万元,剩余货款在交货后付清。20×9 年 9 月,吉力公司将货物发运到甲企业并开出增值税发票,甲企业验收合格后付清了剩余货款。

吉力公司的有关会计处理如下:

(1)5 月收到甲企业交来的预付款 60 万元

借:银行存款		600 000
贷:预收账款——甲企业		600 000

(2)9 月发货后收到甲企业剩余货款

借:预收账款——甲企业		600 000
银行存款		530 000
贷:主营业务收入		1 000 000
应交税费——应交增值税(销项税额)		130 000

甲企业补付的货款＝113－60＝53(万元)

假若预收账款为 120 万元,有关会计分录如下:

借:银行存款		1 200 000
贷:预收账款——甲企业		1 200 000
借:预收账款——甲企业		1 200 000
贷:主营业务收入		1 000 000
应交税费——应交增值税(销项税额)		130 000
银行存款		70 000

此外,在预收账款核算中值得注意的是,企业预收账款情况不多的,也可不设"预收账款"账户,将预收的款项直接记入"应收账款"账户的贷方。

【任务举例 8-6】　承上例,假设吉力公司不设置"预收账款"账户,通过"应收账款"账户核算有关业务。

有关会计处理如下：

(1)5月收到甲企业交来的预付款60万元

借：银行存款 600 000

   贷：应收账款——甲企业 600 000

(2)9月发货后收到甲企业剩余货款53万元

借：应收账款——甲企业 600 000

     银行存款 530 000

   贷：主营业务收入 1 000 000

     应交税费——应交增值税(销项税额) 130 000

任务五　应付职工薪酬的核算

一、职工薪酬的定义

职工薪酬，是指企业为获得职工提供的服务或解除劳动关系而给予的各种形式的报酬或补偿。

职工薪酬包括短期薪酬、离职后福利、辞退福利和其他长期职工福利。

企业提供给职工配偶、子女、受赡养人、已故员工遗属及其他受益人等的福利，也属于职工薪酬。

这里所称的"职工"比较宽泛，包括三类人员：一是与企业订立劳动合同的所有人员，含全职、兼职和临时职工。二是未与企业订立劳动合同但由企业正式任命的企业治理层和管理层人员，如董事会成员、监事会成员等，尽管有些董事会、监事会成员不是本企业员工，未与企业订立劳动合同，但对其发放的津贴、补贴等仍属于职工薪酬。三是在企业的计划和控制下，虽未与企业订立劳动合同或未由其正式任命，但为其提供与职工类似服务的人员，如通过中介机构签订用工合同，为企业提供与本企业职工类似服务的人员。

二、职工薪酬核算的内容

职工薪酬核算的是企业因职工提供服务而支付的或放弃的对价，因此企业需要全面综合考虑职工薪酬的内容，以确保其准确性。职工薪酬主要包括以下内容：

1. 短期薪酬

短期薪酬，是指企业在职工提供相关服务的年度报告期间结束后12个月内需要全部予以支付的职工薪酬，因解除与职工的劳动关系给予的补偿除外。

短期薪酬具体包括：

(1)职工工资、奖金、津贴和补贴；

(2)职工福利费；

(3)医疗保险费、工伤保险费和生育保险费等社会保险费；

(4)住房公积金；

应付职工
薪酬

（5）工会经费和职工教育经费；

（6）短期带薪缺勤，是指职工虽然缺勤但企业仍向其支付报酬的安排，包括年休假、病假、婚假、产假、丧假、探亲假等。长期带薪缺勤属于其他长期职工福利。

（7）短期利润分享计划，是指因职工提供服务而与职工达成的基于利润或其他经营成果提供薪酬的协议。长期利润分享计划属于其他长期职工福利。

（8）其他短期薪酬，是指除上述薪酬以外的其他为获得职工提供的服务而给予的短期薪酬。

2. 离职后福利

离职后福利，是指企业为获得职工提供的服务而在职工退休或与企业解除劳动关系后，提供的各种形式的报酬和福利，短期薪酬和辞退福利除外。

企业应当将离职后福利计划分类为设定提存计划和设定受益计划。设定提存计划是指向独立的基金缴存固定费用后，企业不再承担进一步支付义务的离职后福利计划（该部分费用由社会养老保险机构发放）；设定受益计划是指除设定提存计划以外的离职后福利计划（该部分费用由企业发放）。

3. 辞退福利

辞退福利，是指企业在职工劳动合同到期之前解除与职工的劳动关系，或者为鼓励职工自愿接受裁减而给予职工的补偿。

4. 其他长期职工福利

其他长期职工福利，是指除短期薪酬、离职后福利、辞退福利之外所有的职工薪酬，包括长期带薪缺勤、长期残疾福利、长期利润分享计划等。

需要说明的是，缴纳的补充养老保险，以商业保险形式提供给职工的各种保险待遇也属于企业提供的职工薪酬；提供给高级管理人员使用的住房，免费为职工提供诸如医疗保健的服务或向职工提供企业支付了一定补贴的商品或服务等，比如以低于成本的价格向职工出售住房等，属于企业提供给职工的非货币性福利；职工薪酬包括提供给职工本人和其配偶、子女或其他被赡养人的福利，比如支付给因公伤亡职工的配偶、子女或其他被赡养人的抚恤金。另外，职工出差预借的差旅费不属于应付职工薪酬。职工本人缴纳的各种保险不属于职工薪酬。

三、账户设置

企业通过"应付职工薪酬"账户核算职工薪酬的提取、结算、使用等情况。该账户贷方记录已分配计入有关成本费用项目的职工薪酬的数额，借方记录实际发放职工薪酬的数额；该账户期末贷方余额，反映企业应付未付的职工薪酬。

根据具体核算内容不同，"应付职工薪酬"账户应当按照"工资、奖金、津贴和补贴""职工福利费""非货币性福利""社会保险费""住房公积金""工会经费和职工教育经费""带薪缺勤""利润分享计划""设定提存计划""设定受益计划""辞退福利"等职工薪酬项目设置明细账进行明细核算。

四、短期职工薪酬的核算

短期职工薪酬核算时记入对应账户的原则：谁受益谁承担。根据职工服务的对象和部门来确定记入的成本费用账户。应当根据职工提供服务的受益对象，具体分别以下情况进行处理：

生产部门人员的职工薪酬，借记"生产成本"（生产人员）、"制造费用"（管理人员）、"劳务成本"（以劳务作为销售对象的企业，其劳务的创造者）等账户，贷记"应付职工薪酬"账户。

管理部门、销售部门人员的职工薪酬，分别借记"管理费用""销售费用"账户，贷记"应付职工薪酬"账户。

固定资产建设、投资性房地产开发、无形资产研发人员负担的职工薪酬，当符合资本化条件时，借记"在建工程"" 投资性房地产""研发支出"账户，不符合资本化条件时直接计入当期损益，贷记"应付职工薪酬"账户。

计量货币性应付职工薪酬时，当国家规定了计提基础和计提比例的，应当按照国家规定的标准计提。没有规定计提基础和计提比例的，企业应当根据历史经验数据和实际情况，合理预计应付职工薪酬金额和应计入成本费用的薪酬金额。

职工薪酬核算分两个步骤：

第一步：确认应付职工薪酬；

第二步：实际发放应付职工薪酬。

（一）货币性职工薪酬的确认与发放

1.短期职工薪酬的确认与发放

（1）确认：根据受益对象或岗位确认（谁受益谁买单）

借：生产成本（生产工人的薪酬）

　　制造费用（车间管理人员的薪酬）

　　劳务成本（提供劳务人员的薪酬）

　　管理费用（行政管理人员的薪酬）

　　销售费用（销售人员的薪酬）

　　在建工程（在建工程人员的薪酬）

　　研发支出（研发人员的薪酬）

　　　贷：应付职工薪酬——工资、奖金、津贴和补贴

　　　　　　　　　　——职工福利费

　　　　　　　　　　——工会经费和职工教育经费

　　　　　　　　　　——社会保险费（企业负担部分）

　　　　　　　　　　——住房公积金等（企业负担部分）

（2）发放：

借：应付职工薪酬——工资、奖金、津贴和补贴

　　　　　　　　——职工福利费

　　　　　　　　——工会经费和职工教育经费

  ——社会保险费(企业负担部分)

  ——住房公积金等(企业负担部分)

  贷:库存现金

   银行存款等

【任务举例8-7】 20×8年7月,吉力公司当月应发工资3 000万元,其中:生产部门直接生产人员工资1 500万元;生产部门管理人员工资200万元;公司管理部门人员工资500万元;公司专设产品销售机构人员工资200万元;建造厂房人员工资400万元;内部开发存货管理系统人员工资200万元。

  根据所在地政府规定,公司分别按照职工工资总额的10%、12%、2%和10.5%计提医疗保险费、工伤保险费、失业保险费和住房公积金,缴纳给当地社会保险经办机构和住房公积金管理机构。公司内设医务室,根据20×7年实际发生的职工福利费情况,公司预计20×8年应承担的职工福利费金额为职工工资总额的2%,职工福利的受益对象为上述所有人员。公司分别按照职工工资总额的2%和1.5%计提工会经费和职工教育经费。假定公司存货管理系统已处于开发阶段并资本化为无形资产的条件。

  应计入生产成本的职工薪酬金额

  =1 500+1 500×(10%+12%+2%+10.5%+2%+2%+1.5%)=2 100(万元)

  应计入制造费用的职工薪酬金额

  =200+200×(10%+12%+2%+10.5%+2%+2%+1.5%)=280(万元)

  应计入管理费用的职工薪酬金额

  =500+500×(10%+12%+2%+10.5%+2%+2%+1.5%)=700(万元)

  应计入销售费用的职工薪酬金额

  =200+200×(10%+12%+2%+10.5%+2%+2%+1.5%)=280(万元)

  应计入在建工程成本的职工薪酬金额

  =400+400×(10%+12%+2%+10.5%+2%+2%+1.5%)=560(万元)

  应计入无形资产成本的职工薪酬金额

  =200+200×(10%+12%+2%+10.5%+2%+2%+1.5%)=280(万元)

  公司在分配工资、职工福利费、各种社会保险费、住房公积金、工会经费和职工教育经费等职工薪酬时,应作如下账务处理:

借:生产成本	21 000 000
制造费用	2 800 000
管理费用	7 000 000
销售费用	2 800 000
在建工程	5 600 000
研发支出——资本化支出	2 800 000
贷:应付职工薪酬——工资	30 000 000
——职工福利费	600 000
——社会保险费	7 200 000
——住房公积金	3 150 000

——工会经费	600 000
——职工教育经费	450 000

其中：

职工福利费＝3 000×2%＝60（万元）

社会保险费＝3 000×（10%＋12%＋2%）＝720（万元）

住房公积金＝3 000×10.5%＝315（万元）

工会经费＝3 000×2%＝60（万元）

职工教育经费＝3 000×1.5%＝45（万元）

支付货币性职工薪酬时，借记"应付职工薪酬"账户，贷记"银行存款""库存现金"等账户；企业从应付职工薪酬中扣还的各种款项（代垫的家属药费、水电费、个人所得税等），借记"应付职工薪酬"账户，贷记"银行存款""库存现金""其他应收款""应交税费——应交个人所得税"等账户。

【任务举例8-8】 吉力公司根据"工资结算汇总表"结算本月应付职工工资总额500万元，代扣职工水电费100万元，代扣个人所得税100万元，实发工资300万元。

有关会计处理如下：

（1）向银行提取现金：

借:库存现金 3 000 000

　　贷:银行存款 3 000 000

（2）发放工资，支付现金、代扣款项：

借:应付职工薪酬——工资 5 000 000

　　贷:库存现金 3 000 000

　　　其他应收款 1 000 000

　　　应交税费——应交个人所得税 1 000 000

2.短期带薪缺勤

对于职工带薪缺勤，企业应当根据其性质及职工享有的权利，分为累积带薪缺勤和非累积带薪缺勤两类。企业应当对累积带薪缺勤和非累积带薪缺勤分别进行会计处理，如果带薪缺勤属于长期带薪缺勤的，企业应当作为其他长期职工福利处理。

（1）累积带薪缺勤，是指带薪权利可结转下期的带薪缺勤，本期尚未用完的带薪缺勤权利可以在未来期间使用。企业应当在职工提供了服务从而增加了其未来享有的带薪缺勤权利时，确认与累积带薪缺勤相关的职工薪酬，并以累积未行使权利而增加的预期支付金额计量。

确认累积带薪缺勤时，借记"管理费用"等账户，贷记"应付职工薪酬——累积带薪缺勤"账户。

【任务举例8-9】 天翼公司共有2 000名职工，从20×8年1月1日起，该企业实行累积带薪缺勤制度。该制度规定，每个职工每年可享受5个工作日带薪休假。未使用的年休假只能向后结转一个公历年度，超过1年未使用的权利作废，在职工离开企业时也无权获得现金支付；职工休年假时，首先使用当年可享受的权利，再从上年结转的带薪年休假中扣除。

20×8 年 12 月 31 日,天翼公司预计 20×9 年有 1 900 名职工将享受不超过 5 天的带薪年休假,剩余 100 名职工每人将平均享受 6 天半年休假,假定这 100 名职工全部为总部各部门经理,该公司平均每名职工每个工作日工资为 300 元。不考虑其他相关因素。20×8 年 12 月 31 日,天翼公司应编制如下会计分录:

借:管理费用　　　　　　　　　　　　　　　　　　　　　　　　45 000
　贷:应付职工薪酬——累积带薪缺勤　　　　　　　　　　　　　45 000

天翼公司在 20×8 年 12 月 31 日应当预计由于职工累积未使用的带薪年休假权利而导致的预期支付的金额,即相当于 150 天[100×(6.5−5)天]的年休假工资金额 45 000(150×300)元。

(2)非累积带薪缺勤,是指带薪权利不能结转下期的带薪缺勤,本期尚未用完的带薪缺勤权利将予以取消,并且职工离开企业时也无权获得现金支付。

我国企业职工休婚假、产假、丧假、探亲假、病假期间的工资通常属于非累积带薪缺勤。由于职工提供服务本身不能增加其能够享受的福利金额,企业在职工未缺勤时不应当计提相关的职工薪酬。

通常情况下,与非累积带薪缺勤相关的职工薪酬已经包括在企业每期向职工发放的工资等薪酬中,因此,不必额外作相应的账务处理。

(二)非货币性职工薪酬的确认和发放

企业以其自产产品作为非货币性福利发放给职工的,应当根据受益对象,按照该产品的公允价值,计入相关资产成本或当期损益,同时确认应付职工薪酬,借记“管理费用”“生产成本”“制造费用”等账户,贷记“应付职工薪酬——非货币性福利”账户。

将企业拥有的房屋等资产无偿提供给职工使用的,应当根据受益对象,将该住房每期应计提的折旧计入相关资产成本或当期损益,同时确认应付职工薪酬,借记“管理费用”“生产成本”“制造费用”等账户,贷记“应付职工薪酬——非货币性福利”账户,并且同时借记“应付职工薪酬——非货币性福利”账户,贷记“累计折旧”账户。

租赁住房等资产供职工无偿使用的,应当根据受益对象,将每期应付的租金计入相关资产成本或当期损益,并确认应付职工薪酬,借记“管理费用”“生产成本”“制造费用”等账户,贷记“应付职工薪酬——非货币性福利”账户。

难以认定受益对象的非货币性福利,直接计入当期损益和应付职工薪酬。

【任务举例 8-10】　腾飞公司共有职工 100 名,其中 80 名为直接参加生产的职工,20 名为公司管理人员。20×9 年 5 月,公司以其生产的每台成本为 800 元的电冰箱作为福利发放给公司每名职工。该型号的电冰箱市场售价为每台 1 000 元,公司适用的增值税税率为 13%。

有关会计处理如下:

借:生产成本　　　　　　　　　　　　　　　　　　　　　　　　90 400
　管理费用　　　　　　　　　　　　　　　　　　　　　　　　22 600
　贷:应付职工薪酬——非货币性福利　　　　　　　　　　　　113 000

本例中,应确认的应付职工薪酬＝100×1 000×(1＋13%)＝113 000(元),其中,应记入“生产成本”账户的金额＝80×1 000×(1＋13%)＝90 400(元),应记入“管理费用”

账户的金额＝20×1 000×(1+13％)＝22 600(元)

【任务举例 8-11】 吉力公司为总部各部门经理级别以上领导提供汽车免费使用,同时为副总裁以上高级管理人员每人租赁一套住房。总部共有部门经理以上职工 10 名,假定每辆汽车每月计提折旧 1 000 元;该公司共有副总裁以上高级管理人员 5 名,公司为其每人租赁一套带有家具和电器的公寓,月租金为每套 8 000 元。

有关会计处理如下:

借:管理费用   50 000

  贷:应付职工薪酬——非货币性福利   50 000

借:应付职工薪酬——非货币性福利   10 000

  贷:累计折旧   10 000

【任务举例 8-12】 吉力公司为增值税一般纳税人,其自产产品被集体福利部门领用,该批产品成本为 8 万元,市场售价为 10 万元,增值税税率为 13％。

有关会计处理如下:

借:应付职工薪酬——非货币性福利   93 000

  贷:库存商品   80 000

    应交税费——应交增值税(销项税额)   13 000

假若该批产品发个职工个人,则会计处理如下:

借:应付职工薪酬——非货币性福利   113 000

  贷:主营业务收入   100 000

    应交税费——应交增值税(销项税额)   13 000

借:主营业务成本   80 000

  贷:库存商品   80 000

承上例,假若该批产品系外购取得,采购成本为 8 万元,发个职工个人,则会计处理如下:

(1)购入时:

借:库存商品   80 000

  应交税费——应交增值税(进项税额)   10 400

  贷:银行存款   90 400

(2)发放时:

借:应付职工薪酬——非货币性福利   90 400

  贷:库存商品   80 000

    应交税费——应交增值税(进项税额转出)   10 400

也可以将购入和发放分录合并为:

借:应付职工薪酬——非货币性福利   90 400

  贷:银行存款   90 400

五、设定提存计划的核算

对于设定提存计划,企业应当根据在资产负债表日为换取职工在会计期间提供的服务而应向单独主体缴存的提存金,确认为应付职工薪酬,并计入当期损益或相关资产成本,借记"生产成本""制造费用""管理费用""销售费用"等账户,贷记"应付职工薪酬——设定提存计划"账户。

【任务举例8-13】　甲企业根据所在地政府规定,按照职工工资总额的12%计提基本养老保险费,缴存当地社会保险经办机构。20×8年7月份,甲企业缴存的基本养老保险费,应计入生产成本的金额为57 600元,应计入制造费用的金额为12 600元,应计入管理费用的金额为10 872元,应计入销售费用的金额为2 088元。甲企业应编制如下会计分录:

借:生产成本——基本生产成本 　　　　　　　　　　　　　　 57 600
　制造费用　　　　　　　　　　　　　　　　　　　　　　 12 600
　管理费用　　　　　　　　　　　　　　　　　　　　　　 10 872
　销售费用　　　　　　　　　　　　　　　　　　　　　　　 2 088
　　贷:应付职工薪酬——设定提存计划(基本养老保险费) 　　 83 160

任务六　应交税费的核算

"应交税费"账户核算企业按照税法等规定计算应交纳的各种税费,主要包括增值税、消费税、城市维护建设税、资源税、土地增值税、房产税、车船税、城镇土地使用税、所得税、教育费附加、矿产资源补偿费、保险保障基金等。企业代扣代交的个人所得税等,也通过本账户核算。该账户贷方登记应交纳的各种税费等,借方登记实际交纳的税费。期末余额一般在贷方,反映企业尚未交纳的税费;期末余额如在借方,反映企业多交或尚未抵扣的税费。企业交纳的印花税、耕地占用税等不需要预计应交数的税金,不通过"应交税费"账户核算。

一、应交增值税

（一）增值税概述

增值税是以商品(含应税劳务、应税行为)在流转过程中实现的增值额作为计税依据而征收的一种流转税。按照我国现行增值税制度的规定,在
我国境内销售货物、加工修理修配劳务、服务、无形资产和不动产以及进口货物的企业、单位和个人为增值税的纳税人。

应交增值税

其中,"服务"是指提供交通运输服务、邮政服务、电信服务、建筑服务、金融服务、现代服务、生活服务。

根据经营规模大小及会计核算水平的健全程度,增值税纳税人分为一般纳税人和小规模纳税人。计算增值税的方法分为一般计税方法和简易计税方法。

增值税的一般计税方法,是先按当期销售额和适用的税率计算出销项税额,然后以该销项税额对当期购进项目支付的税款(即进项税额)进行抵扣,从而间接算出当期的应纳税额。应纳税额的计算公式:

$$应纳税额＝当期销项税额－当期进项税额$$

公式中的"当期销项税额"是指纳税人当期销售货物、加工修理修配劳务、服务、无形资产和不动产时按照销售额和增值税税率计算并收取的增值税税额。

其中,销售额是指纳税人销售货物、加工修理修配劳务、服务、无形资产和不动产向购买方收取的全部价款和价外费用,但是不包括收取的销项税额。

当期销项税额的计算公式:

$$销项税额 = 销售额 \times 增值税税率$$

公式中的"当期进项税额"是指纳税人购进货物、加工修理修配劳务、应税服务、无形资产或者不动产,支付或者负担的增值税税额。

下列进项税额准予从销项税额中抵扣:

(1)从销售方取得的增值税专用发票(含税控机动车销售统一发票,下同)上注明的增值税税额。

(2)从海关取得的增值税专用缴款书上注明的增值税税额。

(3)购进农产品,除取得增值税专用发票或者海关进口增值税专用缴款书外,如用于生产税率为9%的产品,按照农产品收购发票或者销售发票上注明的农产品买价和9%的扣除率计算的进项税额;如用于生产税率为13%的产品,按照农产品收购发票或者销售发票上注明的农产品买价和10%的扣除率计算的进项税额。

(4)从境外单位或者个人购进服务、无形资产或者不动产,自税务机关或者扣缴义务人取得的解缴税款的完税凭证上注明的增值税额。

(5)一般纳税人支付的道路、桥、闸通行费,凭取得的通行费发票上注明的收费金额和规定的方法计算的可抵扣的增值税进项税额。

当期销项税额小于当期进项税额不足抵扣时,其不足部分可以结转下期继续抵扣。

一般纳税人采用的税率分为13%、9%、6%和零税率。

一般纳税人销售或者进口货物、加工修理修配劳务、提供有形动产租赁服务,税率为13%。

一般纳税人销售或者进口粮食、食用植物油、自来水、暖气、冷气、热水、煤气、石油液化气、天然气、沼气、居民用煤炭制品、图书、报纸、杂志、饲料、化肥、农药、农机、农膜以及国务院及其有关部门规定的其他货物,税率为9%;提供交通运输、邮政、基础电信、建筑、不动产租赁服务,销售不动产,转让土地使用权,税率为9%;其他应税行为,税率为6%。

一般纳税人出口货物,税率为零;但是,国务院另有规定的除外。

境内单位和个人发生的跨境应税行为税率为零,具体范围由财政部和国家税务总局另行规定。

增值税的简易计税方法是按照销售额与征收率的乘积计算应纳税额,不得抵扣进项税额。

应纳税额的计算公式:

$$应纳税额 = 销售额 \times 征收率$$

公式中的销售额不包括其应纳税额,如果纳税人采用销售额和应纳税额合并定价方法的,应按照公式"销售额 = 含税销售额 ÷ (1 + 征收率)"还原为不含税销售额计算。

增值税一般纳税人计算增值税大多采用一般计税方法;小规模纳税人一般采用简易

计税方法；一般纳税人销售服务、无形资产或者不动产，符合规定的，可以采用简易计税方法。采用简易计税方法的增值税征收率为3％，财政部和国家税务总局另有规定的除外。

（二）账户设置

为了核算企业应交增值税的发生、抵扣、交纳、退税及转出等情况，增值税一般纳税人应当在"应交税费"账户下设置"应交增值税""未交增值税""预交增值税""待抵扣进项税额""待认证进项税额""待转销项税额""增值税留抵税额""简易计税""转让金融商品应交增值税""代扣代交增值税"等明细账户。

（1）"应交增值税"明细账户，核算一般纳税人进项税额、销项税额抵减、已交税金、转出未交增值税、减免税款、出口抵减内销产品应纳税额、销项税额、出口退税、进项税额转出、转出多交增值税等情况。

该明细账设置以下专栏：

①"进项税额"专栏，记录一般纳税人购进货物、加工修理修配劳务、服务、无形资产或不动产而支付或负担的、准予从当期销项税额中抵扣的增值税额。

②"销项税额"专栏，记录一般纳税人销售货物、加工修理修配劳务、服务、无形资产或不动产应收取的增值税额。

③"进项税额转出"专栏，记录一般纳税人购进货物、加工修理修配劳务、服务、无形资产或不动产等发生非正常损失以及其他原因而不应从销项税额中抵扣、按规定转出的进项税额。

④"已交税金"专栏，记录一般纳税人当月已交纳的应交增值税额。

⑤"销项税额抵减"专栏，记录一般纳税人按照现行增值税制度规定因扣减销售额而减少的销项税额。

⑥"减免税款"专栏，记录一般纳税人按现行增值税制度规定准予减免的增值税额。

⑦"出口抵减内销产品应纳税额"专栏，记录实行"免、抵、退"办法的一般纳税人按规定计算的出口货物的进项税抵减内销产品的应纳税额。

⑧"出口退税"专栏，记录一般纳税人出口货物、加工修理修配劳务、服务、无形资产按规定退回的增值税额。

⑨"转出未交增值税"和"转出多交增值税"专栏，分别记录一般纳税人月度终了转出当月应交未交或多交的增值税额。

（2）"待抵扣进项税额"明细账户，核算一般纳税人已取得增值税扣税凭证并经税务机关认证，按照现行增值税制度规定准予以后期间从销项税额中抵扣的进项税额。

（3）"转让金融商品应交增值税"明细账户，核算增值税纳税人转让金融商品发生的增值税额。

（4）"未交增值税"明细账户，核算一般纳税人月度终了从"应交增值税"或"预交增值税"明细账户转入当月应交未交、多交或预交的增值税额，以及当月交纳以前期间未交的增值税额。

（5）"待认证进项税额"明细账户，核算一般纳税人由于未经税务机关认证而不得从当期销项税额中抵扣的进项税额。包括：一般纳税人已取得增值税扣税凭证、按照现行增值税制度规定准予从销项税额中抵扣，但尚未经税务机关认证的进项税额；一般纳税人已申请稽核但尚未取得稽核相符结果的海关缴款书进项税额。

(6)"待转销项税额"明细账户,核算一般纳税人销售货物、加工修理修配劳务、服务、无形资产或不动产,已确认相关收入(或利得)但尚未发生增值税纳税义务而需于以后期间确认为销项税额的增值税额。

(7)"简易计税"明细账户,核算一般纳税人采用简易计税方法发生的增值税计提、扣减、预缴、交纳等业务。

(8)"预交增值税"明细账户,核算一般纳税人转让不动产、提供不动产经营租赁服务、提供建筑服务、采用预收款方式销售自行开发的房地产项目等,以及其他按现行增值税制度规定应预交的增值税额。

(9)"代扣代交增值税"明细账户,核算纳税人购进在境内未设经营机构的境外单位或个人在境内的应税行为代扣代缴的增值税。

(三)一般纳税人的账务处理

1.取得资产、接受劳务的账务处理

(1)一般纳税人购进货物、加工修理修配劳务、服务、无形资产或者不动产,按应计入相关成本费用或资产的金额,借记"材料采购""在途物资""原材料""库存商品""生产成本""无形资产""固定资产""管理费用"等账户,按当月已认证的可抵扣增值税额,借记"应交税费——应交增值税(进项税额)"账户,按当月未认证的可抵扣增值税额,借记"应交税费——待认证进项税额"账户,按应付或实际支付的金额,贷记"应付账款""应付票据""银行存款"等账户。

购进货物等发生的退货,应根据税务机关开具的红字增值税专用发票编制相反的会计分录,如原增值税专用发票未做认证,应将发票退回并做相反的会计分录。

企业购进农产品,除取得增值税专用发票或者海关进口增值税专用缴款书外,如用于生产税率为9%的产品,按照农产品收购发票或者销售发票上注明的农产品买价和9%的扣除率计算的进项税额;如用于生产税率为13%的产品,按照农产品收购发票或者销售发票上注明的农产品买价和10%的扣除率计算的进项税额,借记"应交税费——应交增值税(进项税额)"科目,按农产品买价扣除进项税额后的差额,借记"材料采购""在途物资""原材料""库存商品"或"生产成本""制造费用""委托加工物资""管理费用"等账户,按照应付或实际支付的价款,贷记"应付账款""应付票据""银行存款"等账户。购入货物发生的退货,作相反的会计分录。

【任务举例 8-14】 吉力公司购入原材料一批,增值税专用发票上注明的货款为 100 万元,增值税税率为 13%,货物验收入库,货款和税款已用银行存款支付。

有关会计分录如下:

借:原材料   1 000 000

    应交税费——应交增值税(进项税额)   130 000

    贷:银行存款   1 130 000

【任务举例 8-15】 20×9 年 9 月吉力公司购进尚需要安装设备一台,价款为 100 万元,增值税税率为 13%,款项尚未支付。

有关会计分录如下:

借:固定资产　　　　　　　　　　　　　　　　　　　　　　　　1 000 000
　　应交税费——应交增值税(进项税额)　　　　　　　　　　　　　　130 000
　　贷:应付账款　　　　　　　　　　　　　　　　　　　　　　　　　1 130 000

【任务举例 8-16】　吉力公司生产车间委托外单位修理机器设备,对方开来的专用发票上注明的修理费用为 1 000 元,增值税额为 130 元,款项已用银行存款支付。

有关会计分录如下:

借:管理费用　　　　　　　　　　　　　　　　　　　　　　　　　　1 000
　　应交税费——应交增值税(进项税额)　　　　　　　　　　　　　　　130
　　贷:银行存款　　　　　　　　　　　　　　　　　　　　　　　　　1 130

(2)购进不动产或不动产在建工程的进项税额的分年抵扣。按现行增值税制度规定,一般纳税人在 2019 年 3 月 31 日前尚未抵扣的不动产进项税额的 40%,自 2019 年 4 月所属期起,自行选择申报月份,一次性转入进项税额进行抵扣。自 2019 年 4 月 1 日起,增值税一般纳税人取得不动产的进项税额不再分两年抵扣,而是在购进不动产的当期一次性抵扣进项税额。

【任务举例 8-17】　吉力公司于 2018 年 6 月 10 日购进一幢简易办公楼作为固定资产核算,并于当月投入使用。取得增值税专用发票并通过认证,增值税专用发票上注明的价款为 3 000 000 元,增值税税额为 330 000 元,款项已用银行存款支付。不考虑其他相关因素。

该办公楼 2018 年 6 月可抵扣的增值税进项税额＝330 000×60%＝198 000(元)

借:固定资产　　　　　　　　　　　　　　　　　　　　　　　　　3 000 000
　　应交税费——应交增值税(进项税额)　　　　　　　　　　　　　　198 000
　　　　　　　——待抵扣进项税额　　　　　　　　　　　　　　　　132 000
　　贷:银行存款　　　　　　　　　　　　　　　　　　　　　　　　3 330 000

2019 年 4 月 1 日起自行选择申报月份抵扣剩余的增值税进项税额时,编制如下会计分录:

借:应交税费——应交增值税(进项税额)　　　　　　　　　　　　　132 000
　　贷:应交税费——待抵扣进项税额　　　　　　　　　　　　　　　132 000

假如吉力公司于 2019 年 4 月 10 日购进一幢简易办公楼作为固定资产核算,其他条件不变,则会计处理如下:

借:固定资产　　　　　　　　　　　　　　　　　　　　　　　　　3 000 000
　　应交税费——应交增值税(进项税额)　　　　　　　　　　　　　　330 000
　　贷:银行存款　　　　　　　　　　　　　　　　　　　　　　　　3 330 000

(3)货物等已验收入库但尚未取得增值税扣税凭证。企业购进的货物等已到达并验收入库,但尚未收到增值税扣税凭证且未付款的,应在月末按货物清单或相关合同协议上的价格暂估入账,但不需要将增值税的进项税额暂估入账。下月初,用红字冲销原暂估入账金额,待取得相关增值税扣税凭证并经认证后,按应计入相关成本费用或资产的金额,借记"原材料""库存商品""固定资产""无形资产"等账户,按可抵扣的增值税额,借记"应交税费——应交增值税(进项税额)"账户,按应付或实际支付的金额,贷记"应付账款""应付票据""银行存款"等账户。

（4）进项税额转出。企业已单独确认进项税额的购进货物、加工修理修配劳务或者服务、无形资产或者不动产但其事后改变用途（如用于简易计税方法计税项目、免征增值税项目、非增值税应税项目等），或发生非正常损失，原已计入进项税额、待抵扣进项税额或待认证进项税额，按照现行增值税制度规定不得从销项税额中抵扣。这里所说的"非正常损失"，根据现行增值税制度规定，是指因管理不善造成货物被盗、丢失、霉烂变质，以及因违反法律法规造成货物或者不动产被依法没收、销毁、拆除的情形。

进项税额转出的账务处理为：借记"待处理财产损溢""应付职工薪酬""固定资产""无形资产"等账户，贷记"应交税费——应交增值税（进项税额转出）""应交税费——待抵扣进项税额"或"应交税费——待认证进项税额"账户。属于转作待处理财产损失的进项税额，应与非正常损失的购进货物、在产品或库存商品、固定资产和无形资产的成本一并处理。

【任务举例 8-18】 吉力公司 20×9 年 6 月份发生进项税额转出事项如下：

①10 日，库存材料因管理不善发生火灾损失，材料实际成本为 20 000 元，相关增值税专用发票上注明的增值税税额为 2 600 元。吉力公司将毁损库存材料作为待处理财产损溢入账。

借：待处理财产损溢——待处理流动资产损溢 22 600
　　贷：原材料 20 000
　　　　应交税费——应交增值税（进项税额转出） 2 600

②18 日，领用一批外购原材料用于集体福利，该批原材料的实际成本为 60 000 元，相关增值税专用发票上注明的增值税税额为 7 800 元。

借：应付职工薪酬——职工福利费 67 800
　　贷：原材料 60 000
　　　　应交税费——应交增值税（进项税额转出） 7 800

需要说明的是，一般纳税人购进货物、加工修理修配劳务、服务、无形资产或不动产，用于简易计税方法计税项目、免征增值税项目、集体福利或个人消费等，即使取得的增值税专用发票上已注明增值税进项税额，该税额按照现行增值税制度规定也不得从销项税额中抵扣的，取得增值税专用发票时，应将待认证的目前不可抵扣的增值税进项税额，借记"应交税费——待认证进项税额"账户，贷记"银行存款""应付账款"等账户。

经税务机关认证为不可抵扣的增值税进项税额时，借记"应交税费——应交增值税（进项税额）"账户，贷记"应交税费——待认证进项税额"账户；同时，将增值税进项税额转出，借记相关成本费用或资产账户，贷记"应交税费——应交增值税（进项税额转出）"账户。

【任务举例 8-19】 20×9 年 6 月 28 日，吉力公司外购空调扇 300 台作为福利发放给直接从事生产的职工，取得的增值税专用发票上注明的价款为 150 000 元、增值税税额为 19 500 元。以银行存款支付了购买空调扇的价款和增值税进项税额，增值税专用发票尚未经税务机关认证。吉力公司应编制如下会计分录：

①购入时：

借：库存商品——空调扇 150 000

```
　　应交税费——待认证进项税额                                                    19 500
　　　贷：银行存款                                                                        169 500
```

②经税务机关认证不可抵扣时：

```
借：应交税费——应交增值税（进项税额）                                          19 500
　　贷：应交税费——待认证进项税额                                                    19 500
```

同时，

```
借：库存商品——空调扇                                                              19 500
　　贷：应交税费——应交增值税（进项税额转出）                                        19 500
```

③实际发放时：

```
借：应付职工薪酬——非货币性福利                                                 169 500
　　贷：库存商品——空调扇                                                            169 500
```

2. 销售等业务的账务处理

(1)企业销售货物、加工修理修配劳务、服务、无形资产或不动产,应当按应收或已收的金额,借记"应收账款""应收票据""银行存款"等账户,按取得的收益金额,贷记"主营业务收入""其他业务收入""固定资产清理""工程结算"等账户,按现行增值税制度规定计算的销项税额(或采用简易计税方法计算的应纳增值税额),贷记"应交税费——应交增值税(销项税额)"或"应交税费——简易计税"账户。

企业销售货物等发生销售退回的,应根据税务机关开具的红字增值税专用发票作相反的会计分录。

按照国家统一的会计制度确认收入或利得,确认时点早于按照现行增值税制度确认增值税纳税义务发生时点的,应将相关销项税额记入"应交税费——待转销项税额"账户,待实际发生纳税义务时再转入"应交税费——应交增值税(销项税额)"或"应交税费——简易计税"账户。

按照增值税制度确认增值税纳税义务发生时点早于按照国家统一的会计制度确认收入或利得的时点的,应将应纳增值税额,借记"应收账款"账户,贷记"应交税费——应交增值税(销项税额)"或"应交税费——简易计税"账户,按照国家统一的会计制度确认收入或利得时,应按扣除增值税销项税额后的金额确认收入。

【任务举例 8-20】　20×9 年 6 月份,吉力公司发生与销售相关的交易或事项如下：

①15 日,销售产品一批,开具增值税专用发票上注明的价款为 500 000 元,增值税税额为 65 000 元,提货单和增值税专用发票已交给买方,款项尚未收到。

```
借：应收账款                                                                       565 000
　　贷：主营业务收入                                                                   500 000
　　　　应交税费——应交增值税（销项税额）                                             65 000
```

②28 日,为外单位代加工电脑桌 500 个,每个收取加工费 80 元,已加工完成。开具增值税专用发票上注明的价款为 40 000 元,增值税税额为 5 200 元,款项已收到并存入银行。

```
借：银行存款                                                                        45 200
　　贷：主营业务收入                                                                    40 000
```

    应交税费——应交增值税(销项税额)   5 200

  (2)视同销售。企业有些交易和事项按照现行增值税制度规定,应视同对外销售处理,计算应交增值税。视同销售需要交纳增值税的事项有:

  企业将自产或委托加工的货物用于集体福利或个人消费,将自产、委托加工或购买的货物作为投资、提供给其他单位或个体工商户、分配给股东或投资者、对外捐赠等。

  在这些情况下,企业应当根据视同销售的具体内容,按照现行增值税制度规定计算的销项税额(或采用简易计税方法计算的应纳增值税额),借记"长期股权投资""应付职工薪酬""利润分配""营业外支出"等账户,贷记"应交税费——应交增值税(销项税额)"或"应交税费——简易计税"账户。

  【任务举例 8-21】 20×9 年 6 月份,吉力集团有限公司发生的视同销售交易或事项如下:

  ①10 日,以公司生产的产品对外捐赠,该批产品的实际成本为 200 000 元,售价为 250 000 元,开具的增值税专用发票上注明的增值税税额为 32 500 元。

  借:营业外支出   232 500
    贷:库存商品   200 000
      应交税费——应交增值税(销项税额)   32 500

  公司以自产产品对外捐赠应交的增值税销项税额=250 000×13%=32 500(元)

  ②25 日,用一批原材料对外进行长期股权投资。该批原材料实际成本为 600 000 元,双方协商不含税价款为 750 000 元,开具的增值税专用发票上注明的增值税税额为 97 500元。

  借:长期股权投资   847 500
    贷:其他业务收入   750 000
      应交税费——应交增值税(销项税额)   97 500

  同时,

  借:其他业务成本   600 000
    贷:原材料   600 000

  公司对外投资原材料应交的增值税销项税额=750 000×13%=97 500(元)

  3.交纳增值税

  企业交纳当月应交的增值税时,借记"应交税费——应交增值税(已交税金)"账户,贷记"银行存款"账户;企业交纳以前期间未交的增值税,借记"应交税费——未交增值税"账户,贷记"银行存款"账户。

  【任务举例 8-22】 20×8 年 6 月份,吉力公司当月发生增值税销项税额合计为 261 800元,增值税进项税额转出合计为 39 100 元,增值税进项税额合计为 278 950 元。公司当月应交增值税的计算结果如下:

  当月应交增值税=261 800+39 100-278 950=21 950(元)

  6 月 30 日,假设公司用银行存款交纳当月增值税税款 10 000 元,应编制如下会计分录:

  借:应交税费——应交增值税(已交税金)   10 000

贷:银行存款   10 000

4.月末转出多交增值税和未交增值税

月度终了,企业应当将当月应交未交或多交的增值税自"应交增值税"明细账户转入"未交增值税"明细账户。

对于当月应交未交的增值税,借记"应交税费——应交增值税(转出未交增值税)"账户,贷记"应交税费——未交增值税"账户;对于当月多交的增值税,借记"应交税费——未交增值税"账户,贷记"应交税费——应交增值税(转出多交增值税)"账户。

【任务举例8-23】 20×9年6月30日,吉力公司将尚未交纳的其余增值税税款11 950元进行转账。编制如下会计分录:

借:应交税费——应交增值税(转出未交增值税)   11 950
　　贷:应交税费——未交增值税   11 950

【任务举例8-24】 20×9年7月31日,吉力公司交纳6月份未交增值税11 950元时,编制如下会计分录:

借:应交税费——未交增值税   11 950
　　贷:银行存款   11 950

需要说明的是,企业购入材料、商品等不能取得增值税专用发票的,发生的增值税应计入材料采购成本,借记"材料采购""在途物资""原材料""库存商品"等账户,贷记"银行存款"等账户。

(四)小规模纳税人的账务处理

小规模纳税人核算增值税采用简化的方法,即购进货物、应税劳务或应税行为,取得增值税专用发票上注明的增值税,一律不予抵扣,直接计入相关成本费用或资产。

小规模纳税人销售货物、应税劳务或应税行为时,按照不含税的销售额和规定的增值税征收率计算应交纳的增值税(即应纳税额),但不得开具增值税专用发票。

一般来说,小规模纳税人采用销售额和应纳税额合并定价的方法并向客户结算款项,销售货物、应税劳务或应税行为后,应进行价税分离,确定不含税的销售额。

不含税的销售额计算公式:

不含税销售额=含税销售额÷(1+征收率)
应纳税额=不含税销售额×征收率

小规模纳税人进行账务处理时,只需在"应交税费"账户下设置"应交增值税"明细账户,该明细账户不再设置增值税专栏。

"应交税费——应交增值税"账户贷方登记应交纳的增值税,借方登记已交纳的增值税;期末贷方余额,反映小规模纳税人尚未交纳的增值税,期末借方余额,反映小规模纳税人多交纳的增值税。

小规模纳税人购进货物、服务、无形资产或不动产,按照应付或实际支付的全部款项(包括支付的增值税额),借记"材料采购""在途物资""原材料""库存商品"等账户,贷记"应付账款""应付票据""银行存款"等账户;销售货物、服务、无形资产或不动产,应按全部价款(包括应交的增值税额),借记"银行存款"等账户,按不含税的销售额,贷记"主营业务收入"等账户,按应交增值税额,贷记"应交税费——应交增值税"账户。

【任务举例 8-25】 某企业为增值税小规模纳税人,适用增值税征收率为 3%,原材料按实际成本核算。该企业发生经济交易如下:购入原材料一批,取得增值税普通发票上注明的价款为 30 000 元,增值税税额为 3 900 元,款项以银行存款支付,材料已验收入库。销售产品一批,开具的普通发票上注明的货款(含税)为 51 500 元,款项已存入银行。用银行存款交纳增值税 1 500 元。该企业应编制如下会计分录:

(1)购入原材料:

借:原材料　　　　　　　　　　　　　　　　　　　　　　　　　　33 900

　贷:银行存款　　　　　　　　　　　　　　　　　　　　　　　　　　33 900

(2)销售产品:

借:银行存款　　　　　　　　　　　　　　　　　　　　　　　　　　51 500

　贷:主营业务收入　　　　　　　　　　　　　　　　　　　　　　　　50 000

　　　应交税费——应交增值税　　　　　　　　　　　　　　　　　　　　1 500

不含税销售额=含税销售额÷(1+征收率)=51 500÷(1+3%)=50 000(元)

应纳增值税=不含税销售额×征收率=50 000×3%=1 500(元)

(3)交纳增值税:

借:应交税费——应交增值税　　　　　　　　　　　　　　　　　　　1 500

　贷:银行存款　　　　　　　　　　　　　　　　　　　　　　　　　　1 500

(五)差额征税的账务处理

根据财政部和国家税务总局营改增试点政策的规定,对于企业发生的某些业务(金融商品转让、经纪代理服务、融资租赁和融资性售后回租业务、一般纳税人提供客运场站服务、试点纳税人提供旅游服务、选择简易计税方法提供建筑服务等)无法通过抵扣机制避免重复征税的,应采用差额征税方式计算交纳增值税。

1.企业按规定相关成本费用允许扣减销售额的账务处理

按现行增值税制度规定,企业发生相关成本费用允许扣减销售额的,发生成本费用时,按应付或实际支付的金额,借记“主营业务成本”“工程施工”等账户,贷记“应付账款”“应付票据”“银行存款”等账户。待取得合规增值税扣税凭证且纳税义务发生时,按照允许抵扣的税额,借记“应交税费——应交增值税(销项税额抵减)”或“应交税费——简易计税”账户(小规模纳税人应借记“应交税费——应交增值税”账户),贷记“主营业务成本”“工程施工”等账户。

【任务举例 8-26】 某旅行社为增值税一般纳税人,应交增值税采用差额征税方式核算。20×9 年 7 月份,该旅行社为乙公司提供职工境内旅游服务,向乙公司收取含税价款 318 000 元,其中增值税 18 000 元,全部款项已收妥入账。旅行社以银行存款支付其他接团旅游企业的旅游费用和其他单位相关费用共计 254 400 元,其中,因允许扣减销售额而减少的销项税额 14 400 元。该旅行社应编制如下会计分录:

(1)支付住宿费等旅游费用:

借:主营业务成本　　　　　　　　　　　　　　　　　　　　　　　254 400

　贷:银行存款　　　　　　　　　　　　　　　　　　　　　　　　　254 400

(2)根据增值税扣税凭证抵减销项税额,并调整成本:

借:应交税费——应交增值税(销项税额抵减)　　　　　　　　　　　14 400

　　贷:主营业务成本　　　　　　　　　　　　　　　　　　　　　　　　14 400

上述分录(1)、(2)可合并编制如下会计分录:

借:主营业务成本　　　　　　　　　　　　　　　　　　　　　　　240 000

　　应交税费——应交增值税(销项税额抵减)　　　　　　　　　　　14 400

　　贷:银行存款　　　　　　　　　　　　　　　　　　　　　　　　254 400

(3)确认旅游服务收入:

借:银行存款　　　　　　　　　　　　　　　　　　　　　　　　　318 000

　　贷:主营业务收入　　　　　　　　　　　　　　　　　　　　　　300 000

　　　　应交税费——应交增值税(销项税额)　　　　　　　　　　　　18 000

2.企业转让金融商品按规定以盈亏相抵后的余额作为销售额

按现行增值税制度规定,企业实际转让金融商品,月末,如产生转让收益,则按应纳税额,借记"投资收益"等账户,贷记"应交税费——转让金融商品应交增值税"账户;如产生转让损失,则按可结转下月抵扣税额,借记"应交税费——转让金融商品应交增值税"账户,贷记"投资收益"等账户。

交纳增值税时,应借记"应交税费——转让金融商品应交增值税"账户,贷记"银行存款"账户。

年末,"应交税费——转让金融商品应交增值税"账户如有借方余额,则借记"投资收益"等账户,贷记"应交税费——转让金融商品应交增值税"账户。

(六)增值税税控系统专用设备和技术维护费用抵减增值税额的账务处理

按现行增值税制度规定,企业初次购买增值税税控系统专用设备支付的费用以及缴纳的技术维护费允许在增值税应纳税额中全额抵减。

增值税税控系统专用设备,包括增值税防伪税控系统设备(如金税卡、IC卡、读卡器或金税盘和报税盘)、货物运输业增值税专用发票税控系统设备(如税控盘和报税盘)、机动车销售统一发票税控系统和公路、内河货物运输业发票税控系统的设备(如税控盘和传输盘)。

企业初次购入增值税税控系统专用设备,按实际支付或应付的金额,借记"固定资产"账户,贷记"银行存款""应付账款"等账户。按规定抵减的增值税应纳税额,借记"应交税费——应交增值税(减免税款)"账户(小规模纳税人应借记"应交税费——应交增值税"账户),贷记"管理费用"等账户。

企业发生增值税税控系统专用设备技术维护费,应按实际支付或应付的金额,借记"管理费用"账户,贷记"银行存款"等账户。按规定抵减的增值税应纳税额,借记"应交税费——应交增值税(减免税款)"账户(小规模纳税人应借记"应交税费——应交增值税"账户),贷记"管理费用"等账户。

【任务举例8-27】　旭日公司为增值税一般纳税人,20×9年1月初次购买数台增值税税控系统专用设备作为固定资产核算,取得增值税专用发票上注明的价款为38 000元,增值税税额为4 940元,价款和税款以银行存款支付。

编制会计分录如下:

（1）取得设备，支付价款和税款时：

借：固定资产　　　　　　　　　　　　　　　　　　42 940

　　贷：银行存款　　　　　　　　　　　　　　　　　　　42 940

（2）按规定抵减增值税应纳税额时：

借：应交税费——应交增值税（减免税款）　　　　　42 940

　　贷：管理费用　　　　　　　　　　　　　　　　　　　42 940

小微企业在取得销售收入时，应当按照现行增值税制度的规定计算应交增值税，并确认为应交税费，在达到增值税制度规定的免征增值税条件时，将有关应交增值税转入当期损益。

二、应交消费税

（一）消费税概述

1.纳税义务人

在中华人民共和国境内生产、委托加工和进口消费税暂行条例规定的消费品的单位和个人，以及国务院确定的销售消费税暂行条例规定的消费品的其他单位和个人，为消费税的纳税人，应当依照消费税暂行条例交纳消费税。

应交消费税
的核算

2.计税方法

消费税有从价定率、从量定额、复合计征三种征收方法。采取从价定率方法征收的消费税，以不含增值税的销售额为税基，按照税法规定的税率计算。企业的销售收入包含增值税的，应将其换算为不含增值税的销售额。采取从量定额计征的消费税，根据税法确定的企业应税消费品的数量和单位应税消费品应交纳的消费税计算确定。复合计征是从价加从量消费税。

（二）账户设置

企业应在"应交税费"账户下设置"应交消费税"明细账户，核算应交消费税的发生、交纳情况。该账户的贷方登记应交纳的消费税，借方登记已交纳的消费税。期末贷方余额为尚未交纳的消费税，借方余额为多交纳的消费税。

（三）账务处理

由于征税范围不同，消费税的处理亦不同，根据不同的征税范围应分别反映消费税的账务处理：

1.生产消费品

（1）直接对外销售

企业销售应税消费品应交的消费说，应借记"税金及附加"账户，贷记"应交税费——应交消费税"账户。

【任务举例8-28】 吉力公司销售所生产的鞭炮焰火，价款100万元（不含增值税），适用的消费税税率为15%，款项已收。

有关的会计分录如下：

借：银行存款　　　　　　　　　　　　　　　　　　1 160 000

　　贷：主营业务收入　　　　　　　　　　　　　　　　1 000 000

应交税费——应交增值税(销项数额)	160 000
借:税金及附加	150 000
贷:应交税费——应交消费税	150 000

$$应交消费税额＝100×15\%＝15(万元)$$

(2)视同销售

企业将生产的应税消费品用于在建工程等企业内部非生产机构时,按规定应交纳的消费税,借记"在建工程"等账户,贷记"应交税费——应交消费税"账户。

【任务举例 8-29】　吉力公司在建工程领用自产成品油成本 8 万元,计税价格 10 万元,假设应交纳消费税 0.7 万元,该企业的有关会计分录如下:

借:在建工程	100 000
贷:库存商品	80 000
应交税费——应交增值税(销项税额)	13 000
——应交消费税	7 000

【任务举例 8-30】　华飞公司以自产一批小汽车对外投资,制造成本 80 万元,计税价格 100 万元,使用的消费税税率为 5%,假设不存在关联方关系,该企业的有关会计分录如下:

①确认收入:

借:长期股权投资	1 130 000
贷:主营业务收入	1 000 000
应交税费——应交增值税(销项税额)	130 000

②结转成本:

借:主营业务成本	800 000
贷:库存商品	800 000
借:税金及附加	50 000
贷:应交税费——应交消费税	50 000

2.委托加工应税消费品

根据税法规定,委托加工的应税消费品,于委托方提货时由受托方代收代交消费税。委托加工的应税消费品收回后直接用于销售的,在销售时不再交纳消费税;用于连续生产应税消费品的,已纳税款按规定准予抵扣。

委托加工物资收回后,直接用于销售的,应将受托方代收代交的消费税计入委托加工物资的成本,借记"委托加工物资"等账户,贷记"应付账款""银行存款"等账户;委托加工物资收回后用于连续生产应税消费品的,按规定准予抵扣的,应按已由受托方代收代交的消费税,借记"应交税费——应交消费税"账户,贷记"应付账款""银行存款"等账户。

【任务举例 8-31】　吉力公司委托乙企业代为加工一批应交消费税的材料(非金银首饰),材料成本为 20 000 元,加工费为 7 000 元,消费税税率为 10%,材料已经加工完成,并由甲企业收回验收入库,各种款项均已支付。

(1)发出材料

借:委托加工物资	20 000

贷:原材料 20 000

（2）支付加工费、增值税

借:委托加工物资 7 000

应交税费——应交增值税（进项税额） 910

贷:银行存款 7 910

增值税＝7 000×13％＝910（元）

（3）支付消费税

假如收回委托加工物资后直接对外销售，会计处理如下:

借:委托加工物资 3 000

贷:银行存款 3 000

消费税＝（20 000＋7 000)/(1－10％)×10％＝3 000（元）

假如收回委托加工物资后深加工再对外销售，会计处理如下:

借:应交税费——应交消费税 3 000

贷:银行存款 3 000

（4）加工完毕，验收入库

假如收回委托加工物资后直接对外销售，会计处理如下:

借:库存商品 30 000

贷:委托加工物资 30 000

假如收回委托加工物资后深加工再对外销售，会计处理如下:

借:原材料 27 000

贷:委托加工物资 27 000

4．进口应税消费品

企业进口应税物资在进口环节应交的消费税、关税计入该项物资的成本，借记"材料采购""固定资产"等账户，贷记"银行存款"账户。

进口应税消费品消费税＝组成计税价格×消费税税率

进口应税消费品增值税＝组成计税价格×增值税税率

组成计税价格＝（关税完税价格＋关税税额)/(1－消费税税率)

【任务举例 8-32】 吉力公司从国外进口一批需要交纳消费税的商品，到岸价格为100万元人民币，关税税率为40％，消费税税率为30％，采购的商品尚未入库，货款尚未支付，税款已经用银行存款支付。

有关会计分录如下:

借:材料采购 2 000 000

应交税费——应交增值税（进项税额） 260 000

贷:应付账款 1 000 000

银行存款 1 260 000

关税＝100×40％＝40（万元） 组成计税价格＝（100＋40)/(1－30％)＝200（万元）

消费税＝200×30％＝60（万元） 增值税＝200×13％＝26（万元）

三、其他应交税费

其他应交税费是指除上述应交税费以外的其他各种应上交国家的税费，包括应交资源税、应交城市维护建设税、应交土地增值税、应交房产税、应交城镇土地使用税、应交车船税、应交教育费附加、应交矿产资源补偿费、应交个人所得税等。

企业应当在"应交税费"账户下设置相应的明细账户进行核算，贷方登记应交纳的有关税费，借方登记已交纳的有关税费。期末贷方余额，反映企业尚未交纳的有关税费。

（一）应交资源税

资源税是对在我国境内开采矿产品或者生产盐的单位和个人征收的税。对外销售应税产品应交纳的资源税应借记"税金及附加"账户，贷记"应交税费——应交资源税"账户；自产自用应税产品应交纳的资源税应借记"生产成本""制造费用"等账户，贷记"应交税费——应交资源税"账户。

【任务举例8-33】　吉力公司本期对外销售资源税应税矿产品3 600吨，将自产资源税应税矿产品800吨用于其产品生产，税法规定每吨矿产品应交资源税5元。公司应编制如下会计分录：

（1）计算对外销售应税矿产品应交纳的资源税：

借：税金及附加　　　　　　　　　　　　　　　　　　　　　　　　　18 000
　　贷：应交税费——应交资源税　　　　　　　　　　　　　　　　　　18 000

公司对外销售应税产品应交纳的资源税＝3 600×5＝18 000（元）

（2）计算自用应税矿产品应交纳的资源税：

借：生产成本　　　　　　　　　　　　　　　　　　　　　　　　　　4 000
　　贷：应交税费——应交资源税　　　　　　　　　　　　　　　　　　4 000

公司自产自用应税矿产品应交纳的资源税＝800×5＝4 000（元）

（3）交纳资源税：

借：应交税费——应交资源税　　　　　　　　　　　　　　　　　　　22 000
　　贷：银行存款　　　　　　　　　　　　　　　　　　　　　　　　22 000

（二）应交城市维护建设税

城市维护建设税是以增值税和消费税为计税依据征收的一种税。其纳税人为交纳增值税和消费税的单位和个人，以纳税人实际交纳的增值税和消费税税额为计税依据，并分别与两项税金同时交纳。税率因纳税人所在地不同从1%～7%不等。

其计算公式为：

$$应纳税额＝（实纳增值税＋实纳消费税）×适用税率$$

企业按规定计算出应交纳的城市维护建设税，借记"税金及附加"等账户，贷记"应交税费——应交城市维护建设税"账户。交纳城市维护建设税时，借记"应交税费——应交城市维护建设税"账户，贷记"银行存款"账户。

【任务举例8-34】　旭日公司本期实际应交增值税510 000元、消费税240 000元，适用的城市维护建设税税率为7%。公司应编制如下会计分录：

（1）计算应交城市维护建设税：

借:税金及附加 52 500
 贷:应交税费——应交城市维护建设税 52 500
   应交的城市维护建设税＝(510 000＋240 000)×7％＝52 500(元)

(2)用银行存款交纳城市维护建设税:

借:应交税费——应交城市维护建设税 52 500
 贷:银行存款 52 500

(三)应交教育费附加

教育费附加是为了发展教育事业而向企业征收的附加费用,企业按应交流转税的一定比例计算交纳。企业按规定计算出应交纳的教育费附加,借记"税金及附加"等账户,贷记"应交税费——应交教育费附加"账户。

(四)应交土地增值税

土地增值税是对转让国有土地使用权、地上的建筑物及其附着物(以下简称转让房地产)并取得增值性收入的单位和个人所征收的一种税。土地增值税按照转让房地产所取得的增值额和规定的税率计算征收。

转让房地产的增值额是转让收入减去税法规定扣除项目金额后的余额,其中,转让收入包括货币收入、实物收入和其他收入;扣除项目主要包括取得土地使用权所支付的金额、开发土地的成本及费用、新建房及配套设施的成本及费用、与转让房地产有关的税金、旧房及建筑物的评估价格、财政部确定的其他扣除项目等。

土地增值税采用四级超率累进税率,其中最低税率为30％,最高税率为60％。

根据企业对房地产核算方法的不同,企业应交土地增值税的账务处理也有所区别:

(1)企业转让的土地使用权连同地上建筑物及其附着物一并在"固定资产"账户核算的,转让时应交的土地增值税,借记"固定资产清理"账户,贷记"应交税费——应交土地增值税"账户。

(2)土地使用权在"无形资产"账户核算的,借记"银行存款""累计摊销""无形资产减值准备"账户,按应交的土地增值税,贷记"应交税费——应交土地增值税"账户,同时冲销土地使用权的账面价值,贷记"无形资产"账户,按其差额,借记"营业外支出"账户或贷记"营业外收入"账户。

(3)房地产开发经营企业销售房地产应交纳的土地增值税,借记"税金及附加"账户,贷记"应交税费——应交土地增值税"账户。

交纳土地增值税时,借记"应交税费——应交土地增值税"账户,贷记"银行存款"账户。

【任务举例8-35】 华阳公司对外转让一栋厂房,根据税法规定计算的应交土地增值税为25 000元。公司应编制如下会计分录:

(1)计算应交土地增值税:

借:固定资产清理 25 000
 贷:应交税费——应交土地增值税 25 000

(2)用银行存款交纳土地增值税:

借:应交税费——应交土地增值税 25 000

　　贷:银行存款　　　　　　　　　　　　　　　　　　　　　　　　　　　25 000

（五）应交房产税、城镇土地使用税、车船税和矿产资源补偿费

　　房产税是国家对在城市、县城、建制镇和工矿区征收的由产权所有人交纳的一种税。

　　房产税依照房产原值一次减除 10%～30% 后的余额计算交纳。没有房产原值作为依据的，由房产所在地税务机关参考同类房产核定；房产出租的，以房产租金收入为房产税的计税依据。

　　城镇土地使用税是以城市、县城、建制镇、工矿区范围内使用土地的单位和个人为纳税人，以其实际占用的土地面积和规定税额计算征收。

　　车船税是以车辆、船舶（简称车船）为课征对象，向车船的所有人或者管理人征收的一种税。

　　矿产资源补偿费是对在我国领域和管辖海域开采矿产资源而征收的费用。

　　企业应交的房产税、城镇土地使用税、车船税、矿产资源补偿费，借记"税金及附加"账户，贷记"应交税费——应交房产税"（或应交城镇土地使用税、应交车船税、应交矿产资源补偿费"）账户。

　　【任务举例8-36】　华达公司按税法规定本期应交纳房产税 160 000 元、车船税 38 000元、城镇土地使用税 45 000 元。公司应编制如下会计分录：

　　（1）计算应交纳的上述税金：

　　借:税金及附加　　　　　　　　　　　　　　　　　　　　　　　　　　243 000
　　　　贷:应交税费——应交房产税　　　　　　　　　　　　　　　　　　160 000
　　　　　　　　　　——应交城镇土地使用税　　　　　　　　　　　　　　 45 000
　　　　　　　　　　——应交车船税　　　　　　　　　　　　　　　　　　 38 000

　　（2）用银行存款交纳上述税金：

　　借:应交税费——应交房产税　　　　　　　　　　　　　　　　　　　　160 000
　　　　　　　　——应交城镇土地使用税　　　　　　　　　　　　　　　　 45 000
　　　　　　　　——应交车船税　　　　　　　　　　　　　　　　　　　　 38 000
　　　　贷:银行存款　　　　　　　　　　　　　　　　　　　　　　　　　243 000

（六）应交个人所得税

　　企业职工按规定应交纳的个人所得税通常由单位代扣代交。企业按规定计算的代扣代交的职工个人所得税，借记"应付职工薪酬"账户，贷记"应交税费——应交个人所得税"账户；企业交纳个人所得税时，借记"应交税费——应交个人所得税"账户，贷记"银行存款"等账户。

　　【任务举例8-37】　腾飞公司结算本月应付职工工资总额 300 000 元，按税法规定应代扣代交的职工个人所得税共计 3 000 元，实发工资 297 000 元。公司应编制如下会计分录：

　　（1）代扣个人所得税：

　　借:应付职工薪酬——职工工资、奖金、津贴和补贴　　　　　　　　　　 3 000
　　　　贷:应交税费——应交个人所得税　　　　　　　　　　　　　　　　 3 000

　　（2）交纳个人所得税：

借:应交税费——应交个人所得税 3 000

  贷:银行存款 3 000

任务七　其他流动负债的核算

一、应付利息

应付利息是指企业按照合同约定应支付的利息,包括吸收存款、分期付息到期还本的长期借款、企业债券等应支付的利息。

资产负债表日,应按摊余成本和实际利率计算确定的利息费用,借记"利息支出""在建工程""财务费用""研发支出"等账户,按合同利率计算确定的应付未付利息,贷记"应付利息"账户,按借贷双方之间的差额,借记或贷记"长期借款——利息调整"等账户。

企业应当设置"应付利息"账户,并按照债权人设置明细账户进行明细核算,该账户期末贷方余额反映企业按照合同约定应支付但尚未支付的利息。

二、应付股利

应付股利是指企业根据股东大会或类似机构审议批准应分配的现金股利或利润。企业股东大会或类似机构审议批准的利润分配方案、宣告分派的现金股利或利润,在实际支付前,形成企业的负债。企业董事会或类似机构通过的利润分配方案中拟分配的现金股利或利润,不应确认负债,但应在附注中披露。

企业根据股东大会或类似机构审议批准的利润分配方案,确认应付给投资者的现金股利或利润时,借记"利润分配——应付现金股利或利润"账户,贷记"应付股利"账户;向投资者实际支付现金股利或利润时,借记"应付股利"账户,贷记"银行存款"等账户。

【任务举例8-38】 吉力公司20×9年度实现净利润100万元,经过股东大会批准,决定20×9年度分配现金股利60万元,并通过银行存款支付。

有关会计处理如下:

借:利润分配——应付现金股利或利润 600 000

  贷:应付股利 600 000

借:应付股利 600 000

  贷:银行存款 600 000

三、其他应付款

其他应付款是指企业除应付票据、应付账款、预收账款、应付职工薪酬、应交税费、应付利息、应付股利等经营活动以外的其他各项应付、暂收的款项,如应付租入包装物租金、存入保证金等。

企业通过"其他应付款"账户,核算其他应付款的增减变动及其结存情况。该账户贷方登记发生的各种应付、暂收款项,借方登记偿还或转销的各种应付、暂收款项;该账户期末贷方余额,反映企业应付未付的其他应付款项。

企业发生其他各种应付、暂收款项时,借记"管理费用""银行存款"账户,贷记"其他应付款"账户;支付或退回其他各种应付、暂收款项时,借记"其他应付款"账户,贷记"银行存款"等账户。

【任务举例 8-39】　华达公司从 2018 年 1 月 1 日起因销售普通商品,而收取对方包装物押金 10 万元,双方协商的合同期为 6 个月。

具体账务处理如下:

(1)1 月 1 日收到押金时:

借:银行存款　　　　　　　　　　　　　　　　　　　　　　100 000
　　贷:其他应付款　　　　　　　　　　　　　　　　　　　　100 000

(2)7 月 1 日对方退回包装物时:

借:其他应付款　　　　　　　　　　　　　　　　　　　　　100 000
　　贷:银行存款　　　　　　　　　　　　　　　　　　　　　100 000

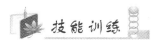
技能训练

一、简答题

1.流动负债包含哪些内容?

2.简述流动负债的特征。

3.应付票据的种类有哪些,各自核算有何不同?

4.简述应付职工薪酬核算的内容。

5.简述应交税费核算的内容。

二、实训题

1. A 公司为增值税一般纳税人,适用的增值税税率为 13%。A 公司于 20×9 年 5 月 1 日从银行借入专门借款 400 万元用于购建生产经营用固定资产,借款期限为 3 年,年利率为 5%,到期一次还本付息。A 公司用该借款于当日购买需要安装的设备一台,价款为 300 万元,增值税额为 39 万元,设备已于当日投入安装并支付安装费用 100 万元。20×9 年 12 月 31 日,设备安装完毕并达到预定可使用状态。该设备预计使用 10 年,预计净残值为 5 万元。采用双倍余额递减法计算折旧。

要求:编制上述业务的会计分录。

2.甲上市公司发行公司债券为建造专用生产线筹集资金,该公司为增值税一般纳税人,适用的增值税税率为 13%。有关资料如下:

(1)20×5 年 12 月 31 日,委托证券公司以 8 000 万元的价格发行 3 年期分期付息公司债券,该债券面值为 8 000 万元,票面年利率为 4.5%,该利率等于实际年利率,每年付息一次,到期后按面值偿还,支付的发行费用与发行期间冻结资金产生的利息收入相等。

(2)生产线建造工程采用自营方式,于 20×8 年 1 月 1 日开始动工,当日购入需要安装的机器设备,取得增值税专用发票,价款 7 000 万元,增值税额 910 万元,20×8 年 12 月 31 日所建造生产线达到预定可使用状态,并支付安装费用 100 万元。

(3)假定各年度利息的实际支付日期均为下年度的 1 月 10 日,20×9 年 1 月 10 日支付 20×8 年度的利息并偿付面值。

要求:编制上述业务的会计分录。

项目九　非流动负债的核算

 学习要点

1. 非流动负债的定义及特点；
2. 长期借款的定义和分类；
3. 长期借款在各个时期的账务处理；
4. 应付债券的定义及分类；
5. 一般公司债券发行时、持续期间、偿还时的账务处理；
6. 可转换公司债券的含义及其账务处理；
7. 借款费用的含义及种类；
8. 借款费用资本化和费用的确定及核算。

 项目导入

　　企业为了扩大生产经营规模或搞多种经营，需要添置各种机械设备，建造厂房，这些都需要企业投入大量的长期占用的资金。企业需要的长期资金来自两个方面：一是增加投资人投入的资金；二是举借长期借款。从投资人角度来看，举借长期借款往往更为有利。一方面有利于投资人保持原有控制企业的权力，不会因为企业筹集长期资金而影响投资者本身的利益；另一方面还可以为投资人带来获利的机会。因为长期借款利息，可以计入财务费用在税前利润列支，在企业盈利的情况下，就可少交一部分所得税，为投资人增加利润。

任务一　非流动负债概述

一、非流动负债的定义

　　非流动负债，也称长期负债，是指偿还期在一年或超过一年的一个营业周期以上的债务。

　　企业需要扩大生产经营规模时往往举借大量的长期资金。企业需要的长期资金主要有两种来源。一是由企业所有者投入新的资金，股份有限公司可以增发股票由股东投入资金。二是举借长期债务。长期债务是企业向债权人筹集的可供企业长期使用的一种长期负债。

非流动负债主要包括：企业向银行或其他金融机构借入的长期借款；企业发行的企业债券或称公司债券即应付债券；企业除长期借款和应付债券以外的其他各种长期应付款项，包括应付融资租入固定资产的租赁费以及以分期付款方式购入固定资产等发生的应付款项即长期应付款；企业取得政府作为企业所有者投入的具有专项或特定用途的款项即专项应付款；企业确认的对外提供担保、未决诉讼、产品质量保证、重组义务、亏损合同等预计负债；企业确认的应纳税暂时性差异产生的所得税负债即递延所得税负债等。

二、非流动负债的特点

企业的非流动负债借款时间长，债务金额大，具体来说具有以下特点：

(1)偿还期限长，金额大。考虑到货币的时间价值，非流动负债的现值与终值之间将存在较大的差异。

(2)利率较高，风险较大。一般而言，由于举借债务时间长，所以风险较大，债权人要求的风险报酬高，非流动债务资金的利率比流动债务资金的利率要高，利息费用比较大。非流动负债的利息是企业根据合同必须要承担的固定支出，如果企业经营不善，这笔支出将会成为企业沉重的财务负担，不能按期偿还债务的企业可能会面临破产；如果经营得当，所有者可以享有超过利息部分的资本投资报酬。因此是否以债务形式筹集长期资本，如何筹集，企业应慎重决策。

(3)举借非流动负债时限制性条款较多。从保护债权人角度出发，企业往往需要与债权人签订相关保护性条款，如要求企业提供担保，规定举债的最高限额，设置偿债基金等。因此企业对资金的灵活运用受到限制。

三、非流动负债的计价

(1)非流动负债应当按照公允价值进行初始计量，采用摊余成本进行后续计量。

(2)非流动负债的利息费用需要分期确认和计量。因为非流动负债的利息费用较大，非流动负债及其利息费用的确认和计量对企业的财务状况和经营成果有较大影响，所以需要分期确认和计量。利息费用中除了允许资本化的部分，其余应费用化计入当期损益。

任务二　长期借款的核算

一、长期借款的定义

长期借款是指企业从银行或其他金融机构借入的期限在一年以上(不含一年)的款项。长期借款是企业非流动负债的重要组成部分。长期借款的使用关系到企业的生产经营规模和效益，它一般用于固定资产的购建、改扩建工程、大修理工程、对外投资以及为了保持长期经营能力等方面，必须要加强管理与核算。

长期借款可以按不同的分类标准进行分类，一般有以下几种分类方法：

(1)按照借款用途的不同，可以分为基本建设借款、技术改造借款和生产经营借款三类。

（2）按照偿还方式的不同，可以分为定期一次性偿还的长期借款和分期偿还的长期借款两类。

（3）按照涉及货币种类的不同，可以分为人民币长期借款和外币长期借款。

（4）按照来源的不同，可以分为从银行借入的长期借款和从其他金融机构借入的长期借款等。

（5）按照借款的条件，可以分为抵押借款、担保借款和信用借款。

二、长期借款的账务处理

企业应设置"长期借款"账户，并按贷款单位和贷款种类，分别"本金""利息调整""应计利息"进行明细核算。

（一）取得

企业借入各种长期借款，按实际收到的款项，借记"银行存款"账户，贷记"长期借款——本金"账户；按其差额，借记"长期借款——利息调整"账户。

（二）计提利息

1．分次付息

在资产负债表日，企业应按长期借款的摊余成本和实际利率计算确定的长期借款的利息费用，借记"在建工程""财务费用""制造费用"等账户，按借款本金和合同利率计算确定的应付未付利息，贷记"应付利息"账户，按其差额，贷记"长期借款——利息调整"账户。

2．一次还本付息

在资产负债表日，企业应按长期借款的摊余成本和实际利率计算确定的长期借款的利息费用，借记"在建工程""财务费用""制造费用"等账户，按借款本金和合同利率计算确定的应付未付利息，贷记"长期借款——应计利息"账户，按其差额，贷记"长期借款——利息调整"账户。

（三）支付利息

1．分次付息

支付利息时，借记"应付利息"账户，贷记"银行存款"账户。

2．一次还本付息

支付利息时，借记"长期借款——应计利息"账户，贷记"银行存款"账户。

（四）偿还

企业到期归还长期借款，按归还的长期借款本金，借记"长期借款——本金"账户，按实际归还的款项，贷记"银行存款"账户。

【任务举例 9-1】 吉力公司为建造办公楼一幢，于20×7年1月1日借入2年期限的长期专门借款1 500 000元，款项已存入银行。借款利率按市场利率确定为9%，每年付息一次，期满后一次还清本金。20×7年年初，企业以银行存款支付工程价款共计9 000 000元，20×8年年初，以银行存款支付工程费用600 000元。该厂房于20×8年年底完工，达到预定可使用状态。假定不考虑闲置专门借款资金存款的利息收入或者投资收益。

账务处理如下：

(1)20×7年1月1日,取得借款时

借:银行存款   1 500 000

 贷:长期借款——本金   1 500 000

(2)20×7年年初,支付工程款时

借:在建工程——办公楼   900 000

 贷:银行存款   900 000

(3)20×7年12月31日,计算20×7年应计入工程成本的利息费用时

借款利息=1 500 000×9%=135 000(元)

借:在建工程——办公楼   135 000

 贷:应付利息   135 000

(4)20×7年12月31日,支付借款利息时

借:应付利息   135 000

 贷:银行存款   135 000

(5)20×8年年初,支付工程款时

借:在建工程——办公楼   600 000

 贷:银行存款   600 000

(6)20×8年年底工程达到预定可使用状态时

该期应计入工程成本的利息=1 500 000×9%=135 000(元)

借:在建工程——办公楼   135 000

 贷:应付利息   135 000

同时:

借:固定资产——办公楼   1 770 000

 贷:在建工程——办公楼   1 770 000

(7)20×8年12月31日,支付利息时

借:应付利息   135 000

 贷:银行存款   135 000

(8)20×9年1月1日,偿还本金时

借:长期借款——本金   1 500 000

 贷:银行存款   1 500 000

任务三　应付债券的核算

一、应付债券的定义

应付债券是指企业为筹集长期使用资金而发行的一种书面证明。因其是发行期限在一年以上(不含一年)的应付长期债券,因而构成一项非流动负债。

债券凭证上通常列明以下条款:

（1）债券面值，是指债券的到期值，即债券到期应偿还的本金。

（2）债券利率，是指债券应付利息的年利率，又称为票面利率、约定利率、名义利率。

（3）付息日，即支付债券利息的日期。

（4）到期日，即偿还债券本金的日期。

二、应付债券的分类

债券按不同的依据有如下不同的分类：

1. 按有无担保可分为信用债券和担保债券

信用债券（即无担保债券）是指不以特定的抵押财产作为担保物，仅凭企业的信誉而发行的债券。

担保债券是指企业以动产或不动产作抵押而发行的债券。

2. 按发行方式可分为记名债券和无记名债券

记名债券是指公司在所发行的债券上记载了债券持有人的姓名和地址并在公司的债权人名册中登记。债券到期时，其持有人必须凭债券和本人的身份证或其他相关证明文件才能领取本息。买卖记名债券时，还必须办理过户登记手续。由此可见，记名债券比较安全，但流通转让手续烦琐。

无记名债券又称息票债券，指公司债券上不记载债券持有人的姓名或名称，债券持有人只需凭债券所附息票就可以按期领取利息，到期时则凭债券领回本金。这种债券转让方便，一般向社会公众发行的都是无记名债券。

3. 按偿还方式可分为一次还本债券和分期还本债券

一次还本债券是指本金在到期日一次偿还的债券。

分期还本债券是指本金分期偿还的债券。

4. 特殊形式的债券包括可转换公司债券、可赎回债券、收益债券和收入债券

可转换公司债券是指债券持有人在持有一定时期后可按照规定的比率转换为公司的普通股的债券。

可赎回债券是指债券发行企业有权在持有债券到期日之前按确定的价格提前赎回的债券。

收益债券是指发行企业有盈利才支付利息的债券。

收入债券是指发行企业用某种特定的收入来源支付利息的债券，即发行企业取得该种收入就支付利息。

三、应付债券的账务处理

企业发行的一年期以上的债券属于长期负债。企业应设置"应付债券"账户，并分别通过"应付债券——面值"明细账户反映发行债券的面值，"应付债券——利息调整"明细账户反映面值与实际发行价格之间的差额，"应付债券——应计利息"明细账户反映一次还本付息债券计提的利息。

应付债券

（一）债券的发行

1. 发行的方式

（1）平价发行：当债券的票面利率与市场利率相同时，可按票面价值的价格发行，称为平价发行。

（2）溢价发行：其他条件不变时，当债券的票面利率高于市场利率时，可按超过债券票面价值的价格发行，称为溢价发行，溢价是企业以后各期多付利息而事先得到的补偿。

（3）折价发行：如果债券的票面利率低于市场利率，可按低于债券票面价值的价格发行，称为折价发行。折价是企业以后各期少付利息而预先给投资者的补偿；溢价或折价实质上是发行债券企业在债券存续期内对利息费用的一种调整。

2.账务处理

无论是按面值发行，还是溢价发行或折价发行，企业均应按实际收到的款项，借记"银行存款"等账户，按债券票面价值，贷记"应付债券——面值"账户，按实际收到的款项与票面价值之间的差额，贷记或借记"应付债券——利息调整"账户。（注意：发行债券的发行费用应计入发行债券的初始成本，反映在"应付债券——利息调整"明细账户中）即：

借：银行存款
　　应付债券——利息调整（差额）
　　贷：应付债券——面值（债券面值）
　　　　　　　　——利息调整（差额）

（二）利息调整的摊销

企业应在债券存续期间内采用实际利率法进行利息调整，摊销发行时产生的差额。

1.分期付息、一次还本债券

对于分期付息、一次还本的债券，企业应按应付债券的摊余成本和实际利率计算确定的债券利息费用，按照受益对象借记"在建工程""制造费用""财务费用"等账户，按面值和票面利率计算确定的应付未付利息，贷记"应付利息"账户，按其差额，借记或贷记"应付债券——利息调整"账户。

2.一次还本付息

对于一次还本付息的债券，企业应按应付债券摊余成本和实际利率计算确定的债券利息费用，按照受益对象借记"在建工程""制造费用""财务费用"等账户，按面值和票面利率计算确定的应付未付利息，贷记"应付债券——应计利息"账户，按其差额，借记或贷记"应付债券——利息调整"账户。

（三）支付利息

1.分期付息、一次还本债券

采用分期付息、一次还本方式的，在每期支付利息时，借记"应付利息"账户，贷记"银行存款"账户。

2.一次还本付息

采用一次还本付息方式的，企业应于债券到期支付债券利息时，借记"应付债券——应计利息"账户，贷记"银行存款"账户。

（四）债券的偿还

债券到期偿还本金时，借记"应付债券——面值"账户，贷记"银行存款"账户。

【任务举例 9-2】 2018 年 1 月 1 日，甲公司为建设一栋办公楼而发行 5 年期一次还本、分次付息的公司债券 1 000 万元,面值 1 250 万元,债券利息在每年 12 月 31 日支付,票面利率为年利率 4.72%。

甲公司该批债券的实际利率为:

$$1\,000 = 1\,250 \times 4.72\% \times (P/A, r\%, 5) + 1\,250 \times (P/F, 5\%, 5) = 10\%$$

甲公司根据上述资料,采用实际利率法和摊余成本计算确定的利息费用见表 9-1。

表 9-1　利息费用表　　　　　　　　　　　　　　　　　　　　　单位:万元

日　　期	期初摊余成本 (a)	实际利息费用 (b)=(a)×10%	现金流出 (c)=(a)×(b) =1 250×4.72%	期末摊余成本余额 (d)=(a)+(b)-(c)
2018 年	1 000	100	59	1 041
2019 年	1 041	104	59	1 086
2020 年	1 086	109	59	1 136
2021 年	1 136	113	59	1 190
2022 年	1 190	119	1 309	0
合　　计		545	1 545	

根据表 9-1 的资料,甲公司的账务处理如下:

(1)2018 年 1 月 1 日,发行债券时

借:银行存款　　　　　　　　　　　　　　　　　　　　　10 000 000

　　应付债券——利息调整　　　　　　　　　　　　　　　　2 500 000

　　　贷:应付债券——面值　　　　　　　　　　　　　　　12 500 000

(2)2018 年 12 月 31 日,计算利息费用时

借:在建工程　　　　　　　　　　　　　　　　　　　　　 1 000 000

　　贷:应付利息　　　　　　　　　　　　　　　　　　　　　 590 000

　　　应付债券——利息调整　　　　　　　　　　　　　　　 410 000

(3)2018 年 12 月 31 日,支付利息时

借:应付利息　　　　　　　　　　　　　　　　　　　　　　 590 000

　　贷:银行存款　　　　　　　　　　　　　　　　　　　　　 590 000

2019 年、2020 年、2021、2022 年确认利息费用的会计分录与 2018 年相同,金额与利息费用一览表的对应金额一致。

(4)2022 年 12 月 31 日,归还债券本金时

借:应付债券——面值　　　　　　　　　　　　　　　　　12 500 000

　　贷:银行存款　　　　　　　　　　　　　　　　　　　　12 500 000

任务四　可转换公司债券的核算

一、可转换公司债券的定义

可转换公司债券的全称为可转换为股票的公司债券,是指发行人依照法定程序发行,

在一定期限内依照约定的条件可以转换为股票的公司债券,既含有负债成分又含有权益成分。我国发行可转换公司债券采取记名式无纸化发行方式。

二、可转换公司债券的账务处理

根据《企业会计准则第 37 号——金融工具列报》的规定企业发行的可转换公司债券,应当在初始确认时将其负债成分和权益成分进行分拆,分别进行处理。

企业应设置"应付债券——可转换公司债券——面值"账户反映可转换公司债券的面值、"应付债券——可转换公司债券——利息调整"账户反映可转换公司债券负债部分的价值与其面值之间的差额、"资本公积——其他资本公积"账户反映可转换公司债券权益部分的价值。

(一)发行时分拆账面价值

企业在进行分拆时,应当先确定负债成分的公允价值并以此作为其初始确认金额,确认为应付债券。负债成分的公允价值是合同规定的未来现金流量按一定利率(利率是据市场上具有可比信用等级并在相同条件下提供几乎相同现金流量,但不具有转换权的工具的适用利率)的现值。然后,按该可转换公司债券整体的发行价格扣除负债成分初始确认金额后确定权益成分的初始确认金额,确认为资本公积。最后,可转换公司债券发生的交易费用,应当在负债成分和权益成分之间按照其初始确认金额的相对比例进行分摊。

企业应按实际收到的款项,借记"银行存款"等账户,按可转换公司债券包含的负债成分面值,贷记"应付债券——可转换公司债券——面值"账户,可转换公司债券负债部分的价值与其面值之间的差额借记或贷记"应付债券——可转换公司债券——利息调整"账户。按权益成分的价值,贷记"资本公积——其他资本公积"账户。

(二)持续期间

与一般公司债券相同,可转换公司债券的负债成分,在转换为股份前,即按照摊余成本和实际利率确认利息费用,按照面值和票面利率确认应付债券(应计利息)或者应付利息,差额摊销"利息调整"金额。

(三)转换债券

可转换公司债券转换为股票时,按可转换公司债券的余额,借记"应付债券——可转换公司债券——面值"账户,借记或贷记"应付债券——可转换公司债券——利息调整"账户,按其权益成分的金额,借记"资本公积——其他资本公积"账户,按股票面值和转换的股数计算的股票面值总额,贷记"股本"账户,按其差额,贷记"资本公积——股本溢价"账户。不足一股时可以支付现金,贷记"库存现金""银行存款"等账户。

任务五　借款费用的核算

一、借款费用概述

(一)借款费用的范围

借款费用是企业因借入资金所付出的代价,包括借款利息、折价或者溢价的摊销、辅助费用以及因外币借款而发生的汇兑差额等。对于企业发生的权益性融资费用,不应包括在借款费用中。承租人根据租赁会计准则所确认的融资租赁发生的融资费用属于借款费用。

1.利息

因借款而发生的利息包括企业向银行或者其他金融机构等借入资金发生的利息、发行公司债券发生的利息,以及为购建或者生产符合资本化条件的资产而发生的带息债务所承担的利息等。

2.折价或溢价的摊销

因借款而发生的折价或者溢价主要是指发行债券等所发生的折价或者溢价,发行债券中的折价或者溢价,其实质是对债券票面利息的调整(即将债券票面利率调整为实际利率),属于借款费用的范畴。例如,XYZ公司发行公司债券,每张公司债券票面价值为1 000元,票面年利率为6%,期限为4年,而同期市场利率为年利率8%,由于公司债券的票面利率低于市场利率,为成功发行公司债券,XYZ公司采取了折价发行的方式,折价金额在实质上是用于补偿投资者在购入债券后所收到的名义利息上的损失,应当作为以后各期利息费用的调整额。

3.汇兑差额

汇兑差额是由于汇率变动导致市场汇率与账面汇率出现差异,从而对外币借款本金及其利息的记账本位币金额所产生的影响金额。由于汇率的变化往往和利率的变化相联动,它是企业外币借款所需承担的风险,因此,因外币借款相关汇率变化所导致的汇兑差额属于借款费用的有机组成部分。

4.辅助费用

辅助费用是指企业在借款过程中发生的诸如手续费、佣金、印刷费等费用,由于这些费用是因安排借款而发生的,也属于借入资金所付出的代价,是借款费用的构成部分。

(二)借款的范围

1.专门借款

专门借款通常有明确的用途,为购建或者生产某项符合资本化条件的资产而专门借入的,通常应当具有标明该用途的借款合同。

2.一般借款

一般借款是指除专门借款之外的借款,一般借款在借入时没有特指用于符合资本化条件的资产的购建或者生产。

(三)符合资本化条件的资产

符合资本化条件的资产是指需要经过相当长时间(通常为一年或一年以上)的购建或者生产活动才能达到预定可使用或者可销售状态的固定资产、无形资产、投资性房地产和存货(存货主要包括房地产开发企业开发的用于对外出售的房地产开发产品、企业制造的用于对外出售的大型机械设备等,这类存货通常需要经过相当长时间的建造或者生产过程,才能达到预定可销售状态)等资产。

二、借款费用资本化期间

根据借款费用准则的规定,企业只有发生在资本化期间内的有关借款费用,才允许资本化。借款费用资本化期间,是指从借款费用开始资本化时点到停止资本化时点的期间,但不包括借款费用暂停资本化的期间(此期间的借款费用应该费用化)。

(一)借款费用开始资本化的时点

借款费用同时满足下列条件的,才能开始资本化:

1.资产支出已经发生

资产支出包括为购建或者生产符合资本化条件的资产而以支付现金、转移非现金资产或者承担带息债务形式发生的支出。支付现金,是指用货币资金支付符合资本化条件的资产的购建或者生产支出;转移非现金资产,是指企业将自己的非现金资产直接用于符合资本化条件的资产的购建或者生产;承担带息债务,是指企业为了购建或者生产符合资本化条件的资产所需用物资等而承担的带息应付款项。

2.借款费用已经发生

借款费用已经发生是指企业因购建或者生产符合资本化条件的资产而专门借入款项的借款费用或者所占用的一般借款的借款费用已经发生。如:甲企业为了建造一项符合资本化条件的固定资产,使用自有资金购置了工程物资,该固定资产也已经开始动工兴建,但专门借款资金尚未到位,也没有占用一般借款资金,因此不允许开始借款费用的资本化。

3.为使资产达到预定可使用或者可销售状态所必要的购建或者生产活动已经开始

为使资产达到预定可使用或者可销售状态所必要的购建或者生产活动已经开始是指符合资本化条件的资产的实体建造或者生产工作已经开始,例如厂房的实际开工建造、无形资产的开发、船舶的建造等。如:甲企业为了建设办公楼购置了建筑用地,但是尚未开工兴建房屋,因此在这种情况下即使企业为了购置建筑用地已经发生了支出,也不应当将其确认为使资产达到预定可使用状态所必要的购建活动已经开始。

(二)借款费用暂停资本化的时间

符合资本化条件的资产在购建或者生产过程中发生非正常中断且中断时间连续超过3个月的,应当暂停借款费用的资本化。在实务中,企业应当遵循"实质重于形式"等原则来判断借款费用暂停资本化的时间,如果相关资产购建或者生产的中断时间较长而且满足其他规定条件的,相关借款费用应当暂停资本化。

1.正常中断

正常中断是由于购建或者生产符合资本化条件的资产达到预定可使用或者可销售状态所必要的程序,或者事先可预见的不可抗力因素导致的中断。例如,某些工程建造到一定阶段必须暂停下来进行质量或者安全检查,检查通过后才可继续下一阶段的建造工作,这类中断是在施工前可以预见的,而且是工程建造必须经过的程序,属于正常中断。某些地区的工程在建造过程中,由于可预见的不可抗力因素(如雨季或冰冻季节等原因)导致施工出现停顿,也属于正常中断。

2.非正常中断

非正常中断,通常是由于企业管理决策上的原因或者其他不可预见的原因等所导致的中断。比如,企业因与施工方发生了质量纠纷,或者工程、生产用料没有及时供应,或者资金周转发生了困难,或者施工、生产发生了安全事故,或者发生了与资产购建、生产有关的劳动纠纷等原因,导致资产购建或者生产活动发生中断,均属于非正常中断。

(三)借款费用停止资本化的时点

购建或者生产符合资本化条件的资产达到预定可使用或者可销售状态时,借款费用应当停止资本化。在符合资本化条件的资产达到预定可使用或者可销售状态之后所发生的借款费用,应当在发生时根据其发生额确认为费用,计入当期损益。

购建或者生产符合资本化条件的资产达到预定可使用或者可销售状态,可从下列几个方面进行判断:

(1)符合资本化条件的资产的实体建造(包括安装)或者生产工作已经全部完成或者实质上已经完成。

(2)所购建或者生产的符合资本化条件的资产与设计要求、合同规定或者生产要求相符或者基本相符,即使有极个别与设计、合同或者生产要求不相符的地方,也不影响其正常使用或者销售。

(3)继续发生在所购建或生产的符合资本化条件的资产上的支出金额很少或者几乎不再发生。

购建或者生产符合资本化条件的资产需要试生产或者试运行的,在试生产结果表明资产能够正常生产出合格产品或试运行结果表明资产能够正常运转或者营业时,应当认为该资产已经达到预定可使用或者可销售状态。

购建或者生产的符合资本化条件的资产的各部分分别完工,且每部分在其他部分继续建造过程中可供使用或者可对外销售,且为使该部分资产达到预定可使用或可销售状态所必要的购建或者生产活动实质上已经完成的,应当停止与该部分资产相关的借款费用的资本化。购建或者生产的资产的各部分分别完工,但必须等到整体完工后才可使用或者可对外销售的,应当在该资产整体完工时停止借款费用的资本化。

三、借款费用的计量

由于借款费用包括借款利息、折价或者溢价的摊销、辅助费用以及因外币借款而发生的汇兑差额等。因此分别从下列几个方面来核算:

(一)利息资本化金额的确定

在借款费用资本化期间内,每一会计期间的利息(包括折价或溢价的摊销)资本化金额,应当按照下列规定确定:

1. 专门借款资本化金额

为购建或者生产符合资本化条件的资产而借入专门借款的,应当以专门借款当期实际发生的利息费用,减去将尚未动用的借款资金存入银行取得的利息收入或进行暂时性投资取得的投资收益后的金额确定,即资本化金额=利息支出-利息收入。

【任务举例9-3】　甲公司为建造厂房于2018年4月1日从银行借入1 000万元专门借款,借款期限为2年,年利率为6%,不考虑借款手续费。该项专门借款在银行的存款年利率为 3%,2018 年 7 月 1 日,甲公司采取出包方式委托 B 公司为其建造该厂房,并预付了 500 万元工程款,厂房实体建造工作于当日开始。该工程因发生施工安全事故于 2018 年 8 月 1 日至 11 月 30 日中断施工,12 月 1 日恢复正常施工,至年末工程尚未完工。则该项厂房建造工程在 2018 年度应予资本化的利息金额为:

由于工程于 2018 年 8 月 1 日至 11 月 30 日发生停工,这样能够资本化的期间为 2 个月。2018 年度应予资本化的利息金额 $= 1\,000 \times 6\% \times 6/12 - 500 \times 3\% \times 6/12 = 22.5$(万元)。

2. 一般借款资本化金额

为购建或者生产符合资本化条件的资产而占用了一般借款的,企业应当根据累计资产支出超过专门借款部分的资产支出加权平均数乘以所占用一般借款的资本化率,计算确定一般借款应予资本化的利息金额。资本化率应当根据一般借款加权平均利率计算确定。

资本化金额 = 累计资产支出超过专门借款部分的资产支出加权平均数 × 所占用一般借款的资本化率

所占用一般借款的资本化率 = 所占用一般借款加权平均利率

= 所占用一般借款当期实际发生的利息之和 ÷ 所占用一般借款本金加权平均数

所占用一般借款本金加权平均数 $= \sum$(所占用每笔一般借款本金 × 每笔一般借款在当期所占用的天数 ÷ 当期天数)

【任务举例 9-4】 甲企业于 2017 年 1 月 1 日用专门借款开工建造一项固定资产,2018 年 12 月 31 日该固定资产全部完工并投入使用,该企业为建造该固定资产于 2016 年 12 月 1 日专门借入一笔款项,本金为 500 万元,年利率为 5%,期限为 2 年。该企业另借入两笔一般借款:第一笔为 2017 年 1 月 1 日借入的 400 万元,借款年利率为 4%,期限为 2 年;第二笔为 2017 年 7 月 1 日借入的 250 万元,借款年利率为 3%,期限为 3 年。则该企业 2017 年为购建固定资产而占用了一般借款所使用的资本化率为:

资本化率 $= (400 \times 4\% + 250 \times 3\% \times 6/12) \div (400 \times 12/12 + 250 \times 6/12) \times 100\%$
$= 3.76\%$。

【任务举例 9-5】 甲公司于 2017 年 1 月 1 日借入专门借款 1 000 万元、年利率为 6%、2 年期,于同年 11 月 1 日借入专门借款 500 万元、年利率 8%、1 年期。公司于 2017 年 4 月 1 日正式动工兴建一幢办公楼,工期预计为 1 年零 3 个月,分别于 2017 年 4 月 1 日支付工程进度款 600 万元、2017 年 11 月 1 日支付工程款进度款 500 万元、2017 年 12 月 31 日支付工程进度款 400 万元。假设闲置借款资金未做短期投资。办公楼于 2018 年 6 月 30 日完工,达到预定可使用状态。工程于 2017 年 6 月 1 日至 2017 年 10 月 31 日发生非正常中断。试确定借款的资本化金额。

(1)确定借款费用资本化的期间为 2017 年 4 月 1 日至 2017 年 5 月 31 日和 2017 年 11 月 1 日至 2018 年 6 月 30 日。

(2)计算在资本化期间内专门借款实际发生的利息金额:

2017 年专门借款发生的利息金额 $= 1\,000 \times 6\% \times 4/12 + 500 \times 8\% \times 2/12$
$= 86.7$(万元)

2018 年 1 月 1 日至 6 月 30 日专门借款发生的利息金额＝1 000×6％×6/12＋500×8％×6/12＝50(万元)

(3)有关账务处理如下：

2017 年 12 月 31 日：

借：在建工程 867 000

贷：应付利息 867 000

2018 年 6 月 30 日：

借：在建工程 50 000

贷：应付利息 50 000

企业在购建或者生产符合资本化条件的资产时，如果专门借款资金不足，占用了一般借款资金的，或者企业为购建或者生产符合资本化条件的资产并没有借入专门借款，而占用的都是一般借款资金，则企业应当根据为购建或者生产符合资本化条件的资产而发生的累计资产支出超过专门借款部分的资产支出加权平均数乘以所占用一般借款的资本化率，计算确定一般借款应予资本化的利息金额。资本化率应当根据一般借款加权平均利率计算确定。如果符合资本化条件的资产的购建或者生产没有借入专门借款，则应以累计资产支出加权平均数为基础计算所占用的一般借款利息资本化金额。即企业占用一般借款资金购建或者生产符合资本化条件的资产时，一般借款的借款费用的资本化金额的确定应当与资产支出相挂钩。

【任务举例 9-6】 承上例，假设甲公司借入的均为一般借款，试确定借款的资本化金额。

(1)计算所占用一般借款的资本化率：

一般借款资本化率(2017 年)＝(1 000×6％＋500×8％×2/12)÷(1 000＋500×2/12)＝6.15％

一般借款资本化率(2018 年)＝(1 000×6％＋500×8％)÷(1 000＋500)＝6.67％

(2)计算累计资产支出加权平均数：

2017 年累计资产支出加权平均数＝600×4/12＋500×2/12＝283.33(万元)

2018 年累计资产支出加权平均数＝1 500×6/12＝750(万元)

(3)计算每期利息资本化金额：

2017 年为建造办公楼的利息资本化金额＝283.33×6.15％＝17.43(万元)

2017 年实际利息＝1 000×6％＋500×8％×2/12＝66.67(万元)

2018 年为建造办公楼的利息资本化金额＝750×6.67％＝50(万元)

2018 年上半年实际利息＝1 000×6％×6/12＋500×8％×6/12＝50(万元)

(4)根据上述计算结果，账务处理如下：

2017 年 12 月 31 日：

借：在建工程 174 300

财务费用 492 400

贷：应付利息 666 700

2018 年 6 月 30 日：

借:在建工程   500 000

    贷:应付利息   500 000

(二)借款辅助费用资本化金额的确定

辅助费用是企业为了安排借款而发生的必要费用,包括借款手续费(如发行债券手续费)、佣金等。如果企业不发生这些费用,就无法取得借款,因此辅助费用是企业借入款项所付出的一种代价,是借款费用的有机组成部分。

1.专门借款发生的辅助费用

专门借款发生的辅助费用,在所购建或者生产的符合资本化条件的资产达到预定可使用或者可销售状态之前发生的,应当在发生时根据其发生额予以资本化,计入符合资本化条件的资产的成本;在所购建或者生产的符合资本化条件的资产达到预定可使用或者可销售状态之后发生的,应当在发生时根据其发生额确认为费用,计入当期损益。

资本化和计入当期损益的辅助费用的金额,应根据《企业会计准则第22号——金融工具确认和计量》,按照实际利率法所确定的金融负债交易费用对每期利息费用的调整额确定。借款实际利率与合同利率差异较小的,也可以采用合同利率计算确定利息费用。

2.一般借款发生的辅助费用

一般借款发生的辅助费用,应当在发生时根据其发生额确认为费用,计入当期损益。

3.金融负债交易费用

辅助费用的发生将导致相关借款实际利率的上升,从而需要对各期利息费用作相应调整,在确定借款辅助费用资本化金额时可以结合借款利息资本化金额一起计算,其会计处理也应当保持一致。

根据《企业会计准则第22号——金融工具确认和计量》的规定,除以公允价值计量且其变动计入当期损益的金融负债之外,其他与金融负债相关的交易费用应当计入金融负债的初始确认金额。为购建或者生产符合资本化条件的资产的专门借款或者一般借款,通常都属于除以公允价值计量且其变动计入当期损益的金融负债之外的其他金融负债。因此对于这些金融负债所发生的辅助费用需要计入借款的初始确认金额,即抵减相关借款的初始金额,从而影响以后各期实际利息的计算。

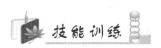 技能训练

一、简答题

1.简述长期借款的定义。

2.简述应付债券的种类。

3.债券的发行方式有哪些类型?

4.简述可转换公司债券的含义。

5.借款费用核算的内容有哪些?

二、实训题

甲上市公司经批准于 2017 年 1 月 1 日按每份面值 100 元发行了 1 000 000 份 5 年期一次还本付息的可转换公司债券,共计 100 000 000 元,款项已收存银行,债券票面年利率为 6%。债券发行 1 年后可转换为甲上市公司普通股股票,转股时每份债券可转 10 股,股票面值为每股 1 元。假定 2018 年 1 月 1 日债券持有人将持有的可转换公司债券全部转换为甲上市公司普通股股票。甲上市公司发行可转换公司债券时二级市场上与之类似的没有转换权的债券市场利率为 9%。该可转换公司债券发生的利息费用不符合资本化条件。

要求:对甲上市公司有关该可转换公司债券作出相应的账务处理。

项目十 所有者权益的核算

1. 所有者权益的含义及其基本构成;
2. 实收资本和股本增减变动的会计处理;
3. 法定盈余公积的提取方法及相关会计处理;
4. 未分配利润的核算。

由于所有者权益体现的是所有者在企业中的剩余权益,因此,所有者权益的确认主要依赖于其他会计要素,尤其是资产和负债的确认;所有者权益金额的确定也主要取决于资产和负债的计量。例如,企业接受投资者投入的资产,在该资产符合企业资产确认条件时,也相应地符合了所有者权益的确认条件。

任务一 认识所有者权益

一、所有者权益的定义

所有者权益,是指企业资产扣除负债后,由所有者享有的剩余权益。公司的所有者权益又称股东权益。所有者权益反映了所有者对企业资产剩余的索取权,是企业资产中扣除债权人权益后应由所有者享有的部分。

二、所有者权益的分类

(一)按来源构成分类

所有者权益按其来源分,主要包括所有者投入的资本、直接计入所有者权益的利得和损失、留存收益等。

1. 所有者投入的资本

所有者投入的资本,是指所有者以货币和其他形式投入企业的资本。

所有者投入的资本既包括构成企业注册资本或者股本部分的金额,也包括投入资本超过注册资本或者股本部分的金额,即资本溢价或者股本溢价。这部分投入资本在我国企业会计准则体系中被计入了资本公积,并在资产负债表中的资本公积项目下反映。

2. 直接计入所有者权益的利得和损失

直接计入所有者权益的利得和损失,是指不应计入当期损益、会导致所有者权益发生增减变动的、与所有者投入资本或者向所有者分配利润无关的利得或者损失。

利得,是指由企业非日常活动所形成的、会导致所有者权益增加的、与所有者投入资本无关的经济利益的流入。

损失,是指由企业非日常活动所发生的、会导致所有者权益减少的、与向所有者分配利润无关的经济利益的流出。

直接计入所有者权益的利得和损失主要包括可供出售金融资产的公允价值变动额、现金流量套期中套期工具利得或损失属于有效套期部分等。

3. 留存收益

留存收益是企业历年实现的净利润留存于企业的部分,主要包括盈余公积和未分配利润。

(二)按投资主体分类

所有者权益按其投资主体可分为国家股、法人股、个人股和外资股四种。

(1)国家股为有权代表国家投资的政府部门或机构,以国有资产投入公司所形成的股份。

(2)法人股为企业法人以其依法可支配的资产投入公司形成的股份,或具有法人资格的事业单位和社会团体,利用国家允许用于经营的资产,以向公司投资的形式所形成的股份。

(3)个人股为社会个人或本公司内部职工,以个人合法财产投入公司形成的股份。

上述三种股份都为国内投资主体所拥有,简称 A 股。

(4)外资股为外国和我国香港、澳门、台湾地区投资者,以购买人民币特种股票形式,向公司投资形成的股份,亦称 B 股;我国有些公司的股份在境外地区或国家证券交易所公开上市的流通股份,如 H 股、N 股等。

这种分类的主要目的在于反映在公司里不同性质的股份所占的比重,便于国家进行宏观调控。

任务二　投入资本的核算

一、实收资本与股本

投资者设立企业首先必须投入资本。

为了反映和监督投资者投入资本的增减变动情况,企业必须按照国家颁布的企业会计准则的规定进行实收资本的核算,真实地反映所有者投入企业资本的状况,维护所有者在企业的权益。除股份有限公司以外,其他各类企业均应通过"实收资本"账户核算,股份有限公司应通过"股本"账户核算。

实收资本
的核算

企业收到所有者投入企业的资本后,应根据有关原始凭证(如投资清单、银行通知单等),分别不同的出资方式进行会计处理。

(一)接受现金资产投资的核算

1. 股份有限公司以外的企业接受现金资产投资的核算

股份有限公司以外的企业在实际收到现金资产时,应按照其出资比例进行会计处理。实收资本的构成比例即投资者的出资比例或股东的股份比例,是确定所有者在企业所有者权益中所占的份额和参与企业财务经营决策的基础,也是企业进行利润分配或股利分配的依据,同时还是企业清算时确定所有者对净资产的要求权的依据。

【任务举例 10-1】 A、B、C 共同投资设立天源有限责任公司,注册资本为 3 000 000元,A、B、C 持股比例分别为 50%、30% 和 20%。按照章程规定,A、B、C 投入资本分别为1 500 000 元、900 000 元和 600 000 元。天源有限责任公司已如期收到各投资者一次缴足的款项。

会计分录如下:

借:银行存款   3 000 000

贷:实收资本——A   1 500 000

    ——B   900 000

    ——C   600 000

2. 股份有限公司接受现金资产投资的核算

股份有限公司是以发行股票的方式来筹集股本的。股票,是指企业签发的证明股东按其持有股份享有权利和承担义务的书面证明。由于股东按其所持股份比例享有权利和承担义务,为了便于反映和计算各股东所持股份占企业全部股本的比例,企业的股本总额按股票的面值与股份总数的乘积计算。股份有限公司发行股票时,既可以按面值发行股票,也可以溢价发行(我国目前不准许折价发行)。但是在“股本”账户必须记录股票的面值。股份有限公司在核定的股本总额及核定的股份总额的范围内发行股票时,应在实际收到现金资产时进行会计处理。

【任务举例 10-2】 吉力公司发行普通股 10 000 000 股,每股面值 1 元,按面值发行。假定股票发行成功,股款 10 000 000 元已全部收到,不考虑发行过程中的税费等因素。

会计分录如下:

借:银行存款   10 000 000

贷:股本   10 000 000

【任务举例 10-3】 承上例,假设股票每股面值为 1 元,发行价格为 6 元。股票发行成功,股票发行收入 60 000 000 元已全部收到(发行过程中的税费等因素略)。

会计处理如下:

应记入“资本公积”账户的金额=60 000 000-10 000 000=50 000 000(元)

借:银行存款   60 000 000

贷:股本   10 000 000

资本公积——股本溢价   50 000 000

(二)接受实物投资的核算

当企业接受股东或国家以原材料、固定资产等实物进行投资时,应对接受的实物进行评估,以评估确认的价值作为实收资本入账。

1. 接受原材料投资的核算

企业接受的原材料投资,其投资额为原材料评估价值(一般包含运杂费,如投资协议规定运杂费由企业负担,则运杂费应计入原材料价值,但不计入投资额)。企业应根据不含税原材料评估价值,借记"原材料"等账户;根据增值税额,借记"应交税费——应交增值税(进项税额)"账户;根据原材料全部评估价值,贷记"实收资本"账户。

【任务举例10-4】 天源公司于设立时收到B公司作为资本投入的原材料一批,该批原材料投资合同或协议约定价值(不含可抵扣的增值税进项税额部分)为200 000元,增值税进项税额为26 000元。B公司已开具了增值税专用发票。假设合同约定的价值与公允价值相符,该进项税额允许抵扣,不考虑其他因素。

会计分录如下:

借:原材料 200 000
　应交税费——应交增值税(进项税额) 26 000
　贷:实收资本——B公司 226 000

2. 接受固定资产投资的核算

企业接受的机器设备等投资,其投资额为机器设备等的评估价值(一般包含运杂费,如投资协议规定运杂费由受资企业负担,则运杂费应计入固定资产价值,但不计入投资额)。机器设备等的原值应根据具体情况确定。投入的机器设备如为不需要安装的机器设备,原值即为不含增值税的评估价值,应借记"固定资产"账户;根据增值税额,借记"应交税费——应交增值税(进项税额)"账户;根据机器设备等的全部评估价值贷记"实收资本"账户。如为需要安装的机器设备,原值为不含增值税的评估价值与安装费之和,应根据不含增值税的评估价值与安装费借记"在建工程"账户;并根据增值税额,借记"应交税费——应交增值税(进项税额)"账户;根据机器设备全部评估价值,贷记"实收资本"账户;根据安装费贷记"银行存款"账户。安装工程完工后,借记"固定资产"账户,贷记"在建工程"账户。

【任务举例10-5】 天源公司于设立时收到A公司作为资本投入的需要安装的机器设备一台,确认的不含税评估价值为800 000元,增值税额为104 000元,投资协议规定运杂费由天源公司负担,天源公司用银行存款实际支付运杂费2 000元。天源公司收到机器设备后出包安装,用银行存款实际支付安装费8 000元。根据以上资料,编制会计分录如下:

(1)收到机器设备

借:在建工程 802 000
　应交税费——应交增值税(进项税额) 104 000
　贷:实收资本——A公司 904 000
　　银行存款 2 000

(2)支付安装费

借:在建工程 8 000
　贷:银行存款 8 000

(3)安装工程完工

借:固定资产   810 000

  贷:在建工程   810 000

(三)接受无形资产投资的核算

企业收到股东或国家以无形资产进行投资时,其投资额为无形资产的评估价值。企业接受无形资产投资时,应借记"无形资产"账户,贷记"实收资本"账户。

【任务举例 10-6】 天源公司于设立时收到 C 公司作为资本投入的非专利技术一项,该非专利技术投资合同约定价值为 50 000 元,假设吉力公司接受该非专利技术符合国家注册资本管理的有关规定,可按合同约定作实收资本入账,合同约定的价值与公允价值相符,不考虑其他因素。

会计分录如下:

借:无形资产——非专利技术   50 000

  贷:实收资本——C 公司   50 000

(四)实收资本(或股本)增减变动的核算

一般情况下,企业的实收资本应相对固定不变,但在某些特定情况下,实收资本也可能发生增减变化。企业的实收资本(或股本),一般情况下,不得随意增减,如有必要增减,应具备一定的条件。

1. 实收资本(或股本)增加的核算

一般企业增加资本主要有三个途径:一是接受投资者(包括原企业所有者和新投资者)追加投资。企业在实际收到投资者投入的资金时,账务处理与前面所讲相同,借记"银行存款""固定资产""原材料"等账户,贷记"实收资本"等账户。二是资本公积转增资本。核算时,应借记"资本公积"账户,贷记"实收资本"账户。三是盈余公积转增资本。核算时,应借记"盈余公积"账户,贷记"实收资本"账户。

【任务举例 10-7】 甲、乙、丙三人共同投资设立天源公司,原注册资本为 4 000 000 元,甲、乙、丙分别出资 500 000 元、2 000 000 元和 1 500 000 元。为扩大经营规模,经批准,注册资本扩大为 5 000 000 元,甲、乙、丙三人按照原出资比例分别追加投资 125 000 元、500 000 元和 375 000 元。天源公司如期收到甲、乙、丙追加的现金投资。

会计分录如下:

借:银行存款   1 000 000

  贷:实收资本——甲   125 000

      ——乙   500 000

      ——丙   375 000

【任务举例 10-8】 承上例,因扩大经营规模需要,经批准,天源公司按原出资比例将资本公积 2 000 000 元转增资本。

会计分录如下:

借:资本公积   2 000 000

  贷:实收资本——甲   250 000

      ——乙   1 000 000

—— 丙   750 000

需要注意的是,由于资本公积和盈余公积均属于所有者权益,用其转增资本时,如果是独资企业比较简单,直接结转即可。如果是股份公司或有限责任公司,应该按照原投资者出资比例相应增加各投资者的"实收资本"或"股本"。

2. 实收资本(或股本)减少的核算

企业实收资本减少的原因大体有两种:一是资本过剩;二是企业发生重大亏损而需要减少实收资本。企业减少实收资本应按法定程序报经批准。

有限责任公司和一般企业实收资本减少的核算比较简单,按减少投资的数额,借记"实收资本"账户,贷记"银行存款"等账户。

股份有限公司由于是采用发行股票的方式筹集资本,返还股款时,则要回购发行的股票。股份有限公司因减少注册资本而回购本公司股份的,应按实际支付的金额,借记"库存股"账户,贷记"银行存款"等账户;注销库存股时,按股票面值和注销股数计算的股票面值总额冲减"股本",按注销库存股的账面余额与所冲减股本的差额冲减"资本公积——股本溢价",股本溢价不足冲减的,再冲减盈余公积直至未分配利润。如果购回股票支付的价款低于面值总额的,所注销库存股的账面余额与所冲减股本的差额作为增加股本溢价处理。

【任务举例 10-9】 吉力公司经批准收回本公司面值为 1 元的普通股股票 1 000 000 股,用以减少股本。该股票的发行价格为 1.20 元。收回股票的实际价款为 1 300 000 元。根据以上资料,编制会计分录如下:

(1)收回股票

借:库存股   1 300 000

　　贷:银行存款   1 300 000

(2)注销本公司股票

库存股面值=1×1 000 000=1 000 000(元)

冲销股本溢价=0.2×1 000 000=200 000(元)

冲销盈余公积=300 000-200 000=100 000(元)

借:股本   1 000 000

　　资本公积——股本溢价   200 000

　　盈余公积   100 000

　　贷:库存股   1 300 000

二、资本公积

资本公积,是指企业收到投资者的超出其在企业注册资本(或股本)中所占份额的投资,以及直接计入所有者权益的利得和损失等。

资本公积包括资本溢价(或股本溢价)和直接计入所有者权益的所得和损失等。资本溢价(或股本溢价),是企业收到投资者的超出其在企业注册资本(或股本)中所占份额的投资。形成资本溢价(或股本溢价)的原因有溢价发行股票、投资者超额缴入资本等。直接计入所有者权益的所得和损失是指不应计入当期损益、会导致所有者权益发生增减变动的、与所有者投入资本或者向所有者分配利润无关的利得或者损失。

企业应当根据资本公积形成的来源不同,分别设置"资本溢价(或股本溢价)""其他资本公积"账户进行明细核算。

(一)资本溢价(或股本溢价)的核算

1. 资本溢价

除股份有限公司外的其他类型的企业,在企业创立时,投资者认缴的出资额与注册资本一致,一般不会产生资本溢价。但在企业重组或有新的投资者加入时,为了维护原有投资者的权益,新加入的投资者的出资额,未必全部作为实收资本核算,常常会出现资本溢价。因为企业进行正常生产经营中投资者投入的资金即使与企业初创阶段投入的资金在数量上一致,但其获利能力却不一致,所以新加入的投资者往往要付出大于原投资者的出资额,才能取得与原投资者相同的出资比例。投资者多缴的部分就形成了资本溢价。

【任务举例 10-10】 天源公司由两位投资者各出资 500 000 元建立。一年后,为扩大经营规模,经批准,其注册资本增加到 1 500 000 元,并引入第三位投资者加入。按照投资协议,新投资者需缴入现金 600 000 元,同时享有该公司三分之一的股份。天源公司已收到该现金投资。编制会计分录如下:

借:银行存款 600 000
  贷:实收资本 500 000
    资本公积——资本溢价 100 000

2. 股本溢价

股份有限公司在成立时可能会溢价发行股票,因而在成立之初,就可能会产生股本溢价。股本溢价的数额等于股份有限公司发行股票时实际收到的款额超过股票面值总额的部分。在按面值发行股票的情况下,企业发行股票取得的收入,应全部作为股本处理;在溢价发行股票的情况下,股票面值部分作为股本处理,超出股票面值的溢价收入应作为股本溢价处理。

发行股票相关的手续费、佣金等交易费用,如果是溢价发行股票的,应从溢价中抵扣,冲减资本公积(股本溢价);无溢价发行股票或溢价金额不足以抵扣的,应将不足抵扣的部分冲减盈余公积和未分配利润。

【任务举例 10-11】 吉力公司首次公开发行普通股 50 000 000 股,每股面值 1 元,每股发行价格为 3 元。吉力公司以银行存款支付发行手续费、咨询费等费用共计 6 000 000 元。假定发行收入已全部收到,发行费用已全部支付。编制会计分录如下:

(1)收到发行收入

应增加的资本公积=50 000 000×(3-1)=100 000 000(元)

借:银行存款 150 000 000
  贷:股本 50 000 000
    资本公积——股本溢价 100 000 000

(2)支付发行费用

借:资本公积——股本溢价 6 000 000
  贷:银行存款 6 000 000

（二）其他资本公积的核算

其他资本公积是指除资本溢价（或股本溢价）项目以外所形成的资本公积，其中主要是指直接计入所有者权益的利得和损失。主要包括以下内容：

（1）享有的被投资单位除净损益以外的所有者权益变动。企业对某被投资单位的长期股权投资采用权益法核算的，在持股比例不变的情况下，对因被投资单位除净损益以外的所有者权益的其他变动，企业按持股比例计算应享有的份额，确认为其他资本公积。

（2）企业将自用房地产和存货转换为公允价值模式计量的投资性房地产时产生的利得和转换当日的公允价值大于原账面价值的差额，应确认为其他资本公积。

（3）持有至到期投资转换为可供出售金融资产的公允价值与账面价值的差额。企业将持有至到期投资转换为可供出售金融资产时，转换日该项持有至到期投资的公允价值与其账面价值的差额，应确认为其他资本公积。

（4）可供出售金融资产的公允价值变动。可供出售金融资产的公允价值高于其账面余额的差额，应确认为其他资本公积。

（5）以权益结算的股份支付。企业以权益结算的股份支付换取职工或其他方提供服务的，应按权益工具授予日的公允价值计入其他资本公积。

【任务举例 10-12】 天源公司于 2018 年 1 月 1 日向 A 公司投资 8 000 000 元，拥有该公司 20% 的股份，并对该公司有重大影响，因而对 A 公司长期股权投资采用权益法核算。2018 年 12 月 31 日，A 公司净损益之外的所有者权益增加了 2 000 000 元。假定除此以外，A 公司的所有者权益没有变化，天源公司的持股比例没有变化，A 公司资产的账面价值与公允价值一致。天源公司编制会计分录如下：

增加的资本公积＝2 000 000×20%＝400 000（元）

借：长期股权投资——A 公司　　　　　　　　　　　　　　　　　400 000
　　贷：资本公积——其他资本公积　　　　　　　　　　　　　　　　　　400 000

任务三　留存收益的核算

一、留存收益的性质及构成

（一）留存收益的性质

留存收益，又称累积收益，是指企业历年剩余的净收益累积而成的资本。

留存收益

虽然留存收益与投资者投入的资本均属于所有者权益，但与投入资本不同的是，投入资本是由所有者从企业外部投入的，它构成企业所有者权益的基本部分，而留存收益不是由投资者从外部投入的，而是依靠企业经营所得的盈利积累而形成的。

留存收益属于所有者权益，企业的所有者就有权利决定如何使用，按照公司法的规定，企业可将留存收益在所有者之间进行分配，作为所有者投资所得；也可以为了某些特殊用途和目的，将其中一部分留在企业不予分配。

（二）留存收益的构成

留存收益由盈余公积和未分配利润构成。

1. 盈余公积

盈余公积，是指企业从净利润中提取的积累资金。

国家为了约束企业过量分配，有关法规规定企业必须留有一定积累，不作分配，即通常所说的"提取盈余公积"。公司制企业的盈余公积包括法定盈余公积和任意盈余公积。

（1）法定盈余公积。按照公司法的规定，公司制企业应当按照净利润（减弥补以前年度亏损，下同）的10%提取法定盈余公积。非公司制企业法定盈余公积的提取比例可超过净利润的10%。法定盈余公积累计额已达注册资本的50%时可以不再提取。值得注意的是，在计算提取法定盈余公积的基数时，不应包括企业年初未分配利润。

（2）任意盈余公积。公司制企业可根据自己的实际需要，提请股东大会批准提取任意盈余公积。非公司制企业经类似权力机构批准，也可提取任意盈余公积。

法定盈余公积和任意盈余公积的区别在于其各自计提的依据不同，前者以国家的法律法规为依据；后者由企业的权力机构自行决定。

2. 未分配利润

未分配利润是企业留待以后年度进行分配的历年结存的利润。它是经过弥补亏损、提取法定盈余公积、提取任意盈余公积和向投资者分配利润之后剩余的利润。相对于所有者权益的其他部分来说，企业对于未分配利润的使用有较大的自主权。

二、盈余公积的核算

（一）盈余公积形成的核算

为了反映盈余公积的形成及使用情况，企业一般设置"盈余公积"账户，并分别按"法定盈余公积"和"任意盈余公积"进行明细分类核算。

【任务举例10-13】 吉力公司2018年实现净利润为10 000 000元，年初未分配利润为0。经股东大会批准，吉力公司按当年净利润的10%提取法定盈余公积，按当年净利润的5%提取任意盈余公积。

会计处理如下：

本年提取法定盈余公积金额＝10 000 000×10%＝1 000 000（元）

本年提取任意盈余公积金额＝10 000 000×5%＝500 000（元）

借：利润分配——提取法定盈余公积　　　　　　　　　　　　　1 000 000

　　　　　　——提取任意盈余公积　　　　　　　　　　　　　　500 000

　　贷：盈余公积——法定盈余公积　　　　　　　　　　　　　1 000 000

　　　　　　　　——任意盈余公积　　　　　　　　　　　　　　500 000

（二）盈余公积使用的核算

企业提取的盈余公积经批准可用于弥补亏损、转增资本、发放现金股利或利润等。

1. 用于弥补亏损的核算

企业发生亏损时，应当由企业自行弥补。弥补亏损的渠道主要有三条：一是用以后年度税前利润弥补。按照现行制度规定，企业发生亏损时，可以用以后5年内实现的税前利润弥补,即税前利润弥补亏损的期间为 5 年。二是用以后年度税后利润弥补。企业发生的亏损经过 5 年期间未弥补的部分,应用以后年度所得税后的利润弥补。三是以盈余公积弥补亏损。企业以提取的盈余公积弥补亏损时,应当由公司董事会提议,并经股东大会批准。

【任务举例 10-14】　经公司董事会提议,股东大会批准,吉力公司用以前年度提取的盈余公积弥补当年亏损,当年弥补亏损的数额为 500 000 元。

会计分录如下:

借:盈余公积　　　　　　　　　　　　　　　　　　　　　　　　500 000
　贷:利润分配——盈余公积补亏　　　　　　　　　　　　　　　　　　500 000

2. 转增资本的核算

企业将盈余公积转增资本时,必须经过股东大会决议批准。在实际盈余公积转增资本时,按照转增前股东的实收资本(或股本)的结构或比例,将转增的金额记入"实收资本"(或"股本")账户。盈余公积转增资本后,留存的盈余公积的数额不得少于注册资本的 25%。

【任务举例 10-15】　因扩大经营规模需要,经股东大会批准,吉力公司将盈余公积300 000 元转增股本。

会计分录如下:

借:盈余公积　　　　　　　　　　　　　　　　　　　　　　　　300 000
　贷:股本　　　　　　　　　　　　　　　　　　　　　　　　　　　300 000

3. 发放现金股利或利润的核算

盈余公积主要用于弥补亏损、转增资本两项用途。在某些情况下,经过股东大会决议批准,盈余公积也可用于发放现金股利或利润。

【任务举例 10-16】　吉力公司 2017 年 12 月 31 日普通股股本为 50 000 000 股,每股面值 1 元,可供投资者分配的利润为 4 000 000 元,盈余公积 20 000 000 元。2018 年 3 月20 日,股东大会批准了 2018 年度利润分配方案,按每股 0.1 元发放现金股利。吉力公司共需要分派 5 000 000 元现金股利,其中动用可供投资者分配的利润 4 000 000 元、盈余公积 1 000 000 元。

会计分录如下:

(1)宣告分派股利

借:利润分配——应付现金股利　　　　　　　　　　　　　　　　4 000 000
　　盈余公积　　　　　　　　　　　　　　　　　　　　　　　　1 000 000
　贷:应付股利　　　　　　　　　　　　　　　　　　　　　　　　　5 000 000

(2)支付股利

借:应付股利　　　　　　　　　　　　　　　　　　　　　　　　5 000 000
　贷:银行存款　　　　　　　　　　　　　　　　　　　　　　　　　5 000 000

三、未分配利润的核算

(一)未分配利润形成的核算

未分配利润是通过"利润分配"账户,核算企业利润的分配(或亏损的弥补)和历年分配(或弥补)后的未分配利润(或未弥补亏损)。该账户应分别按"提取法定盈余公积""提取任意盈余公积""应付现金股利或利润""盈余公积补亏""未分配利润"等账户进行明细核算。企业未分配利润通过"利润分配——未分配利润"等账户进行明细分类核算。

年度终了,企业应将全年实现的净利润或发生的净亏损,自"本年利润"账户转入"利润分配——未分配利润"账户,并将"利润分配"账户其他明细账户的余额,转入"未分配利润"明细账户。结转后,"利润分配——未分配利润"账户如为贷方余额,表示累积未分配的利润数额;如为借方余额,则表示累积未弥补的亏损数额。

【任务举例 10-17】 吉力公司 2018 年年初未分配利润为 0,本年实现净利润 1 000 000 元,本年提取法定盈余公积 100 000 元,宣告发放现金股利 200 000 元。

会计分录如下:

(1)结转本年利润

借:本年利润	1 000 000
贷:利润分配——未分配利润	1 000 000

(2)提取法定盈余公积、宣告发放现金股利

借:利润分配——提取法定盈余公积	100 000
——应付现金股利	200 000
贷:盈余公积	100 000
应付股利	200 000

同时:

借:利润分配——未分配利润	300 000
贷:利润分配——提取法定盈余公积	100 000
——应付现金股利	200 000

本例中,"利润分配——未分配利润"明细账户的余额在贷方,此贷方余额 700 000 元(本年利润 1 000 000－提取法定盈余公积 100 000－支付现金股利 200 000)即为吉力公司 2018 年年末的累计未分配利润。

【任务举例 10-18】 吉力公司 2018 年年初未分配利润为 0,本年实现净亏损 1 000 000元。

会计分录如下:

借:利润分配——未分配利润	1 000 000
贷:本年利润	1 000 000

本例中,"利润分配——未分配利润"明细账户的余额在借方,此借方余额 1 000 000 元为吉力公司 2018 年年末的累计亏损。

(二)弥补亏损的核算

企业发生的亏损可以用以后 5 年内实现的税前利润弥补。在用以后年度实现的税前利润弥补以前年度亏损的情况下,企业当年实现的利润自"本年利润"账户转入"利润分配——未分配利润"账户的贷方,其贷方发生额与"利润分配——未分配利润"账户的借方余额自然抵补。因此,用以后年度实现的税前利润弥补以前年度亏损时,不需要进行专门的账务处理。

【任务举例 10-19】　吉力公司 2018 年年初未分配利润的借方余额为 1 000 000 元(假设全部为 2017 年亏损造成),本年实现净利润 500 000 元。

会计分录如下:

借:本年利润　　　　　　　　　　　　　　　　　　　　　　　　500 000
　　贷:利润分配——未分配利润　　　　　　　　　　　　　　　　　500 000

本例中,通过 2018 实现的利润 500 000 元自"本年利润"账户转入"利润分配——未分配利润"账户的贷方,"利润分配——未分配利润"账户的余额由借方 1 000 000 元减少为借方 500 000 元。

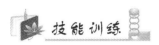
技能训练

一、简答题

1.企业的所有者权益来源于哪些方面? 分别是什么?

2.留存收益包括哪些内容?

二、实训题

(1)某企业由投资者李某、赵某、刘某和王某共同投资设立,注册资本总额为 18 720 000 元。有关各方投资情况如下:①李某以现金投入 4 680 000 元,款项已收存银行,占企业注册资本的 25%。②赵某以一台机器设备投资,共同确认的价值为 4 680 000 元,设备已办理产权转移手续,占企业注册资本的 25%。③刘某投入外币现金 585 000 美元,已存入银行。收到外币当日的市场汇率为 1 美元＝7 元人民币,投资合同没有约定汇率,该投资占企业注册资本的 25%。④王某投入原材料一批,共同确认的价值为 4 000 000 元,提供可抵扣的增值税专用发票上注明的增值税额为 520 000 元,材料已验收入库,占企业注册资本的 25%。

(2)企业成立 2 年后,经股东会表决通过,决定用资本公积 5 000 000 元和盈余公积 5 000 000 元转增资本,已办妥相关变更注册手续。

(3)企业成立 5 年后,因经营环境发生重大变化,经股东会表决通过,决定减少其注册资本 20 000 000 元。在报经批准并履行必要的公告义务后,以银行存款支付减资款。

要求:根据上述资料编制相关会计分录。

项目十一　收入、费用和利润的核算

1. 收入的概念和分类；
2. 销售商品收入的账务处理；
3. 提供劳务收入的账务处理；
4. 让渡资产使用权使用费收入的账务处理；
5. 费用的概念，费用的主要内容及其账务处理；
6. 所得税费用会计的概念及税收计算；
7. 利润的构成及计算；
8. 营业外收入和营业外支出的账务处理；
9. 本年利润的核算。

　　现代市场经济中，企业的目标是追求企业价值最大化，为此需要在多个方面运筹帷幄：努力提高收入、控制费用、创造利润，从而提高企业的价值。正确地确认、计量、记录收入、费用和利润，将会为财务管理提供决策有用的信息。为了规范收入的确认、计量和相关信息的披露，财政部根据《企业会计准则——基本准则》，制定了《企业会计准则第 14 号——收入》。

任务一　收入的核算

一、收入的概念和特征

　　收入是指企业在日常活动中形成的、会导致所有者权益增加的、与所有者投入资本无关的经济利益的总流入。收入具有以下特征：

　　1. 收入是企业在日常活动中形成的经济利益的总流入

　　日常活动，是指企业为完成其经营目标所从事的经常性活动以及与之相关的其他活动，通过主营业务和其他业务来反映。

　　主营业务一般包括：工业企业销售自产产品、商业企业销售外购商品、建筑公司提供建筑劳务、交通运输公司提供运输劳务、金融保险单位提供金融保险业务、文化体育单位提供文化演出等活动,均属于企业为完成其经营目标所从事的经常性活动,由此形成的经济利益的总流入构成收入。

其他业务一般包括:工业企业对外出售不需用的原材料、对外出租不需用的固定资产、出让无形资产的使用权、经营投资性房地产业务等活动,属于企业为完成其经营目标所从事的与经常性活动相关的活动。

非日常活动一般包括:工业企业处置闲置固定资产、无形资产,因其他企业违约收取的罚款等,这些活动是企业的非日常活动,由此形成的经济利益的总流入属于企业的利得而不是收入。

2. 收入会导致企业所有者权益的增加

收入既可能表现为资产的增加,如增加货币资金、应收款项、其他非货币资产等;也可能表现为负债的减少,如减少预收账款;还可能同时影响资产和负债,如销售实现时,部分冲减预收账款,部分增加银行存款。

企业为第三方或客户代收的款项,如企业代国家收取的消费税、个人所得税等,一方面增加企业的资产,另一方面增加企业的负债,并不增加企业的所有者权益,因此不构成本企业的收入。

3. 收入与所有者投入资本无关

所有者投入资本也会导致所有者权益增加,但是投入资本的主要目的是为谋求享有企业资产的剩余权益,具体体现为控制权和影响程度,而通过投入资本形成的经济利益的总流入不构成收入,而应确认为企业所有者权益的组成部分,如实收资本(股本)、资本公积——资本溢价(股本溢价)。

二、收入的分类

(一)按日常活动的性质分类

1. 销售商品收入

销售商品收入是指企业通过销售外购商品和自产产品实现的收入。企业销售的其他存货如原材料、包装物等也视同商品。

2. 提供劳务收入

提供劳务收入是指企业通过提供劳务实现的收入。这些行业一般包括:交通运输业、建筑业、邮电通信业、文化体育业、娱乐业、服务业(代理业、旅店业、饮食业、旅游业、仓储业、租赁业、广告业及其他服务业)。

3. 让渡资产使用权收入

让渡资产使用权收入是指企业通过让渡资产使用权实现的收入。让渡资产使用权收入包括利息收入和使用费收入。利息收入主要是指金融企业对外贷款形成的利息收入,以及同业之间发生往来形成的利息收入等。企业进行债权投资收取的利息、进行股权投资取得的现金股利等,也构成让渡资产使用权收入。使用费收入主要是指企业转让无形资产、固定资产等资产的使用权形成的使用费收入。

(二)按业务的主次分类

1. 主营业务收入

主营业务收入是指企业为完成其经营目标所从事的经常性活动实现的收入。主营业务收入一般占企业总收入的较大比重,对企业的经济效益产生较大影响。不同行业企业的主营业务收入所包括的内容不同。

2.其他业务收入

不同行业企业的其他业务收入所包括的内容不同,比如,工业企业的其他业务收入主要包括对外销售材料、对外出租包装物、商品或固定资产、对外转让无形资产使用权、对外进行权益性投资(取得现金股利)或债权性投资(取得利息)、提供非工业性劳务等实现的收入。

三、销售商品收入

(一)销售商品收入的确认条件

销售商品收入同时满足下列五个条件的,才能予以确认:

1.企业已将商品所有权上的主要风险和报酬转移给购货方

企业已将商品所有权上的主要风险和报酬转移给购货方,是指与商品所有权有关的主要风险和报酬已同时转移购货方。与商品所有权有关的风险,是指商品可能发生减值或毁损等形成的损失;与商品所有权有关的报酬,是指商品价值增值或通过使用商品等形成的经济利益。即如果与商品所有权有关的任何损失均不需要销货方承担,与商品所有权有关的任何经济利益也不归销货方所有,那么就意味着商品所有权上的主要风险和报酬转移给了购货方。

(1)一般情况下,转移商品所有权凭证并交付实物后,商品所有权上的所有风险和报酬随之转移,如大多数零售商品。

(2)某些情况下,转移商品所有权凭证或交付实物后,商品所有权上的主要风险和报酬随之转移,企业只保留商品所有权上的次要风险和报酬,如交款提货方式销售商品。在这种情形下,应当视同商品所有权上的所有风险和报酬已经转移给购货方。

(3)个别情况下,转移商品所有权凭证或交付实物后,商品所有权上的主要风险和报酬并未随之转移。

①企业销售的商品在质量、品种、规格等方面不符合合同或协议要求,又未根据正常的保证条款予以弥补,因而仍负有责任。

【任务举例11-1】 甲公司向乙公司销售一批商品,商品已经发出,乙公司已经预付部分货款,剩余货款由乙公司开出一张商业承兑汇票,销售发票账单已交付乙公司。乙公司收到商品后,发现商品质量没有达到合同约定的要求,立即根据合同有关条款与甲公司交涉,要求在价格上给予一定折让,否则要求退货。双方没有就此达成一致意见,甲公司也未采取任何补救措施。

根据本例的资料,尽管商品已经发出,并将发票账单交付买方,同时收到部分货款,但是由于双方在商品质量的弥补方面未达成一致意见,说明购买方尚未正式接受商品,商品可能被退回。因此,商品所有权上的主要风险和报酬仍保留在甲公司,没有随商品所有权凭证的转移或实物的交付而转移,不能确认收入。

②企业销售商品的收入是否能够取得,取决于购买方是否已将商品销售出去。如采

用支付手续费方式委托代销商品等。

支付手续费方式委托代销商品,是指委托方和受托方签订合同或协议,委托方根据代销商品金额或数量向受托方支付手续费的销售方式。在这种方式下,委托方发出商品时,商品所有权上的主要风险和报酬并未转移给受托方,委托方在发出商品时不应确认销售商品收入,通常可在收到受托方开出的代销清单时确认销售商品收入;受托方应在商品销售后,按合同或协议约定的方法计算确定的手续费确认收入。

③企业尚未完成售出商品的安装或检验工作,且安装或检验工作是销售合同或协议的重要组成部分。

【任务举例 11-2】 甲公司向乙公司销售一套车床,车床已经运抵乙公司,发票账单已经交付,部分货款已收。合同注明,甲公司应负责该车床安装时的运行工作,在安装工作结束并经乙公司验收合格后,乙公司应立即支付剩余货款。

根据本例的资料,车床安装时的运行工作通常是销售合同的重要组成部分,在安装过程中可能会发生一些不确定因素,影响销售收入的实现。因此,车床实物的交付并不表明商品所有权上的主要风险和报酬随之转移,不能确认收入。

需要说明的是,在需要安装或检验的销售中,如果安装程序比较简单或检验是为了最终确定合同或协议价格而必须进行的程序,企业可以在发出商品时确认收入。

④销售合同或协议中规定了买方由于特定原因有权退货的条款,且企业又不能确定退货的可能性。

2.企业既没有保留通常与所有权相联系的继续管理权,也没有对已售出的商品实施有效控制

通常情况下,企业售出商品后不再保留与商品所有权相联系的继续管理权,也不再对售出商品实施有效控制,商品所有权上的主要风险和报酬已经转移给购货方,通常应在发出商品时确认收入。如果企业在商品销售后保留了与商品所有权相联系的继续管理权,或能够继续对其实施有效控制,说明商品所有权上的主要风险和报酬没有转移,销售交易不能成立,不应确认收入,如售后租回。

3.相关的经济利益很可能流入企业

在销售商品的交易中,与交易相关的经济利益主要表现为销售商品的价款。相关的经济利益很可能流入企业,是指销售商品价款收回的可能性大于不能收回的可能性,即销售商品价款收回的可能性超过50%。企业在销售商品时,如估计销售价款不是很可能收回,即使收入确认的其他条件均已满足,也不应当确认收入。

企业在确定销售商品价款收回的可能性时,应当结合以前和买方交往的直接经验、政府有关政策、其他方面取得的信息等因素进行分析。企业销售的商品符合合同或协议要求,已将发票账单交付买方,买方承诺付款,通常表明相关的经济利益很可能流入企业。如果企业判断销售商品收入满足确认条件而予以确认,同时确认了一笔应收债权,以后由于购货方资金周转困难无法收回该债权时,不应调整原会计处理,而应对该债权计提坏账准备、确认坏账损失。如果企业根据以前与买方交往的直接经验判断买方信誉较差,或销售时得知买方在另一项交易中发生了巨额亏损、资金周转十分困难,或在出口商品时不能肯定进口企业所在国政府是否允许将款项汇出等,就可能会出现与销售商品相关的经济

利益不能流入企业的情况,不应确认收入。

4. 收入的金额能够可靠地计量

收入的金额能够可靠地计量,是指收入的金额能够合理地估计。收入金额能否合理地估计是确认收入的基本前提,如果收入的金额不能够合理估计,就无法确认收入。企业在销售商品时,商品销售价格通常已经确定。但是,由于销售商品过程中某些不确定因素的影响,也有可能存在商品销售价格发生变动的情况。在这种情况下,新的商品销售价格未确定前通常不应确认销售商品收入。

5. 相关的已发生或将发生的成本能够可靠地计量

根据收入和费用配比原则,与同一项销售有关的收入和费用应在同一会计期间予以确认,即企业应在确认收入的同时在同一会计期间结转相关的成本。因此,如果成本不能可靠计量,相关的收入就不能确认。

相关的已发生或将发生的成本能够可靠地计量,是指与销售商品有关的已发生或将发生的成本能够合理地估计。通常情况下,与销售商品相关的已发生或将发生的成本能够合理地估计,如库存商品的成本、商品运输费用等。如果库存商品是本企业生产的,其生产成本能够可靠计量;如果是外购的,购买成本能够可靠计量。有时,销售商品相关的已发生或将发生的成本不能够合理地估计,此时企业不能确认收入,应将已收到的价款确认为负债。

(二)销售商品收入的账务处理

销售商品收入的账务处理主要涉及一般销售商品业务、已经发出商品但不符合收入确认条件的销售业务、销售折让、销售退回、采用预售款方式销售商品、采用支付手续费方式委托代销商品等情况。

1. 一般销售商品业务符合收入确认条件的账务处理

在进行销售商品的账务处理时,要以销售商品收入确认的五个条件为前提。符合确认条件的,企业应及时确认收入并结转相关销售成本。通常情况下,销售商品采用托收承付方式,在办妥托收手续时确认收入;交款提货销售商品的,在开出发票账单收到货款时确认收入。

【任务举例 11-3】 甲公司采用托收承付结算方式向乙公司销售一批商品,开出的增值税专用发票上注明的售价为 100 万元,增值税税率为 13%;商品已经发出,并已向银行办妥托收手续;该批商品的成本为 80 万元。甲公司的账务处理如下:

(1)确认收入

借:应收账款——乙公司	1 130 000
贷:主营业务收入	1 000 000
应交税费——应交增值税(销项税额)	130 000

(2)结转成本

借:主营业务成本	800 000
贷:库存商品	800 000

【任务举例 11-4】 甲公司向乙公司销售一批商品,开出的增值税专用发票上注明的售价为 100 万元,增值税税额为 13 万元;甲公司已收到乙公司支付的货款,并将提货单送

交乙公司；该批商品的成本为 80 万元。甲公司的账务处理如下：

（1）确认收入

借：银行存款　　　　　　　　　　　　　　　　　　　　　　1 130 000

　　贷：主营业务收入　　　　　　　　　　　　　　　　　　　1 000 000

　　　　应交税费——应交增值税（销项税额）　　　　　　　　 130 000

（2）结转成本

借：主营业务成本　　　　　　　　　　　　　　　　　　　　　800 000

　　贷：库存商品　　　　　　　　　　　　　　　　　　　　　 800 000

【任务举例 11-5】　甲公司向乙公司销售商品一批，开出的增值税专用票上注明的售价为 100 万元，增值税额为 13 万元；甲公司收到乙公司开出的不带息银行承兑汇票一张，票面金额为 116 万元，期限为 2 个月；该批商品已经发出，甲公司以银行存款代垫运杂费 0.5 万元；该批商品的成本为 80 万元。甲公司的账务处理如下：

（1）确认收入

借：应收票据　　　　　　　　　　　　　　　　　　　　　　1 130 000

　　应收账款　　　　　　　　　　　　　　　　　　　　　　　 5 000

　　贷：主营业务收入　　　　　　　　　　　　　　　　　　　1 000 000

　　　　应交税费——应交增值税（销项税额）　　　　　　　　 130 000

　　　　银行存款　　　　　　　　　　　　　　　　　　　　　　 5 000

（2）结转成本

借：主营业务成本　　　　　　　　　　　　　　　　　　　　　800 000

　　贷：库存商品　　　　　　　　　　　　　　　　　　　　　 800 000

2．已经发出商品但不符合收入确认条件的账务处理

如果企业售出商品不符合收入确认的五项条件，则不应确认收入。已经发出但尚未确认销售收入的商品成本，企业应增设"发出商品"账户单独反映。"发出商品"账户核算一般销售方式下，已经发出但尚未确认销售收入的商品成本，由于风险和报酬尚未转移则实物资产仍属于本企业所有，即"发出商品"仍属于企业资产，在报表中列报。

结合税法规定，虽然发出的商品不符合收入确认条件，但如果销售该商品的纳税义务已经发生，比如已经开出增值税专用发票，则应确认应交的增值税销项税额。借记"应收账款"等账户，贷记"应交税费——应交增值税（销项税额）"账户。

【任务举例 11-6】　A 公司于 20×9 年 4 月 3 日采用托收承付结算方式向 B 公司销售一批商品，开出的增值税专用发票上注明的售价为 100 000 元，增值税税额为 13 000 元；该批商品成本为 60 000 元。A 公司在销售该批商品时已得知 B 公司资金流转发生暂时困难，但为了减少存货积压，同时也为了维持与 B 公司长期以来建立的商业关系，A 公司仍将商品发出，并办妥了托收手续。假定 A 公司销售该批商品的纳税义务已经发生。

本例中，由于 B 公司资金流转存在暂时困难，A 公司很可能收不回销售货款。根据销售商品收入的确认条件，A 公司在发出商品时不能确认收入。为此，A 公司应将已发出的商品成本通过"发出商品"账户反映。A 公司的会计分录如下：

发出商品时：

借:发出商品	60 000
贷:库存商品	60 000

同时,因 A 公司销售该批商品的纳税义务已经发生,应确认应交的增值税销项税额:

借:应收账款	13 000
贷:应交税费——应交增值税(销项税额)	13 000

注:如果销售该批商品的纳税义务尚未发生,则不作这笔分录,待纳税义务发生时再作应交增值税的分录。

假定 20×9 年 11 月 A 公司得知 B 公司经营情况逐渐好转,B 公司承诺近期付款,A 公司应在 B 公司承诺付款时确认收入,会计分录如下:

借:应收账款	100 000
贷:主营业务收入	100 000

同时结转成本:

借:主营业务成本	60 000
贷:发出商品	60 000

假定 A 公司于 20×9 年 12 月 6 日收到 B 公司支付的货款,应作如下会计分录:

借:银行存款	113 000
贷:应收账款	113 000

3. 销售商品涉及商业折扣、现金折扣和销售折让的账务处理

在商品经济中,企业为了促销会采取各种销售方式,不同的销售方式下收入的确定是不同的,且计算增值税的销售额也是不同的,进而对增值税的影响也是不同的。为了准确确定收入及应纳增值税额,应区分不同的折扣方式:

(1)折扣销售(商业折扣)

折扣销售又称价格折扣,先折扣后销售,是指销货方为鼓励购买者多买而给予的价格折让,即购买越多,价格折扣越多。商业折扣一般都从销售价格中直接折算,即购买方所付的价款和销售方所收的货款,都是按打折以后的实际售价来计算的。应当按照扣除商业折扣后的金额确定销售商品收入金额。

如果将折扣额另开发票的,不论财务会计上如何处理,在征收增值税时,折扣额不得冲减销售额,按折扣前的金额计算销项税额。

(2)销售折扣(现金折扣)

现金折扣是指销货方为鼓励客户在一定期限内早日付款,而给予的一种折让优惠,发生在销货之后。现金折扣一般用"折扣率/付款期限"表示,例如"2/10,1/20,n/30"表示:销货方允许客户最长的付款期限为 30 天,如果客户在 10 天内付款,销货方可按商品售价给予客户 2% 的折扣;如果客户在 20 天内付款,销货方可按商品售价给予客户 1% 的折扣;如果客户在 21 天至 30 天内付款,将不能享受现金折扣。

现金折扣发生在企业销售商品之后,企业销售商品后现金折扣是否发生以及发生多少要视买方的付款情况而定,企业在确认销售商品收入时不能确定现金折扣金额。因此,企业销售商品涉及现金折扣的,应当按照扣除现金折扣前的金额确定销售商品收入金额,现金折扣在实际发生时计入财务费用。

在计算增值税时,折扣额不得冲减销售额,按折扣前的金额计算销项税额。

注意:在计算现金折扣时,双方签订的现金折扣合同是否包含增值税。例如,不含税销售价格为 100 元的商品,增值税税额为 16 元,购买方应享有的现金折扣为 1%。如果购销双方签订的现金折扣合同包含增值税,则购买方应享有的现金折扣金额为 1 元;如果购销双方签订的现金折扣合同不包含增值税,则购买方享有的现金折扣金额为 1.13 元。

【任务举例 11-7】 甲公司为增值税一般纳税人,20×9 年 5 月 1 日销售 A 商品 1 000 件,每件商品的标价为 100 元(不含增值税),商品的实际成本为 80 元/件,A 商品适用的增值税税率为 13%;在销售合同中规定现金折扣条件为:2/10,1/20,n/30;A 商品于 5 月 1 日发出,购货方于 5 月 9 日付款。假定计算现金折扣时包含增值税。

①5 月 1 日销售实现时:

确认收入:

借:应收账款 113 000
　贷:主营业务收入 100 000
　　应交税费——应交增值税(销项税额) 13 000

结转成本:

借:主营业务成本 80 000
　贷:库存商品 80 000

②5 月 9 日收到货款(10 日内收到货款享受 2% 的现金折扣),甲公司的会计分录为:

借:银行存款 110 740
　财务费用 2 260
　贷:应收账款 113 000

其中:现金折扣额 = 113 000 × 2% = 2 260(元)

若 5 月 19 日收到货款(20 日内收到货款享受 1% 的现金折扣),甲公司的会计分录为:

借:银行存款 111 870
　财务费用 1 130
　贷:应收账款 113 000

其中:现金折扣额 = 113 000 × 1% = 1 130(元)

若 5 月底才收到货款(超过折扣期限,不享受折扣条件,则应按全额付款),甲公司的会计分录为:

借:银行存款 113 000
　贷:应收账款 113 000

【任务举例 11-8】 承上例,由于批量销售,给买方商业折扣,九折销售,且假定计算现金折扣时不含增值税。

①5 月 1 日销售实现时,

确认收入:

借:应收账款 101 700
　贷:主营业务收入 90 000

应交税费——应交增值税（销项税额）	11 700

结转成本：

借：主营业务成本	80 000
贷：库存商品	80 000

其中：主营业务收入＝1 000×100×90％＝90 000（元）

②5月9日收到货款（10日内收到货款享受2％的现金折扣），甲公司的会计分录为：

借：银行存款	99 900
财务费用	1 800
贷：应收账款	101 700

其中：现金折扣额＝90 000×2％＝1 800（元）

若5月19日收到货款（20日内收到货款享受1％的现金折扣），甲公司的会计分录为：

借：银行存款	100 800
财务费用	900
贷：应收账款	101 700

其中：现金折扣额＝90 000×1％＝900（元）

若5月底才收到货款（超过折扣期限，不享受折扣条件，则应按全额付款），甲公司的会计分录为：

借：银行存款	101 700
贷：应收账款	101 700

（3）销售折让

销售折让是指企业因售出商品的质量不合格等原因而在售价上给予的减让。对于销售折让，企业应分别不同情况进行处理：已确认收入的售出商品发生销售折让的，通常应当在发生时冲减当期销售商品收入；若已确认收入的销售折让属于资产负债表日后事项的，应当按照有关资产负债表日后事项的相关规定进行处理。

【任务举例11-9】 甲公司销售一批商品给乙公司，开出的增值税专用发票上注明的售价为100万元，增值税税额为13万元。该批商品的成本为80万元。货到后乙公司发现商品质量不合格，要求在价格上给予10％的折让。乙公司提出的销售折让要求符合原合同的约定，甲公司同意并办妥了相关手续，开具了增值税专用发票（红字）。假定此前甲公司已确认该批商品的销售收入，销售款项尚未收到，发生的销售折让允许扣减当期增值税销项税额。甲公司的账务处理如下：

①销售实现时：

借：应收账款	1 130 000
贷：主营业务收入	1 000 000
应交税费——应交增值税（销项税额）	130 000
借：主营业务成本	800 000
贷：库存商品	800 000

②发生销售折让时：

借:应收账款		1 130 000(红字)
贷:主营业务收入		1 000 000(红字)
应交税费——应交增值税(销项税额)		130 000(红字)

③实际收到款项时：

借:银行存款		1 017 000
贷:应收账款		1 017 000

本例中,假定发生销售折让前,因该项销售在货款回收上存在不确定性,甲公司未确认该批商品的销售收入,纳税义务也未发生;发生销售折让后2个月,乙公司承诺近期付款。则甲公司的会计处理如下：

①发出商品时：

借:发出商品		800 000
贷:库存商品		800 000

②乙公司承诺付款,甲公司确认销售收入时：

借:应收账款		1 017 000
贷:主营业务收入		900 000
应交税费——应交增值税(销项税额)		117 000
借:主营业务成本		800 000
贷:发出商品		800 000

③实际收到款项时：

借:银行存款		1 017 000
贷:应收账款		1 017 000

4.预收款销售商品的账务处理

预收款销售商品是指交易双方约定购货方在商品尚未收到前按合同或协议约定分期付款,销售方在收到最后一笔款项时才交货的销售方式。在这种方式下,销售方直到收到最后一笔款项才将商品交付购货方,此时商品所有权上的主要风险和报酬才转移给购货方,企业通常应在发出商品时确认收入,在此之前预收的货款均应确认为销售方的负债。

【任务举例 11-10】 20×9年3月10日甲公司与乙公司签订协议,双方约定采用分期预收款方式向乙公司销售一批商品。该批商品实际成本为1 600 000元。协议约定,该批商品销售价格为2 000 000元;乙公司应在协议签订时预付不含增值税销售价格50%的货款,剩余货款于5月10日支付。假定甲公司在收到剩余货款时,销售该批商品的增值税纳税义务发生,增值税税率为13%;不考虑其他因素,甲公司的账务处理如下：

(1)收到50%的货款

借:银行存款		1 000 000
贷:预收账款		1 000 000

(2)收到剩余货款,发生增值税纳税义务

借:预收账款		1 000 000
银行存款		1 260 000
贷:主营业务收入		2 000 000

应交税费——应交增值税(销项税额)	260 000
借:主营业务成本	1 600 000
贷:库存商品	1 600 000

5.销售退回的账务处理

企业售出的商品由于质量、品种和规格等不符合要求等原因而购买方发生的退货即为销售退回。对于销售退回,企业应分别不同情况进行会计处理:

(1)对于未确认收入的售出商品发生销售退回的,企业应按已记入"发出商品"账户的商品成本金额,借记"库存商品"账户,贷记"发出商品"账户。

(2)对于已确认收入的售出商品发生退回的,企业应在发生时冲减当期销售商品收入,同时冲减当期销售商品成本。如该项销售退回已发生现金折扣的,应同时调整相关财务费用的金额;如该项销售退回允许扣减增值税额的,应同时调整"应交税费——应交增值税(销项税额)"账户的相应金额。

(3)已确认收入的售出商品发生的销售退回属于资产负债表日后事项的,应当按照有关资产负债表日后事项的相关规定进行会计处理。

【任务举例11-11】 甲公司在20×9年4月8日向乙公司销售一批商品,开出的增值税专用发票上注明的销售价款为50 000元,增值税税额为6 500元。该批商品成本为30 000元。为及早收回货款,甲公司和乙公司约定的现金折扣条件为:2/10,1/20,n/30。乙公司在4月15日支付货款。5月5日,该批商品因质量问题被乙公司退回,甲公司当日支付有关款项。

假定计算现金折扣时不考虑增值税,假定销售退回不属于资产负债表日后事项。甲公司的账务处理如下:

①4月8日销售实现,按销售总价确认收入时:

借:应收账款	56 500
贷:主营业务收入	50 000
应交税费——应交增值税(销项税额)	6 500
借:主营业务成本	30 000
贷:库存商品	30 000

②4月15日收到货款时,按销售总价50 000元的2%享受现金折扣1 000(50 000×2%)元,实际收款55 500(56 500－1 000)元:

借:银行存款	55 500
财务费用	1 000
贷:应收账款	56 500

③5月5日发生销售退回时:

借:主营业务收入	50 000
应交税费——应交增值税(销项税额)	6 500
贷:银行存款	55 500
财务费用	1 000
借:库存商品	30 000

贷:主营业务成本	30 000

【任务举例 11-12】 20×8 年 1 月 1 日,甲公司向乙公司销售 100 件器材,单位销售价格为 100 元,单位成本为 60 元,开出的增值税专用发票上注明的销售价款为 10 000元,增值税税额为 1 300 元。双方协议约定,乙公司应于 3 月 1 日之前支付货款,在 6 月30 日之前有权退还健身器材。器材已经发出,款项尚未收到。假定甲公司根据过去的经验,估计该批器材退货率约为 20%;器材发出时纳税义务已经发生;实际发生销售退回时取得税务机关开具的红字增值税专用发票。甲公司的账务处理如下:

①1 月 1 日发出健身器材时:

借:应收账款	11 300
贷:主营业务收入	10 000
应交税费——应交增值税(销项税额)	1 300
借:主营业务成本	6 000
贷:库存商品	6 000

②确认估计的销售退回时:

借:主营业务收入	2 000
贷:主营业务成本	1 200
预计负债	800

③3 月 1 日前收到货款时:

借:银行存款	11 300
贷:应收账款	11 300

④6 月 30 日发生销售退回,实际退货量为 20 件,款项已经支付:

借:库存商品	1 200
应交税费——应交增值税(销项税额)	260
预计负债	800
贷:银行存款	2 260

如果实际退货量为 10 件时:

借:库存商品	600
应交税费——应交增值税(销项税额)	130
主营业务成本	600
预计负债	800
贷:主营业务收入	1 000
银行存款	1 130

如果实际退货量为 30 件时:

借:库存商品	1 800
应交税费——应交增值税(销项税额)	390
主营业务收入	1 000
预计负债	800
贷:银行存款	3 390

  主营业务成本   600

 6.委托代销商品的账务处理

 委托代销商品具体可分为视同买断方式委托代销商品和支付手续费方式委托代销商品两种方式。

 (1)支付手续费方式委托代销商品

 支付手续费方式委托代销商品,是指委托方和受托方签订合同或协议,委托方根据代销商品金额或数量向受托方支付手续费的销售方式。采用支付手续费代销方式,委托方在发出商品时,商品所有权上的主要风险和报酬并未转移给受托方,委托方在发出商品时通常不应确认销售商品收入,而应在收到受托方开出的代销清单时确认销售商品收入,同时将应支付的代销手续费计入销售费用;受托方应在代销商品销售后,按合同或协议约定的方法计算确定代销手续费,确认劳务收入。

 委托方可通过"发出商品"或"委托代销商品"账户反映已发出的商品;受托方可通过"受托代销商品"账户反映收到的商品。受托方在确认代销手续费收入时,借记"受托代销商品款"账户,贷记"其他业务收入"等账户。

 【任务举例 11-13】 甲公司委托乙公司销售商品 100 件,商品已经发出,每件成本为800 元。合同约定乙公司应按每件 1 000 元对外销售,甲公司按售价的 10% 向乙公司支付手续费。乙公司对外实际销售 100 件,开出的增值税专用发票上注明的销售额为100 000元,增值税税额为 13 000 元,款项已经收到。甲公司收到乙公司开具的代销清单时,向乙公司开具一张相同金额的增值税专用发票。假定:甲公司发出商品时纳税义务尚未发生;甲公司采用实际成本核算,乙公司采用进价核算代销商品。

 甲公司的账务处理如下:

 ①发出商品时:

 借:发出商品   80 000

  贷:库存商品   80 000

 ②收到代销清单时:

 借:应收账款   113 000

  贷:主营业务收入   100 000

   应交税费——应交增值税(销项税额) 13 000

 借:主营业务成本   80 000

  贷:发出商品   80 000

 借:销售费用   10 000

  贷:应收账款   10 000

    代销手续费金额＝100 000×10%＝10 000(元)

 ③收到乙公司支付的货款时:

 借:银行存款   103 000

  贷:应收账款   103 000

 乙公司的账务处理如下:

 ①收到商品时:

借:受托代销商品 　　　　　　　　　　　　　　　　　　　　　　　100 000

　　贷:受托代销商品款 　　　　　　　　　　　　　　　　　　　　　　100 000

②对外销售时:

借:银行存款 　　　　　　　　　　　　　　　　　　　　　　　　　113 000

　　贷:受托代销商品 　　　　　　　　　　　　　　　　　　　　　　100 000

　　　应交税费——应交增值税(销项税额) 　　　　　　　　　　　　　13 000

③结转应付款、收到增值税专用发票时:

借:受托代销商品款 　　　　　　　　　　　　　　　　　　　　　　100 000

　　贷:应付账款 　　　　　　　　　　　　　　　　　　　　　　　　100 000

借:应交税费——应交增值税(进项税额) 　　　　　　　　　　　　　13 000

　　贷:应付账款 　　　　　　　　　　　　　　　　　　　　　　　　 13 000

④支付货款并确认代销手续费收入:

借:应付账款 　　　　　　　　　　　　　　　　　　　　　　　　　113 000

　　贷:银行存款 　　　　　　　　　　　　　　　　　　　　　　　　103 000

　　　其他业务收入 　　　　　　　　　　　　　　　　　　　　　　　10 000

(2)视同买断方式委托代销商品

视同买断方式委托代销商品,是指委托方和受托方签订合同或协议,委托方按合同或协议收取代销的货款,实际售价由受托方自定,实际售价与合同或协议价之间的差额归受托方所有的销售方式。具体又可分为两种情况:

①如果委托方和受托方之间的协议标明,受托方在取得代销商品后,无论是否能够卖出、是否获利,均与委托方无关,那么委托方和受托方之间的代销商品交易,与委托方直接销售商品给受托方没有实质区别。在符合销售商品收入确认条件时,委托方应在发出商品时确认收入。

②如果协议标明,将来受托方没有将商品售出时可以将商品退回给委托方,或受托方因代销商品出现亏损时可以要求委托方补偿,那么委托方在交付商品时不能确认收入,应在收到代销清单时确认收入。

【任务举例 11-14】　甲公司委托乙公司销售某批商品 100 件,协议价为 100 元/件,该商品成本为 80 元/件,增值税税率为 13%,乙公司将以 120 元/件的价格出售。假定商品已经发出,根据代销协议,乙公司可以将没有代销出去的商品退回甲公司;甲公司将该批商品交付乙公司时发生增值税纳税义务。

甲公司的账务处理如下:

①甲公司将该批商品交付乙公司:

借:发出商品 　　　　　　　　　　　　　　　　　　　　　　　　　　8 000

　　贷:库存商品——××商品 　　　　　　　　　　　　　　　　　　　8 000

②收到代销清单时:

借:应收账款——乙公司 　　　　　　　　　　　　　　　　　　　　　11 300

　　贷:主营业务收入 　　　　　　　　　　　　　　　　　　　　　　10 000

　　　应交税费——应交增值税(销项税额) 　　　　　　　　　　　　　1 300

借:主营业务成本	8 000
贷:发出商品	8 000

③收到乙公司支付的货款时:

借:银行存款	11 300
贷:应收账款——乙公司	11 300

乙公司的账务处理如下:

①收到该批商品时:

借:受托代销商品	10 000
贷:受托代销商品款	10 000

②对外销售100件时:

借:银行存款	13 560
贷:主营业务收入	12 000
应交税费——应交增值税(销项税额)	1 560
借:主营业务成本	10 000
贷:受托代销商品	10 000

③结转应付款、收到增值税专用发票时:

借:受托代销商品款	10 000
贷:应付账款——甲公司	10 000
借:应交税费——应交增值税(进项税额)	1 300
贷:应付账款	1 300

④支付货款:

借:应付账款——甲公司	11 300
贷:银行存款	11 300

7. 商品需要安装和检验销售的账务处理

商品需要安装和检验的销售,是指售出的商品需要经过安装和检验等过程的销售方式。在这种销售方式下,在购买方接受交货以及安装和检验完毕前,销售方通常不应确认收入。如果安装程序比较简单或检验是为了最终确定合同或协议价格而必须进行的程序,销售方可以在发出商品时确认收入。

8. 以旧换新销售的账务处理

以旧换新销售,是指销售方在销售商品的同时回收与所售商品相同的旧商品。在这种销售方式下,销售的商品应当按照销售商品收入确认条件确认收入,回收的商品作为购进商品进行处理。

【任务举例 11-15】 甲公司为促销开展家电以旧换新业务。20×9年5月份,甲公司共销售彩色电视机100台,每台不含增值税销售价格为2 000元,每台销售成本为900元;同时回收100台旧彩色电视机,每台回收价格为226元;款项均已收付。根据上述资料,甲公司的账务处理如下:

(1)甲公司销售100台彩色电视机时的账务处理:

借:库存现金	226 000

```
    贷:主营业务收入——彩色电视机                                    200 000
      应交税费——应交增值税(销项税额)                              26 000
  借:主营业务成本——彩色电视机                                      90 000
    贷:库存商品——彩色电视机                                        90 000
```

(2)甲公司回收 100 台彩色电视机作为购进商品的账务处理:

```
  借:原材料                                                       22 600
    贷:库存现金                                                   22 600
```

9. 房地产销售的账务处理

房地产销售,是指房地产开发企业自行开发房地产,并在市场上进行销售。对于房地产销售,企业应按一般商品销售收入确认条件确认收入。

在房地产销售中,房地产法定所有权的转移,通常表明其所有权上的主要风险和报酬转移给买方,企业应确认销售商品收入。但也有可能出现法定所有权转移后,所有权上的主要风险和报酬没有转移的情况。例如,企业根据合同或协议约定,仍有责任实施重大行动,如工程尚未完工。在这种情况下,企业通常应在实施的重大行动完成时确认销售商品收入。又如,合同或协议存在重大不确定因素,如买方有权退房。在这种情况下,企业通常应在这些重大不确定因素消失后确认销售商品收入。再如,房地产销售后,企业仍有某种程度的继续涉入,如销售回购协议、企业保证买方在特定时期内获得既定投资报酬的协议等。在这种情况下,企业应分析交易的实质,以确定是作为销售处理,还是作为融资、租赁或利润分成处理。

10. 具有融资性质的分期收款销售商品的账务处理

企业销售商品,有时会采取分期收款的方式,如分期收款发出商品,即商品已经交付,货款分期收回。在这种销售方式下,企业将商品交付给购货方,通常表明与商品所有权有关的风险和报酬已经转移给购货方,如果延期收取的货款具有融资性质,其实质是企业向购货方提供免息的信贷,在符合收入确认条件时,应当根据应收款项的公允价值(或现行售价)一次确认收入。按照合同约定的收款日期分期收回货款,强调的只是一个结算时点,与风险和报酬的转移没有关系,因此,企业不应当按照合同约定的收款日期确认收入。

应收的合同或协议价款与其公允价值之间的差额,应当在合同或协议期间内,按照应收款项的摊余成本和实际利率计算确定的金额进行摊销,作为财务费用的抵减处理。其中,实际利率是指具有类似信用等级的企业发行类似工具的现时利率,或者将应收的合同或协议价款折现为商品现销价格时的折现率等。在实务中,基于重要性要求,如果应收的合同或协议价款与其公允价值之间的差额,按照应收款项的摊余成本和实际利率进行摊销与采用直线法进行摊销的结果相差不大的,也可以采用直线法进行摊销。

【任务举例 11-16】　2018 年 1 月 1 日,甲公司采用分期收款方式向乙公司销售一套大型设备,合同约定的销售价格为 2 000 万元,分 5 次于每年 12 月 31 日等额收取。该大型设备成本为 1 560 万元。在现销方式下,该大型设备的销售价格为 1 600 万元。假定甲公司发出商品时,其有关的增值税纳税义务尚未发生,在合同约定的收款日期,发生有关的增值税纳税义务。

根据上述资料,甲公司应当确认的销售商品收入金额为 1 600 万元。

根据下列公式：

未来五年收款额的现值＝现销方式下应收款项金额，可以得出：

$$400 \times (P/A, r, 5) = 1\ 600\ 万元$$

可在多次测试的基础上，用插值法计算折现率。

当 $r = 7\%$ 时，$400 \times 4.100\ 2 = 1\ 640.08 > 1\ 600$ 万元

当 $r = 8\%$ 时，$400 \times 3.992\ 7 = 1\ 597.08 < 1\ 600$ 万元

因此，$7\% < r < 8\%$。用插值法计算如下：

现值	利率
1 640.08	7%
1 600	r
1 597.08	8%

$$\frac{1\ 640.08 - 1\ 600}{1\ 640.08 - 1\ 597.08} = \frac{7\% - r}{7\% - 8\%}$$

$$r = 7.93\%$$

每期计入财务费用的金额如表 11-1 所示。

表 11-1　财务费用和已收本金计算表

单位：万元

年份 （t）	未收本金 $A_t = A_{t-1} - D_{t-1}$	财务费用 $B = A \times 7.93\%$	收现总额 C	已收本金 $D = C - B$
2018 年 1 月 1 日	1 600			
2019 年 12 月 31 日	1 600	126.88	400	273.12
2020 年 12 月 31 日	1 326.88	105.22	400	294.78
2021 年 12 月 31 日	1 032.10	81.85	400	318.15
2022 年 12 月 31 日	713.95	56.62	400	343.38
2023 年 12 月 31 日	370.57	29.43*	400	370.57
总　　额		400	2 000	1 600

* 尾数调整。

根据表 11-1 的计算结果，甲公司各期的会计分录如下：

①2018 年 1 月 1 日销售实现时：

借：长期应收款　　　　　　　　　　　　　　　　　　　　　　　20 000 000

　　贷：主营业务收入　　　　　　　　　　　　　　　　　　　　16 000 000

　　　　未实现融资收益　　　　　　　　　　　　　　　　　　　4 000 000

借：主营业务成本　　　　　　　　　　　　　　　　　　　　　　15 600 000

　　贷：库存商品　　　　　　　　　　　　　　　　　　　　　　15 600 000

②2019 年 12 月 31 日收取货款和增值税税额时：

借：银行存款　　　　　　　　　　　　　　　　　　　　　　　　4 520 000

　　贷：长期应收款　　　　　　　　　　　　　　　　　　　　　4 000 000

<table>
<tr><td></td><td>应交税费——应交增值税（销项税额）</td><td>520 000</td></tr>
</table>

借：未实现融资收益　　　　　　　　　　　　　　　　　　　　1 268 800
　　贷：财务费用　　　　　　　　　　　　　　　　　　　　　　　　　1 268 800

③2020 年 12 月 31 日收取货款和增值税税额时：

借：银行存款　　　　　　　　　　　　　　　　　　　　　　　4 520 000
　　贷：长期应收款　　　　　　　　　　　　　　　　　　　　　　　4 000 000
　　　　应交税费——应交增值税（销项税额）　　　　　　　　　　　　520 000

借：未实现融资收益　　　　　　　　　　　　　　　　　　　　1 052 200
　　贷：财务费用　　　　　　　　　　　　　　　　　　　　　　　　　1 052 200

④2021 年 12 月 31 日收取货款和增值税税额时：

借：银行存款　　　　　　　　　　　　　　　　　　　　　　　4 520 000
　　贷：长期应收款　　　　　　　　　　　　　　　　　　　　　　　4 000 000
　　　　应交税费——应交增值税（销项税额）　　　　　　　　　　　　520 000

借：未实现融资收益　　　　　　　　　　　　　　　　　　　　　818 500
　　贷：财务费用　　　　　　　　　　　　　　　　　　　　　　　　　818 500

⑤2022 年 12 月 31 日收取货款和增值税税额时：

借：银行存款　　　　　　　　　　　　　　　　　　　　　　　4 520 000
　　贷：长期应收款　　　　　　　　　　　　　　　　　　　　　　　4 000 000
　　　　应交税费——应交增值税（销项税额）　　　　　　　　　　　　520 000

借：未实现融资收益　　　　　　　　　　　　　　　　　　　　　566 200
　　贷：财务费用　　　　　　　　　　　　　　　　　　　　　　　　　566 200

⑥2023 年 12 月 31 日收取货款和增值税税额时：

借：银行存款　　　　　　　　　　　　　　　　　　　　　　　4 520 000
　　贷：长期应收款　　　　　　　　　　　　　　　　　　　　　　　4 000 000
　　　　应交税费——应交增值税（销项税额）　　　　　　　　　　　　520 000

借：未实现融资收益　　　　　　　　　　　　　　　　　　　　　294 300
　　贷：财务费用　　　　　　　　　　　　　　　　　　　　　　　　　294 300

11.售后回购的账务处理

售后回购，是指销售商品的同时，销售方同意日后再将同样或类似的商品购回的销售方式。在这种方式下，销售方应根据合同或协议条款判断销售商品是否满足收入确认条件。

（1）通常情况下，以固定价格回购的售后回购交易属于融资交易，商品所有权上的主要风险和报酬没有转移，企业不应确认收入；回购价格大于原售价的差额，企业应在回购期间按期计提利息费用，计入财务费用。

企业采用售后回购方式融入资金的，应按实际收到的金额，借记"银行存款"账户，贷记"其他应付款"账户。回购价格与原销售价格之间的差额，应在售后回购期间内按期计提利息费用，借记"财务费用"账户，贷记"其他应付款"账户。按照合同约定购回该项商品时，应按实际支付的金额，借记"其他应付款"账户，贷记"银行存款"账户。

(2)有确凿证据表明售后回购交易满足销售商品收入确认条件的,销售的商品按售价确认收入,回购的商品作为购进商品处理。

【任务举例 11-17】 甲公司在 20×9 年 6 月 1 日与乙公司签订一项销售合同,根据合同向乙公司销售一批商品,开出的增值税专用发票上注明的销售价格为 100 万元,增值税税额为 13 万元,商品并未发出,款项已经收到。该批商品成本为 80 万元。签订的补充合同约定,甲公司应于 10 月 31 日将所售商品回购,回购价为 120 万元(不含增值税税额)。甲公司的账务处理如下:

(1)20×9 年 6 月 1 日,签订销售合同,发生增值税纳税义务

借:银行存款	1 130 000
贷:应交税费——应交增值税(销项税额)	130 000
其他应付款——乙公司	1 000 000
借:发出商品	800 000
贷:库存商品	800 000

(2)回购价大于原售价的差额,应在回购期间按期计提利息费用,计入当期财务费用。由于回购期间为 5 个月,货币时间价值影响不大,因此,采用直线法计提利息费用。每月计提利息费用为 40 000(200 000÷5)元。

借:财务费用	40 000
贷:其他应付款——乙公司	40 000

(3)20×9 年 10 月 31 日回购商品时,收到的增值税专用发票上注明的商品价款为 120 万元,增值税税额为 15.6 万元,款项已经支付。

借:应交税费——应交增值税(进项税额)	156 000
其他应付款——乙公司	1 200 000
贷:银行存款	1 356 000
借:库存商品	800 000
贷:发出商品	800 000

12.售后租回的账务处理

售后租回,是指销售商品的同时,销售方同意在日后再将同样的商品租回的销售方式。在这种方式下,销售方应根据合同或协议条款判断企业是否已将商品所有权上的主要风险和报酬转移给购货方,以确定是否确认销售商品收入。在大多数情况下,售后租回属于融资交易,企业不应确认销售商品收入,售价与资产账面价值之间的差额应当分别不同情况进行处理。

(1)融资租赁

如果售后租回交易认定为融资租赁,售价与资产账面价值之间的差额应当予以递延,并按照该项租赁资产的折旧进度进行分摊,作为折旧费用的调整。

【任务举例 11-18】 20×7 年 12 月 31 日,甲公司将其作为固定资产核算的一台大型机器设备按 70 万元的价格销售给乙公司。该机器的公允价值为 70 万元,账面原价为 100 万元,已提折旧 40 万元。同时又签订了一份融资租赁协议将机器租回,租赁期为 5 年,该固定资产的折旧方法为年限平均法。20×8 年 12 月 31 日,甲公司应确认的递延收

益的余额为多少万元?

因为:出租时确认的递延收益＝70－(100－40)＝10(万元)。

所以:20×8 年 12 月 31 日,甲公司应确认的递延收益的余额＝10－10÷5＝8(万元)。

(2)经营租赁

如果售后租回交易认定为经营租赁,应当分别情况处理:

①有确凿证据表明售后租回交易是按照公允价值达成的,售价与资产账面价值的差额应当计入当期损益。

②售后租回交易如果不是按照公允价值达成的,售价低于公允价值的差额,应计入当期损益;但若该损失将由低于市价的未来租赁付款额补偿时,有关损失应予以递延(递延收益),并按与确认租金费用相一致的方法在租赁期内进行分摊;如果售价大于公允价值,其大于公允价值的部分应计入递延收益,并在租赁期内分摊。

【任务举例 11-19】 20×7 年 12 月 31 日,甲公司将一栋办公楼以 352 万元的价格出售给乙公司,款项已收存银行。该办公楼账面原价为 600 万元,已计提折旧 320 万元,未计提减值准备,公允价值为 280 万元;预计尚可使用寿命为 5 年,预计净残值为零。20×8 年 1 月 1 日,甲公司与乙公司签订了一份经营租赁合同,将该办公楼租回;租赁开始日为 20×8 年 1 月 1 日,租期为 3 年;租金总额为 96 万元,每年年末支付。假定不考虑税费及其他相关因素,上述业务对甲公司 20×8 年度利润总额的影响为多少万元?

因为:此项交易属于售后租回交易形成的经营租赁,其售价大于公允价值,每年的租金费用相同。

所以:上述业务使甲公司 20×8 年度利润总额减少＝96÷3－(352－280)÷3＝8(万元)。

四、提供劳务收入的确认和计量

企业提供的劳务各不相同,开始和完工的日期也不相同,因此,企业提供劳务收入的确认原则因劳务完成时间的不同而不同。

(一)在同一会计期间内开始并完成的劳务

对于一次就能完成的劳务,或在同一会计期间开始并完成的劳务,应在提供劳务交易完成时确认收入,确认的金额通常为从接受劳务方已收或应收的合同或协议价款,确认原则与销售商品收入的确认原则相同。

企业对外提供劳务,如属于企业的主营业务,所实现的收入应作为主营业务收入处理,结转的相关成本应作为主营业务成本处理;如属于主营业务以外的其他经营活动,所实现的收入应作为其他业务收入处理,结转的相关成本应作为其他业务成本处理。企业对外提供劳务发生的支出一般先通过"劳务成本"账户予以归集,同生产企业的"生产成本"账户,待确认为费用时,根据业务性质再由"劳务成本"账户转入"主营业务成本"或"其他业务成本"账户。

【任务举例 11-20】 甲公司于 20×8 年 3 月 10 日接受一项设备设计任务,该设计任务可一次完成,合同总价款为 10 000 元,实际发生设计成本为 8 000 元。假定设计业务属

于甲公司的主营业务。甲公司应在设计完成时作如下会计分录:

借:银行存款　　　　　　　　　　　　　　　　　　　　10 000
　　贷:主营业务收入　　　　　　　　　　　　　　　　　　　10 000
借:主营业务成本　　　　　　　　　　　　　　　　　　　8 000
　　贷:原材料/应付职工薪酬/银行存款　　　　　　　　　　　8 000

若上述设计任务需花费一段时间(但仍在一个会计期间)才能完成,则应在为提供劳务发生有关支出时,通过下述分录陆续登记:

借:劳务成本
　　贷:银行存款等

设计任务完成,确认所提供劳务的收入并结转该项劳务总成本时:

借:银行存款　　　　　　　　　　　　　　　　　　　　10 000
　　贷:主营业务收入　　　　　　　　　　　　　　　　　　　10 000
借:主营业务成本　　　　　　　　　　　　　　　　　　　8 000
　　贷:劳务成本　　　　　　　　　　　　　　　　　　　　8 000

(二)劳务的开始和完成分属不同的会计期间

1.提供劳务交易结果能够可靠估计

当企业提供的劳务同时满足下列条件时,提供劳务交易的结果能够可靠估计:

(1)收入的金额能够可靠地计量

收入的金额能够可靠地计量,是指提供劳务收入的总额能够合理地估计。通常情况下,企业应当按照从接受劳务方已收或应收的合同或协议价款确定提供劳务收入总额。随着劳务的不断提供,可能会根据实际情况增加或减少已收或应收的合同或协议价款,此时,企业应及时调整提供劳务收入总额。

(2)相关的经济利益很可能流入企业

相关的经济利益很可能流入企业,是指提供劳务收入总额收回的可能性大于不能收回的可能性。企业在确定提供劳务收入总额能否收回时,应当结合接受劳务方的信誉、以前的经验以及双方就结算方式和期限达成的合同或协议条款等因素,综合进行判断。通常情况下,企业提供的劳务符合合同或协议要求,接受劳务方承诺付款,就表明提供劳务收入总额收回的可能性大于不能收回的可能性。

(3)交易的完工进度能够可靠地确定

企业可以根据提供劳务的特点,选用下列方法确定提供劳务交易的完工进度:

①已完工作的测量,这是一种比较专业的测量方法,由专业测量师对已经提供的劳务进行测量,并按一定方法计算确定提供劳务交易的完工程度。

②已经提供的劳务占应提供劳务总量的比例,这种方法主要以劳务量为标准确定提供劳务交易的完工程度。

③已经发生的成本占估计总成本的比例,这种方法主要以成本为标准确定提供劳务交易的完工程度。只有反映已提供劳务的成本才能包括在已经发生的成本中,只有反映已提供或将提供劳务的成本才能包括在估计总成本中。

(4)交易中已发生和将发生的成本能够可靠地计量

交易中已发生和将发生的成本能够可靠地计量,是指交易中已经发生和将要发生的成本能够合理地估计。企业应当建立完善的内部成本核算制度和有效的内部财务预算及报告制度,准确地提供每期发生的成本,并对完成剩余劳务将要发生的成本作出科学、合理的估计。同时应随着劳务的不断提供或外部情况的不断变化,随时对将要发生的成本进行修订。

2.完工百分比法

如果劳务的开始和完成分属不同的会计期间,且企业在资产负债表日提供劳务交易的结果能够可靠估计的,应采用完工百分比法确认提供劳务收入的金额。

完工百分比法,是指按照提供劳务交易的完工进度确认收入和费用的方法。在这种方法下,确认的提供劳务收入金额能够提供各个会计期间关于提供劳务交易及其业绩的有用信息。

企业应当在资产负债表日按照提供劳务收入总额乘以完工进度扣除以前会计期间累计已确认提供劳务收入后的金额,确认当期提供劳务收入;同时,按照提供劳务估计总成本乘以完工进度扣除以前会计期间累计已确认劳务成本后的金额,结转当期劳务成本。用公式表示如下:

本期确认的收入=劳务总收入×本期末止劳务的完工进度－以前期间已确认的收入

本期确认的费用=劳务总成本×本期末止劳务的完工进度－以前期间已确认的费用

在采用完工百分比法确认提供劳务收入的情况下,企业应按计算确定的提供劳务收入金额,借记"应收账款""银行存款"等账户,贷记"主营业务收入"账户。结转提供劳务成本时,借记"主营业务成本"账户,贷记"劳务成本"账户。

【任务举例 11-21】　甲公司于 20×8 年 12 月 1 日接受一项设备安装任务,安装期为 3 个月,合同总收入为 200 万元,至年底已预收安装费 80 万元,实际发生安装费用 60 万元(假定均为安装人员薪酬),估计还会发生 40 万元。

假定甲公司按实际发生的成本占估计总成本的比例确定劳务的完工进度。甲公司的账务处理如下:

(1)计算:

实际发生的成本占估计总成本的比例=60÷(60 ＋40)×100％＝60％

20×8 年 12 月 31 日确认的提供劳务收入＝200×60％－0＝120(万元)

20×8 年 12 月 31 日结转的提供劳务成本＝(60 ＋40)×60％－0＝60(万元)

(2)账务处理:

①实际发生劳务成本时:

借:劳务成本　　　　　　　　　　　　　　　　　　　　　　　　600 000

　　贷:应付职工薪酬　　　　　　　　　　　　　　　　　　　　600 000

②预收劳务款时:

借:银行存款　　　　　　　　　　　　　　　　　　　　　　　　800 000

　　贷:预收账款　　　　　　　　　　　　　　　　　　　　　　800 000

③20×8 年 12 月 31 日确认提供劳务收入并结转劳务成本时:

借:预收账款　　　　　　　　　　　　　　　　　　　　　　　　120 000

  贷:主营业务收入   120 000

 借:主营业务成本   600 000

  贷:劳务成本   600 000

【任务举例 11-22】 甲公司于 20×8 年 10 月 1 日与丙公司签订合同,为丙公司开发一项软件,工期大约 5 个月,合同总收入 8 000 000 元。至 20×8 年 12 月 31 日,甲公司已发生成本 4 400 000 元(假定均为开发人员薪酬),预收账款 5 000 000 元。甲公司预计开发该软件还将发生成本 1 600 000 元。20×8 年 12 月 31 日,经专业测量师测量,该软件的完工进度为 60%。假定甲公司按季度编制财务报表。甲公司的账务处理如下:

(1)计算:

20×8 年 12 月 31 日确认提供劳务收入＝8 000 000×60%－0＝4 800 000(元)

20×8 年 12 月 31 日确认提供劳务成本＝(4 400 000 ＋1 600 000)×60%－0

             ＝3 600 000(元)

(2)账务处理:

①实际发生劳务成本时:

 借:劳务成本   4 400 000

  贷:应付职工薪酬   4 400 000

②预收劳务款项时:

 借:银行存款   5 000 000

  贷:预收账款   5 000 000

③20×8 年 12 月 31 日确认提供劳务收入并结转劳务成本时:

 借:预收账款   4 800 000

  贷:主营业务收入   4 800 000

 借:主营业务成本   3 600 000

  贷:劳务成本   3 600 000

3.提供劳务交易结果不能可靠估计

企业在资产负债表日提供劳务交易结果如果不能够可靠估计的,即不能同时满足前述四个条件时,企业不能采用完工百分比法确认提供劳务收入。此时,企业应正确预计已经发生的劳务成本能够得到补偿和不能得到补偿,分别进行会计处理:

(1)已经发生的劳务成本预计全部能够得到补偿的,应按已收或预计能够收回的金额确认提供劳务收入,并结转已经发生的劳务成本。

(2)已经发生的劳务成本预计部分能够得到补偿的,应按能够得到补偿的劳务成本金额确认提供劳务收入,并结转已经发生的劳务成本。

(3)已经发生的劳务成本预计全部不能得到补偿的应将已经发生的劳务成本计入当期损益(主营业务成本或其他业务成本),不确认提供劳务收入。

【任务举例 11-23】 甲公司于 20×7 年 12 月 25 日接受乙公司委托,为其培训一批学员,培训期为 6 个月,20×8 年 1 月 1 日开学。协议约定,乙公司应向甲公司支付的培训费总额为 60 000 元,分三次等额支付,第一次在开学时预付,第二次在 20×8 年 3 月 1 日支付,第三次在培训结束时支付。20×8 年 1 月 1 日,乙公司预付第一次培训费。至

20×8年2月28日,甲公司发生培训成本30 000元(假定均为培训人员薪酬)。20×8年3月1日,甲公司得知乙公司经营发生困难,后两次培训费能否收回难以确定。

甲公司的会计处理如下:

(1)20×8年1月1日收到乙公司预付的培训费:

借:银行存款	20 000
贷:预收账款	20 000

(2)实际发生培训成本30 000元:

借:劳务成本	30 000
贷:应付职工薪酬	30 000

(3)20×8年2月28日确认提供劳务收入并结转劳务成本:

借:预收账款	20 000
贷:主营业务收入	20 000
借:主营业务成本	30 000
贷:劳务成本	30 000

本例中,甲公司已经发生的劳务成本30 000元预计只能部分得到补偿,即只能按预收款项得到补偿,应按预收账款20 000元确认劳务收入,并将已经发生的劳务成本30 000元结转入当期损益。

如果第一次预收账款40 000元,其他条件不变,则:

(1)20×8年1月1日收到乙公司预付的培训费:

借:银行存款	40 000
贷:预收账款	40 000

(2)实际发生培训成本30 000元:

借:劳务成本	30 000
贷:应付职工薪酬	30 000

(3)20×8年2月28日确认提供劳务收入并结转劳务成本:

借:预收账款	30 000
贷:主营业务收入	30 000
借:主营业务成本	30 000
贷:劳务成本	30 000

任务二 费用的核算

一、费用的概念和特征

(一)费用的概念

费用是指企业在日常活动中发生的、会导致所有者权益减少的、与向所有者分配利润无关的经济利益的总流出。

（二）费用的特征

1. 费用是企业在日常活动中发生的经济利益的总流出

日常活动是指企业为完成其经营目标所从事的经常性活动以及与之相关的其他活动。工业企业制造并销售产品、商业企业购买并销售商品、咨询公司提供咨询服务、软件开发企业为客户开发软件、安装公司提供安装服务、租赁公司出租资产等活动中发生的经济利益的总流出构成费用。工业企业对外出售不需用的原材料结转的材料成本等，也构成费用。

费用形成于企业日常活动的特征使其与产生于非日常活动的损失相区分。企业从事或发生的某些活动或事项也能导致经济利益流出企业，但不属于企业的日常活动。例如，企业处置固定资产、无形资产等非流动资产，因违约支付罚款，对外捐赠，因自然灾害等非常原因造成财产毁损等，这些活动或事项形成的经济利益的总流出属于企业的损失而不是费用。

2. 费用会导致企业所有者权益的减少

费用既可能表现为资产的减少，如减少银行存款、库存商品等；也可能表现为负债的增加，如增加应付职工薪酬、应交税费（消费税等）等。根据"资产－负债＝所有者权益"的会计等式，费用一定会导致企业所有者权益的减少。

企业经营管理中的某些支出并不减少企业的所有者权益也就不构成费用。例如，企业以银行存款偿还一项负债，只是一项资产和一项负债的等额减少，对所有者权益没有影响，因此，不构成企业的费用。

3. 费用与向所有者分配利润无关

向所有者分配利润或股利属于企业利润分配的内容，不构成企业的费用。

二、费用的主要内容及其核算

企业的费用主要包括主营业务成本、其他业务成本、税金及附加、销售费用、管理费用和财务费用等。

费用的核算

（一）主营业务成本

主营业务成本是指企业销售商品、提供劳务等经常性活动所发生的成本。企业一般在确认销售商品、提供劳务等主营业务收入时，或在月末，将已销售商品、已提供劳务的成本结转主营业务成本。

（二）其他业务成本

其他业务成本是指企业除主营业务活动以外的企业经营活动所发生的成本。

（三）税金及附加

税金及附加是指企业经营活动应负担的相关税费。如：计入当期损益的消费税、城市维护建设税、教育费附加、资源税和土地增值税等。

（四）销售费用

销售费用是指企业在销售商品和材料、包装物，提供劳务过程中发生的各项费用，包括企业在销售商品过程中发生的包装费、保险费、展览费和广告费、商品维修费、预计产品质量保证损失、运输费、装卸费等费用，以及企业发生的为销售本企业商品而专设的销售机构的职工薪酬、业务费、折旧费、固定资产修理费等费用。

企业发生的销售费用,在"销售费用"账户核算,并在"销售费用"账户中按费用项目设置明细账,进行明细核算。期末,将"销售费用"账户的余额结转"本年利润"账户。

【任务举例 11-24】　某公司为宣传新产品发生广告费 10 000 元,用银行存款支付。会计分录如下:

借:销售费用 10 000
　贷:银行存款 10 000

【任务举例 11-25】　某公司销售部 8 月份共发生如下费用:销售人员薪酬 500 000 元,销售部专用办公设备折旧费 100 000 元,水电费 100 000 元(用银行存款支付)。会计分录如下:

借:销售费用 700 000
　贷:应付职工薪酬 500 000
　　累计折旧 100 000
　　银行存款 100 000

【任务举例 11-26】　某公司销售一批产品,销售过程中发生运输费 5 000 元、装卸费 3 000元、挑选费 2 000 元,均用银行存款支付。会计分录如下:

借:销售费用 10 000
　贷:银行存款 10 000

(五)管理费用

管理费用是指企业为组织和管理生产经营活动而发生的各种费用。管理费用具体包括:企业在筹建期间发生的开办费、董事会和行政管理部门在企业的经营管理中发生的或者应由企业统一负担的公司经费(包括行政管理部门职工薪酬、物料消耗、低值易耗品摊销、办公费和差旅费等)、董事会费(包括董事会成员津贴、会议费和差旅费等)、聘请中介机构费、咨询费(含顾问费)、诉讼费、业务招待费、房产税、车船使用税、土地使用税、印花税、技术转让费、矿产资源补偿费、研究费用、排污费以及企业行政管理部门发生的固定资产修理费等。

企业核算管理费用的发生和结转情况时应通过"管理费用"账户。该账户应按管理费用的费用项目进行明细核算,借方登记企业发生的各项管理费用,贷方登记期末转入"本年利润"账户的管理费用,作为损益类账户其结转后应无余额。

【任务举例 11-27】　某企业就一项产品的设计方案向有关专家咨询,以现金支付咨询费 70 000 元。会计分录如下:

借:管理费用 70 000
　贷:库存现金 70 000

【任务举例 11-28】　某企业为拓展产品销售市场发生业务招待费 150 000 元,以银行存款支付。会计分录如下:

借:管理费用 150 000
　贷:银行存款 150 000

【任务举例 11-29】　某企业筹建期间发生办公费、差旅费等开办费 5 000 元,均用银行存款支付。会计分录如下：

借:管理费用	5 000
贷:银行存款	5 000

【任务举例 11-30】 某企业行政部 9 月份发生如下费用:行政人员薪酬 50 000 元,行政部专用办公设备折旧费 7 000 元,报销行政人员差旅费 2 000 元(假定报销人均未预借差旅费),其他办公、水电费 1 000 元(以银行存款支付)。会计分录如下:

借:管理费用	60 000
贷:应付职工薪酬	50 000
累计折旧	7 000
库存现金	2 000
银行存款	1 000

【任务举例 11-31】 某企业当月生产车间发生设备大修理费用 2 000 元(以银行存款支付),行政管理部门发生设备日常修理费用 1 000 元(以现金支付),均不符合资本化条件。会计分录如下:

借:管理费用	3 000
贷:银行存款	2 000
库存现金	1 000

【任务举例 11-32】 某企业当月按规定计算确定的应交房产税 2 000 元、应交车船使用税 2 500 元、应交土地使用税 5 000 元、印花税 500 元。会计分录如下:

借:管理费用	10 000
贷:应交税费——应交房产税	2 000
——应交车船使用税	2 500
——应交土地使用税	5 000
银行存款	500

(六)财务费用

财务费用是指企业为筹集生产经营所需资金等而发生的筹资费用,包括利息支出(减利息收入)、汇兑损益以及相关的手续费、企业发生的现金折扣或收到的现金折扣等。

企业发生的财务费用,在"财务费用"账户核算,并在"财务费用"账户中按费用项目设置明细账户,进行明细核算。期末,"财务费用"账户的余额结转"本年利润"账户后无余额。

【任务举例 11-33】 吉力公司于 20×8 年 1 月 1 日向银行借入生产经营用短期借款 480 000 元,期限 8 个月,年利率 6%,该借款本金到期后一次归还,利息分月预提,按季支付。假定所有利息均不符合利息资本化条件。具体账务处理如下:

(1)收到借款时:

借:银行存款	480 000
贷:短期借款	480 000

(2)1—8 月各月有关利息支出的会计处理如下:

每月末,计提各月份应计利息＝480 000×6%÷12＝2 400(元)

借:财务费用　　　　　　　　　　　　　　　　　　　　2 400
　　贷:应付利息　　　　　　　　　　　　　　　　　　　　　　2 400
（3）支付利息时:
3月末、6月末支付利息时
借:应付利息　　　　　　　　　　　　　　　　　　　　7 200
　　贷:银行存款　　　　　　　　　　　　　　　　　　　　　　7 200
8月末支付利息时:
借:应付利息　　　　　　　　　　　　　　　　　　　　4 800
　　贷:银行存款　　　　　　　　　　　　　　　　　　　　　　4 800
（4）9月1日偿还借款时:
借:短期借款　　　　　　　　　　　　　　　　　　　480 000
　　贷:银行存款　　　　　　　　　　　　　　　　　　　　480 000

【任务举例11-34】　吉力公司于20×8年1月1日向银行借入生产经营用短期借款480 000元,期限8个月,年利率6％,该借款本金到期后一次归还,利息分月预提,按季支付。假定1月份其中240 000元暂时作为闲置资金存入银行,年利率为5％,假定所有利息均不符合利息资本化条件。

有关会计分录见上例,1月份相关利息的会计处理如下:
（1）计提各月份应计利息:

$$480\ 000 \times 6\% \div 12 = 2\ 400(元)$$

借:财务费用　　　　　　　　　　　　　　　　　　　　2 400
　　贷:应付利息　　　　　　　　　　　　　　　　　　　　　　2 400
（2）当月取得的利息收入＝240 000×5％÷12＝1 000（元）
利息收入1 000元应作为冲减财务费用处理。
借:银行存款　　　　　　　　　　　　　　　　　　　　1 000
　　贷:财务费用　　　　　　　　　　　　　　　　　　　　　　1 000

【任务举例11-35】　甲公司于20×8年1月1日平价发行公司债券,面值300 000万元,期限2年,年利率6％,到期后本息一次归还。债券发行过程中,发生的手续费率为债券面值的1％,即3 000万元。有关手续费的会计分录如下:

借:财务费用　　　　　　　　　　　　　　　　　　30 000 000
　　贷:银行存款　　　　　　　　　　　　　　　　　　　30 000 000

任务三　所得税的核算

一、所得税会计的特点

所得税会计是从资产负债表出发,通过比较资产负债表上列示的资产和负债,按照会计准则规定确定的账面价值与按照税法规定确定的计税基础,对于两者之间的差异分别应纳税暂时性差异与可抵扣暂时性差异,确认相关的递延所得税负债与递延所得税资产,并在此基础上确定每一期间利润表中的所得税费用。

二、所得税核算的程序

采用资产负债表债务法核算所得税的情况下,企业一般应于每一资产负债表日进行所得税核算。发生特殊交易或事项时,如企业合并,在确认因交易或事项产生的资产、负债时即应确认相关的所得税影响。企业进行所得税核算时一般应遵循以下程序:

(1)按照会计准则规定确定资产负债表中除递延所得税资产和递延所得税负债以外的其他资产和负债项目的账面价值。

(2)按照会计准则中对于资产和负债计税基础的确定方法,以适用的税收法规为基础,确定资产负债表中有关资产、负债项目的计税基础。

(3)比较资产、负债的账面价值与其计税基础,对于两者之间存在差异的,分析其性质,除会计准则中规定的特殊情况外,分别应纳税暂时性差异与可抵扣暂时性差异,确定该资产负债表日递延所得税负债和递延所得税资产的应有金额,并与期初递延所得税资产和递延所得税负债的余额相比,确定当期应予进一步确认的递延所得税资产和递延所得税负债金额或应予转销的金额,作为构成利润表中所得税费用的递延所得税费用(或收益)。

(4)按照适用的税法规定计算确定当期应纳税所得额,将应纳税所得额与适用的所得税税率计算的结果确认为当期应交所得税,作为利润表中应予确认的所得税费用中的当期所得税部分。

(5)确定利润表中的所得税费用。利润表中的所得税费用包括当期所得税和递延所得税两个组成部分。企业在计算确定当期所得税和递延所得税后,两者之和(或之差),即为利润表中的所得税费用。

所得税会计的关键在于确定资产、负债的计税基础。资产、负债的计税基础,虽然是会计准则中的概念,但实质上与税法法规的规定密切关联。企业应当严格遵循税收法规中对于资产的税务处理及可税前扣除的费用等规定确定有关资产、负债的计税基础。

三、计税基础和暂时性差异

(一)计税基础

1.资产的计税基础

资产的计税基础,是指企业收回资产账面价值的过程中,计算应纳税所得额时按照税法规定可以自应税经济利益中抵扣的金额。

资产在初始确认时,其计税基础一般为取得成本。从所得税角度考虑,某一单项资产产生的所得是指该项资产产生的未来经济利益流入扣除其取得成本之后的金额。一般情况下,税法认定的资产取得成本为购入时实际支付的金额。在资产持续持有的过程中,可在未来期间税前扣除的金额是指资产的取得成本减去以前期间按照税法规定已经税前扣除的金额后的余额。如固定资产、无形资产等长期资产,在某一资产负债表日的计税基础是指其成本扣除按照税法规定已在以前期间税前扣除的累计折旧额或累计摊销额后的金额。

2.负债的计税基础

负债的计税基础,是指负债的账面价值减去未来期间计算应纳税所得额时按照税法规定可予抵扣的金额。

负债的确认与偿还一般不会影响企业未来期间的损益,也不会影响其未来期间的应纳税所得额,因此未来期间计算应纳税所得额时按照税法规定可予抵扣的金额为0,计税基础即为账面价值。例如企业的短期借款、应付账款等。但是,某些情况下,负债的确认可能会影响企业的损益,进而影响不同期间的应纳税所得额,使其计税基础与账面价值之间产生差额,如按照会计规定确认的某些预计负债。

3.特殊交易或事项中产生的资产、负债计税基础的确定

除企业在正常生产经营活动过程中取得的资产和负债以外,对于某些特殊交易中产生的资产、负债,其计税基础的确定也应遵从税法的规定,如企业合并过程中取得的资产、负债计税基础的确定。

对于企业合并交易的所得税处理,通常情况下,将被合并企业视为按公允价值转让、处置全部资产,计算资产的转让所得,依法交纳所得税。合并企业接受被合并企业的有关资产,计税时可以按经评估确认或税法认可的转让价值确定计税成本。税法对于企业的合并、改组等交易,考虑合并中涉及的非股权支付额的比例、取得被合并方股权比例等条件,将其区分为应税合并与免税合并。

由于会计准则与税法对企业合并的划分标准不同、处理原则不同,某些情况下,会造成企业合并中取得的有关资产、负债的入账价值与计税基础的差异。

(二)暂时性差异

暂时性差异,是指资产或负债的账面价值与其计税基础之间的差额。其中账面价值,是指按照会计准则规定确定的有关资产、负债在资产负债表中应列示的金额。由于资产、负债的账面价值与其计税基础不同,产生了在未来收回资产或清偿负债的期间内,应纳税所得额增加或减少并导致未来期间应交所得税增加或减少的情况,在这些暂时性差异发生的当期,一般应当确认相应的递延所得税负债或递延所得税资产。按照暂时性差异对未来期间应税金额的影响,分为应纳税暂时性差异和可抵扣暂时性差异。

1.应纳税暂时性差异

应纳税暂时性差异,是指在确定未来收回资产或清偿负债期间的应纳税所得额时,将导致产生应税金额的暂时性差异。应纳税暂时性差异产生递延所得税负债。当资产的账面价值大于其计税基础或负债的账面价值小于其计税基础时可产生应纳税暂时性差异。

2.可抵扣暂时性差异

可抵扣暂时性差异,是指在确定未来收回资产或清偿负债期间的应纳税所得额时,将导致产生可抵扣金额的暂时性差异。可抵扣暂时性差异确认递延所得税资产。当资产的账面价值小于其计税基础或负债的账面价值大于其计税基础时可产生可抵扣暂时性差异。

四、递延所得税资产及递延所得税负债的确认和计量

(一)递延所得税资产的确认和计量

1.递延所得税资产的确认

资产、负债的账面价值与其计税基础不同产生可抵扣暂时性差异的,在估计未来期间能够取得足够的应纳税所得额用以利用该可抵扣暂时性差异时,应当以很可能取得用来抵扣可抵扣暂时性差异的应纳税所得额为限,确认相关的递延所得税资产。

(1)递延所得税资产的确认应以未来期间可能取得的应纳税所得额为限。

(2)按照税法规定可以结转以后年度的未弥补亏损和税款抵减,应视同可抵扣暂时性差异处理。

(3)企业合并中,按照会计规定确定的合并中取得各项可辨认资产、负债的入账价值与其计税基础之间形成可抵扣暂时性差异的,应确认相应的递延所得税资产,并调整合并中应予确认的商誉等。

(4)与直接计入所有者权益的交易或事项相关的可抵扣暂时性差异,相应的递延所得税资产应计入所有者权益。如因可供出售金融资产公允价值下降而应确认的递延所得税资产。

某项交易不属于企业合并,且交易发生时既不影响会计利润也不影响应纳税所得额,则该项交易中产生的资产、负债的初始确认金额与计税基础存在可抵扣暂时性差异的,不确认相关的递延所得税资产。

2.递延所得税资产的计量

(1)适用税率

确认递延所得税资产时,应估计相关可抵扣暂时性差异的转回时间,采用转回期间适用的所得税税率为基础计算确定。无论相关的可抵扣暂时性差异转回期间如何,递延所得税资产均不予折现。

(2)递延所得税资产的减值

资产负债表日,企业应当对递延所得税资产的账面价值进行复核。如果未来期间很可能无法取得足够的应纳税所得额用以利用递延所得税资产的利益,应当减记递延所得税资产的账面价值。递延所得税资产的账面价值减记以后,继后期间根据新的环境和情况判断能够产生足够的应纳税所得额利用可抵扣暂时性差异,使得递延所得税资产包含的经济利益能够实现的,应相应恢复递延所得税资产的账面价值。

(二)递延所得税负债的确认和计量

1.递延所得税负债的确认

除企业会计准则中明确规定可不确认递延所得税负债的情况以外,企业对于所有的应纳税暂时性差异均应确认相关的递延所得税负债。除直接计入所有者权益的交易或事项以及企业合并外,在确认递延所得税负债的同时,应增加利润表中的所得税费用。

与联营企业、合营企业投资等相关的应纳税暂时性差异,一般应确认相应的递延所得税负债,但同时满足以下两个条件的除外:一是投资企业能够控制暂时性差异转回的时间;二是该暂时性差异在可预见的未来很可能不会转回。

有些情况下,虽然资产、负债的账面价值与其计税基础不同,产生了应纳税暂时性差异,但会计准则规定不确认递延所得税负债:

(1)商誉的初始确认。非同一控制下的企业合并中,企业合并成本大于合并中取得的被购买方可辨认净资产公允价值份额的差额,确认为商誉。因会计与税法的划分标准不同,按照税法规定作为免税合并的情况下,税法不认可商誉的价值,即从税法角度,商誉的计税基础为0,两者之间的差额形成应纳税暂时性差异。但是,确认该部分暂时性差异产生的递延所得税负债,则意味着将进一步增加商誉的价值。因商誉本身即是企业合并成本在取得的被购买方可辨认资产、负债之间进行分配后的剩余价值,确认递延所得税负债进一步增加其账面价值会影响到会计信息的可靠性,而且增加了商誉的账面价值以后,可能很快就要计提减值准备,同时其账面价值的增加还会进一步产生应纳税暂时性差异,使得递延所得税负债和商誉价值量的变化不断循环。因此,对于企业合并中产生的商誉,其账面价值与计税基础不同形成的应纳税暂时性差异,会计准则规定不确认相关的递延所得税负债。

(2)除企业合并以外的其他交易或事项中,如果该项交易或事项发生时既不影响会计利润,也不影响应纳税所得额,则所产生的资产、负债的初始确认金额与其计税基础不同,形成应纳税暂时性差异的,交易或事项发生时不确认相应的递延所得税负债。该规定主要是考虑到由于交易发生时既不影响会计利润,也不影响应纳税所得额,确认递延所得税负债的直接结果是增加有关资产的账面价值或是降低所确认负债的账面价值,使得资产、负债在初始确认时,违背历史成本原则,影响会计信息的可靠性。

(3)与联营企业、合营企业投资等相关的应纳税暂时性差异,一般应确认递延所得税负债,但同时满足以下两个条件的除外:一是投资企业能够控制暂时性差异转回的时间;二是该暂时性差异在可预见的未来很可能不会转回。满足上述条件时,投资企业可以运用自身的影响力决定暂时性差异的转回,如果不希望其转回,则在可预见的未来该项暂时性差异即不会转回,从而无须确认相关的递延所得税负债。

2.递延所得税负债的计量

递延所得税负债应以相关应纳税暂时性差异转回期间适用的所得税税率计量。

五、所得税费用的确认与计量

企业核算所得税,主要是为确定当期应交所得税以及利润表中的所得税费用,从而确定各期实现的净利润。确认递延所得税资产和递延所得税负债,最终目的也是解决不同会计期间所得税费用的分配问题。按照资产负债表债务法进行核算的情况下,利润表中的所得税费用由两个部分组成:当期所得税和递延所得税费用(或收益)。

(一)当期所得税

当期所得税是指企业按照税法规定计算确定的针对当期发生的交易和事项,应交纳给税务机关的所得税金额,即应交所得税。当期所得税应当以适用的税收法规为基础计算确定。

企业在确定当期所得税时,对于当期发生的交易或事项,会计处理与税收处理不同的,应在会计利润的基础上,按照适用税收法规的要求进行调整(即纳税调整),计算出当期应纳税所得额,按照应纳税所得额与适用所得税税率计算确定当期应交所得税。一般情况下,应纳税所得额可在会计利润的基础上,考虑会计与税收规定之间的差异,按照以下公式计算确定:

应纳税所得额＝会计利润＋按照会计准则规定计入利润表但计税时不允许税前扣除的费用＋(或－)计入利润表的费用与按照税法规定可予税前抵扣的金额之间的差额＋(或－)计入利润表的收入与按照税法规定应计入应纳税所得额的收入之间的差额－税法规定的不征税收入＋(或－)其他需要调整的因素

(二)递延所得税费用(或收益)

递延所得税费用(或收益)是指按照会计准则规定应予确认的递延所得税资产和递延所得税负债在会计期末应有的金额相对于原已确认金额之间的差额,即递延所得税资产和递延所得税负债的当期发生额,但不包括计入所有者权益的交易或事项的所得税金额。用公式表示即为:

递延所得税费用(或收益)＝当期递延所得税负债的增加＋当期递延所得税资产的减少－当期递延所得税负债的减少－当期递延所得税资产的增加

值得注意的是,如果某项交易或事项按照会计准则规定应计入所有者权益,由该交易或事项产生的递延所得税资产或递延所得税负债及其变化也应计入所有者权益,不构成利润表中的递延所得税费用(或收益)。

(三)所得税费用

计算确定了当期应交所得税及递延所得税费用(或收益)以后,利润表中应予确认的所得税费用为两者之和,即:

所得税费用＝当期所得税＋递延所得税费用(或收益)

六、所得税的列报

在正确核算所得税费用之后,企业应当分别在利润表和资产负债表中列示相关项目。其中应在利润表中列示所得税费用,在资产负债表的负债中列示形成的应交税费(应交所得税)以及递延所得税负债,在资产负债表的资产中列示形成的递延所得税资产。

(1)同时满足以下条件时,企业应当将当期所得税资产及当期所得税负债以抵消后的净额列示:①企业拥有以净额结算的法定权利;②意图以净额结算或取得资产、清偿负债同时进行。

当期所得税资产与当期所得税负债以净额列示,是指当企业实际交纳的所得税款大于按照税法规定计算的应交所得税时,超过部分应当在资产负债表"其他流动资产"项目中列示;当企业实际交纳的所得税税款小于按照税法规定确定的应交所得税时,差额部分应当在资产负债表的"应交税费"项目中列示。

(2)同时满足以下条件时,企业应当将递延所得税资产与递延所得税负债以抵消后的净额列示:①企业拥有以净额结算当期所得税资产及当期所得税负债的法定权利;②递延所得税资产及递延所得税负债是与同一税收征管部门对同一纳税主体征收的所得税相关或者是对不同的纳税主体相关,但在未来每一具有重要性的递延所得税资产及递延所得税负债转回的期间内,涉及的纳税主体意图以净额结算当期所得税资产和当期所得税负债或是同时取得资产、清偿负债。

任务四　利润的核算

一、利润的概念和构成

利润是指企业在一定会计期间的经营成果。利润包括收入减去费用后的净额、直接计入当期利润的利得和损失等。

直接计入当期利润的利得和损失，是指应当计入当期损益、会导致所有者权益发生增减变动的、与所有者投入资本或者向所有者分配利润无关的利得或者损失，如营业外收入与营业外支出。

利润由如下几部分构成：

1. 营业利润

营业利润＝营业收入－营业成本－税金及附加－销售费用－管理费用－财务费用－信用减值损失－资产减值损失＋公允价值变动收益（－公允价值变动损失）＋投资收益（－投资损失）＋其他收益＋资产处置收益（－资产处置损失）

其中，营业收入是指企业经营业务所确认的收入总额，包括主营业务收入和其他业务收入。

营业成本是指企业经营业务所发生的实际成本总额，包括主营业务成本和其他业务成本。

信用减值损失是指企业计提应收账款减值准备所形成的损失。

资产减值损失是指企业计提各项资产减值准备所形成的损失。

公允价值变动收益（或损失）是指企业交易性金融资产等公允价值变动形成的应计入当期损益的利得（或损失）。

投资收益（或损失）是指企业以各种方式对外投资所取得的收益（或发生的损失）。

其他收益是指与企业日常活动相关，除冲减相关成本费用以外的政府补助。

资产处置收益（或损失）反映企业出售划分为持有待售的非流动资产（金融工具、长期股权投资和投资性房地产除外）时确认的处置利得或损失，以及处置未划分为持有待售的固定资产、在建工程、生产性生物资产及无形资产而产生的处置利得或损失，还包括债务重组中因处置非流动资产产生的利得或损失和非货币性资产交换中换出非流动资产产生的利得或损失。

2. 利润总额

利润总额＝营业利润＋营业外收入－营业外支出

其中，营业外收入是指企业发生的与其日常活动无直接关系的各项利得。营业外支出是指企业发生的与其日常活动无直接关系的各项损失。

3. 净利润

净利润＝利润总额－所得税费用

其中,所得税费用是指企业确认的应从当期利润总额中扣除的所得税费用。

二、营业外收入和营业外支出的核算

(一)营业外收入的核算

1.营业外收入核算的内容

营业外收入是指企业发生的与其生产经营无直接关系的各项收入,包括固定资产盘盈和处置固定资产净收益、非货币性交易收益、出售无形资产收益、罚款净收入等。营业外收入并不是企业经营资金耗费所产生的,不需要企业付出代价,实际上是经济利益的净流入,不可能也不需要与有关的费用进行配比。营业外收入主要包括非流动资产毁损报废收益、盘盈利得、罚没利得、捐赠利得、确实无法支付而按规定程序经批准后转作营业外收入的应付款项等。

其中:

非流动资产毁损报废收益,是指因自然灾害等发生毁损、已丧失使用功能而报废非流动资产而产生的清理收益。

盘盈利得,主要指现金等清查盘点中盘盈的现金等,报经批准后计入营业外收入的金额。

罚没利得,指企业取得的各项罚款,在弥补由于对违反合同或协议而造成的经济损失后的罚款净收益。

捐赠利得,指企业接受捐赠产生的利得。

2.营业外收入的会计处理

企业应通过"营业外收入"账户核算营业外收入的取得及结转情况。该账户贷方登记企业确认的各项营业外收入,借方登记期末结转本年利润的营业外收入。结转后该账户应无余额。该账户应按照营业外收入的项目进行明细核算。

企业确认营业外收入时,借记"固定资产清理""银行存款""待处理财产损溢""应付账款"等账户,贷记"营业外收入"账户。期末,应将"营业外收入"账户余额转入"本年利润"账户,借记"营业外收入"账户,贷记"本年利润"账户。

【任务举例 11-36】 企业接受捐赠银行存款 10 000 元。会计分录如下:

借:银行存款 10 000
  贷:营业外收入 10 000

【任务举例 11-37】 某企业本期营业外收入总额为 20 000 元,期末结转本年利润。会计分录如下:

借:营业外收入 20 000
  贷:本年利润 20 000

(二)营业外支出的核算

1.营业外支出核算的内容

营业外支出是指不属于企业生产经营费用、与企业日常生产经营活动没有直接的关系,但应从企业实现的利润总额中扣除的支出,包括非流动资产毁损报废损失和盘亏损失、罚款支出、公益性捐赠支出、非常损失、赔偿金、违约金等。

其中：

非流动资产毁损报废损失,是指因自然灾害等发生毁损、已丧失使用功能而报废非流动资产而产生的清理损失。

盘亏损失,主要指对于财产清查盘点中盘亏的资产,在查明原因处理时按确定的损失计入营业外支出的金额。

罚款支出,指企业由于违反税收法规、经济合同等而支付的各种滞纳金和罚款。

公益性捐赠支出,指企业对外进行公益性捐赠发生的支出。

非常损失,指企业对于因客观因素(如自然灾害等)造成的损失,在扣除保险公司赔偿后应计入营业外支出的净损失。

2.营业外支出的会计处理

企业应通过"营业外支出"账户,核算营业外支出的发生及结转情况。该账户借方登记企业发生的各项营业外支出,贷方登记期末结转本年利润的营业外支出。结转后该账户应无余额。该账户应按照营业外支出项目进行明细核算。

企业发生营业外支出时,借记"营业外支出"账户,贷记"固定资产清理""待处理财产损溢""库存现金""银行存款"等账户。期末,应将"营业外支出"账户余额结转"本年利润"账户,借记"本年利润"账户,贷记"营业外支出"账户。

【任务举例 11-38】 某企业报废固定资产损失 50 000 元转作营业外支出。会计分录如下:

借:营业外支出   50 000

    贷:固定资产清理   50 000

【任务举例 11-39】 某企业用银行存款支付罚款 80 000 元。会计分录如下:

借:营业外支出   80 000

    贷:银行存款   80 000

【任务举例 11-40】 某企业本期营业外支出总额为 70 000 元,期末结转本年利润。会计分录如下:

借:本年利润   70 000

    贷:营业外支出   70 000

三、本年利润的会计处理

会计期末结转本年利润的方法有表结法和账结法两种。

年度终了,应将本年收入和支出相抵后结出的本年实现的净利润,由"本年利润"账户结转"利润分配"账户。

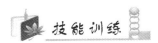

技能训练

一、简答题

1.收入和费用各有哪些种类?

2.收入和费用各有什么特点？

3.销售商品收入的确认条件是什么？

4.销售商品收入金额如何确定？

5.在涉及现金折扣、商业折扣、销售折让时,如何确定销售商品收入的金额？

6.一般销售商品业务、不满足收入确认条件的销售业务、销售折让、销售退回的账务如何处理？

7.费用主要包括哪些内容？

8.简述所得税核算的程序。

9.利润如何计算？ 营业外收入和营业外支出、所得税、本年利润如何核算？

二、实训题

甲公司 2018 年有关损益类科目的年末余额如下(该企业采用表结法年末一次结转损益类科目,所得税税率为 33%):

科目名称	结账前余额
主营业务收入	6 000 000 元(贷)
其他业务收入	700 000 元(贷)
公允价值变动损益	150 000 元(贷)
投资收益	600 000 元(贷)
营业外收入	50 000 元(贷)
主营业务成本	4 000 000 元(贷)
其他业务成本	400 000 元(贷)
税金及附加	80 000 元(贷)
销售费用	500 000 元(借)
管理费用	770 000 元(借)
财务费用	200 000 元(借)
资产减值损失	100 000 元(借)
营业外支出	250 000 元(借)

要求:编制甲公司 2018 年年末未结转本年利润的会计分录。

项目十二 财务报表的编制

1.资产负债表的编制方法;
2.利润表的编制方法;
3.现金流量表的编制方法。

一些单位为了达到某些不法目的,随意调整报表金额,人为地调整资产增加利润,或为了逃税而加大成本费用、减少利润。财务报告的本旨是要向信息使用者提供最真实的会计信息,为使用者的决策提供真实的参考,但虚假的财务报表传递了虚假的会计信息,误导与欺骗了报表使用者,使他们作出错误的决策。有些单位把财务报表变成随意拉缩的弹簧,拉缩出为己所用的财务报表。有的单位对财政的报表是穷账,以骗取财政补贴等多种优惠政策;对银行的报表是富账,以显示良好的资产状况,骗取银行贷款;对税务的报表是亏账,以偷逃各种税款;对主管部门的报表是盈账,以显示其经营业绩,骗取奖励与荣誉等。这种随意调节财务报表的行为,最后导致的结果是国家受损失,少数人中饱私囊。因此,财务报表的编制应严格遵循会计制度的规定。

任务一 认识财务报表

财务报表,是指企业提供的反映企业某一特定日期的财务状况和某一会计期间的经营成果、现金流量等会计信息的文件。

企业发生的各项经济业务,通过日常的会计核算,按照一定的会计程序在有关的账簿中进行全面、连续、分类、汇总的记录和计算,所以,会计账簿可以全面反映企业在一定时期的财务状况和经营成果。但是,这些日常核算资料数量太多,不能集中、概括地反映企业的财务信息,而且企业的投资者、债权人和政府管理部门等相关利益人不能直接使用这些比较分散的会计记录,因此,需要定期地将日常会计核算资料加以分类、调整和汇总,按照一定的形式编制成报表性信息,来总括性地反映企业经济活动的过程和结果,为有关各方进行管理和决策提供所需的会计信息。

一、财务报表的内容与作用

财务报表是对企业财务状况、经营成果和现金流量的结构性表述。

财务报表至少应当包括下列组成部分：

(1)资产负债表；

(2)利润表；

(3)现金流量表；

(4)所有者权益(或股东权益,下同)变动表；

(5)附注。

财务报表是企业提供会计信息的一种重要手段,它对于改善企业外部有关方面的经济决策环境和加强企业内部经营管理,具有重要作用。

财务报表的基本作用可以概括为：

(1)企业的投资者和债权人可以利用财务报表了解有关企业经营成果、财务状况及现金流动情况等会计信息,以便进行正确的投资决策和信贷决策。

(2)企业管理者可以利用财务报表,考核和分析财务成本计划或预算的完成情况,评价经济效益。

(3)国家有关部门可以利用各单位提供的财务报表资料进行汇总分析,进而了解和掌握各部门、各地区经济计划完成情况,以及各种财经法律制度的执行情况等,加强宏观经济管理。

二、财务报表的分类

财务报表分为年度、半年度、季度和月度财务报表。

月度、季度财务报表,是指月度和季度终了时提供的报表；半年度财务报表是指在每个会计年度的前 6 个月结束后对外提供的财务报表；月度、季度和半年度报表统称为中期财务报表。

年度财务报表,是指年度终了对外提供的财务报表。

任务二　资产负债表的编制

一、资产负债表的概念与作用

资产负债表,是指总括反映企业在某一特定日期所拥有或控制的经济资源、所承担的现时义务和所有者对净资产的要求权。即反映了一个企业在特定日期的财务状况。

通过资产负债表,使用者可以分析了解到企业以下方面的信息：

(1)企业所拥有或控制的经济资源(资产)；

(2)企业所负担的债务(负债),以及企业的偿债能力；

(3)企业所有者在企业里所享有的权益；

(4)企业未来财务状况的变动趋势。

二、资产负债表的结构

在结构上,资产负债表是根据"资产＝负债＋所有者权益"这一会计基本等式而设计编制的。

在我国,资产负债表采用账户式结构,报表分为左右两方,左方列示资产各项目,按其流动性程度的高低顺序排列,反映全部资产的分布及存在形态;右方列示负债和所有者权益各项目,负债按其到期日由近及远的顺序排列,所有者权益按其永久性递减的顺序排列,反映全部负债和所有者权益的内容及构成情况。资产负债表左右双方平衡,即资产总计等于负债和所有者权益总计。

资产负债表的基本格式如表 12-1 所示。

表 12-1　资产负债表

会企 01 表

编制单位:　　　　　　　　　　　　　年　月　日　　　　　　　　　　　　　单位:元

资　　产	期末余额	年初余额	负债和所有者权益 (或股东权益)	期末余额	年初余额
流动资产:			流动负债:		
货币资金			短期借款		
交易性金融资产			交易性金融负债		
应收票据及应收账款			应付票据及应付账款		
预付款项			预收款项		
其他应收款			合同负债		
存货			应付职工薪酬		
合同资产			应交税费		
持有待售资产			其他应付款		
一年内到期的非流动资产			持有待售负债		
其他流动资产			一年内到期的非流动负债		
流动资产合计			其他流动负债		
非流动资产:			流动负债合计		
债权投资			非流动负债:		
其他债权投资			长期借款		
长期应收款			应付债券		
长期股权投资			长期应付款		
其他权益工具投资			预计负债		
其他非流动金融资产			递延收益		
投资性房地产			递延所得税负债		
固定资产			其他非流动负债		
在建工程			非流动负债合计		
生产性生物资产			负债合计		

续表 12-1

资　产	期末余额	年初余额	负债和所有者权益（或股东权益）	期末余额	年初余额
油气资产			所有者权益（或股东权益）：		
无形资产			实收资本（或股本）		
开发支出			其他权益工具		
商誉			其中:优先股		
长期待摊费用			永续债		
递延所得税资产			资本公积		
其他非流动资产			减:库存股		
非流动资产合计			其他综合收益		
			盈余公积		
			未分配利润		
			所有者权益（或股东权益）合计		
资产总计			负债和所有者权益（或股东权益）总计		

三、资产负债表的编制方法

（一）资产负债表项目的填列方法

资产负债表各项目均需填列"年初余额"和"期末余额"两栏。

资产负债表的"年初余额"栏内各项数字,应根据上年年末资产负债表的"期末余额"栏内所列数字填列。如果上年度资产负债表规定的各个项目的名称和内容与本年度不相一致,应按照本年度的规定对上年年末资产负债表各项目的名称和数字进行调整,填入本表"年初余额"栏内。

资产负债表的"期末余额"栏主要有以下几种填列方法:

1. 根据总账科目余额填列。如"短期借款""资本公积"等项目,根据"短期借款""资本公积"各总账科目的余额直接填列;有些项目则需根据几个总账科目的期末余额计算填列,如"货币资金"项目,需根据"库存现金""银行存款""其他货币资金"三个总账科目的期末余额的合计数填列。

2. 根据明细账科目余额计算填列。如"应付票据及应付账款"项目,需要根据"应付票据"科目的期末余额,以及"应付账款"和"预付账款"两个科目所属的相关明细科目的期末贷方余额计算填列;"应收票据及应收账款"项目,需要根据"应收票据"和"应收账款"科目的期末余额,减去"坏账准备"科目中相关坏账准备期末余额后的金额列;"预付款项"项目,需要根据"应付账款"科目借方余额和"预付账款"科目借方余额减去与"预付账款"

有关的坏账准备贷方余额计算填列;"预收款项"项目,需要根据"应收账款"科目贷方余额和"预收账款"科目贷方余额计算填列;"开发支出"项目,需要根据"研发支出"科目中所属的"资本化支出"明细科目期末余额计算填列;"应付职工薪酬"项目,需要根据"应付职工薪酬"科目的明细科目期末余额计算填列;"一年内到期的非流动资产""一年内到期的非流动负债"项目,需要根据有关非流动资产和非流动负债项目的明细科目余额计算填列;"未分配利润"项目,需要根据"利润分配"科目中所属的"未分配利润"明细科目期末余额填列。

3. 根据总账科目和明细账科目余额分析计算填列。如"长期借款"项目,需要根据"长期借款"总账科目余额扣除"长期借款"科目所属的明细科目中将在一年内到期且企业不能自主地将清偿义务展期的长期借款后的金额计算填列;"其他非流动资产"项目,应根据有关科目的期末余额减去将于一年内(含一年)收回数后的金额计算填列;"其他非流动负债"项目,应根据有关科目的期末余额减去将于一年内(含一年)到期偿还数后的金额计算填列。

4. 根据有关科目余额减去其备抵科目余额后的净额填列。如"应收票据及应收账款""长期股权投资""在建工程"等项目,应当根据"应收票据""应收账款""长期股权投资""在建工程"等科目的期末余额减去"坏账准备""长期股权投资减值准备""在建工程减值准备"等备抵科目余额后的净额填列。"投资性房地产""固定资产"项目,应当根据"投资性房地产""固定资产"科目的期末余额,减去"投资性房地产累计折旧""投资性房地产减值准备""累计折旧""固定资产减值准备"等备抵科目的期末余额,以及"固定资产清理"科目期末余额后的净额填列;"无形资产"项目,应当根据"无形资产"科目的期末余额,减去"累计摊销""无形资产减值准备"等备抵科目余额后的净额填列。

5. 综合运用上述填列方法分析填列。如"存货"项目,需要根据"原材料""库存商品""委托加工物资""周转材料""材料采购""在途物资""发出商品""材料成本差异"等总账科目期末余额的分析汇总数,再减去"存货跌价准备"科目余额后的净额填列。

(二)资产负债表项目的填列说明

资产负债表中资产、负债和所有者权益主要项目的填列说明如下:

1. 资产项目的填列说明

(1)"货币资金"项目,反映企业库存现金、银行结算户存款、外埠存款、银行汇票存款、银行本票存款、信用卡存款、信用证保证金存款等的合计数。本项目应根据"库存现金""银行存款""其他货币资金"科目期末余额的合计数填列。

(2)"交易性金融资产"项目,反映企业资产负债表日分类为以公允价值计量且其变动计入当期损益的金融资产,以及企业持有的直接指定为以公允价值计量且其变动计入当期损益的金融资产的期末账面价值。该项目应根据"交易性金融资产"科目的相关明细科目期末余额分析填列。自资产负债表日起超过一年到期且预期持有超过一年的以公允价值计量且其变动计入当期损益的非流动金融资产的期末账面价值,在"其他非流动金融资产"项目反映。

(3)"应收票据及应收账款"项目,反映资产负债表日以摊余成本计量的、企业因销售商品、提供服务等经营活动应收取的款项,以及收到的商业汇票,包括银行承兑汇票和商业承兑汇票。该项目应根据"应收票据"和"应收账款"科目的期末余额,减去"坏账准备"科目中相关坏账准备期末余额后的金额填列。

(4)"预付款项"项目,反映企业按照购货合同规定预付给供应单位的款项等。本项目应根据"预付账款"和"应付账款"科目所属各明细科目的期末借方余额合计数,减去"坏账准备"科目中有关预付账款计提的坏账准备期末余额后的净额填列。如"预付账款"科目所属明细科目期末有贷方余额的,应在"应付票据及应付账款"项目内填列。

(5)"其他应收款"项目,反映企业除应收票据及应收账款、预付账款等经营活动以外的其他各种应收、暂付的款项。本项目应根据"应收利息""应收股利""其他应收款"科目的期末余额合计数,减去"坏账准备"科目中相关坏账准备期末余额后的金额填列。

(6)"存货"项目,反映企业期末在库、在途和在加工中的各种存货的可变现净值或成本(成本与可变现净值孰低)。存货包括各种材料、商品、在产品、半成品、包装物、低值易耗品、委托代销商品等。本项目应根据"材料采购""原材料""低值易耗品""库存商品""周转材料""委托加工物资""委托代销商品""生产成本""受托代销商品"等科目的期末余额合计数,减去"受托代销商品款""存货跌价准备"科目期末余额后的净额填列。材料采用计划成本核算,以及库存商品采用计划成本核算或售价核算的企业,还应按加或减材料成本差异、商品进销差价后的金额填列。

(7)"合同资产"项目,反映企业按照《企业会计准则第14号——收入》(2017年修订)的相关规定,根据本企业履行履约义务与客户付款之间的关系在资产负债表中列示合同资产。"合同资产"项目应根据"合同资产"科目的相关明细科目期末余额分析填列。

(8)"持有待售资产"项目,反映资产负债表日划分为持有待售类别的非流动资产及划分为持有待售类别的处置组中的流动资产和非流动资产的期末账面价值。该项目应根据"持有待售资产"科目的期末余额,减去"持有待售资产减值准备"科目的期末余额后的金额填列。

(9)"一年内到期的非流动资产"项目,反映企业将于一年内到期的非流动资产项目金额。本项目应根据有关科目的期末余额分析填列。

(10)"债权投资"项目,反映资产负债表日企业以摊余成本计量的长期债权投资的期末账面价值。该项目应根据"债权投资"科目的相关明细科目期末余额,减去"债权投资减值准备"科目中相关减值准备的期末余额后的金额分析填列。自资产负债表日起一年内到期的长期债权投资的期末账面价值,在"一年内到期的非流动资产"项目反映。企业购入的以摊余成本计量的一年内到期的债权投资的期末账面价值,在"其他流动资产"项目反映。

(11)"其他债权投资"项目,反映资产负债表日企业分类为以公允价值计量且其变动计入其他综合收益的长期债权投资的期末账面价值。该项目应根据"其他债权投资"科目的相关明细科目期末余额分析填列。自资产负债表日起一年内到期的长期债权投资的期末账面价值,在"一年内到期的非流动资产"项目反映。企业购入的以公允价值计量且其变动计入其他综合收益的一年内到期的债权投资的期末账面价值,在"其他流动资产"项目反映。

(12)"长期应收款"项目,反映企业融资租赁产生的应收款项和采用递延方式分期收款、实质上具有融资性质的销售商品和提供劳务等经营活动产生的应收款项。本项目应根据"长期应收款"科目的期末余额,减去相应的"未实现融资收益"科目和"坏账准备"科目所属相关明细科目期末余额后的金额填列。

(13)"长期股权投资"项目,反映投资方对被投资单位实施控制、重大影响的权益性投资,以及对其合营企业的权益性投资。本项目应根据"长期股权投资"科目的期末余额,减去"长期股权投资减值准备"科目的期末余额后的净额填列。

(14)"其他权益工具投资"项目,反映资产负债表日企业指定为以公允价值计量且其变动计入其他综合收益的非交易性权益工具投资的期末账面价值。该项目应根据"其他权益工具投资"科目的期末余额填列。

(15)"固定资产"项目,反映资产负债表日企业固定资产的期末账面价值和企业尚未清理完毕的固定资产清理净损益。该项目应根据"固定资产"科目的期末余额,减去"累计折旧"和"固定资产减值准备"科目的期末余额后的金额,以及"固定资产清理"科目的期末余额填列。

(16)"在建工程"项目,反映资产负债表日企业尚未达到预定可使用状态的在建工程的期末账面价值和企业为在建工程准备的各种物资的期末账面价值。该项目应根据"在建工程"科目的期末余额,减去"在建工程减值准备"科目的期末余额后的金额,以及"工程物资"科目的期末余额,减去"工程物资减值准备"科目的期末余额后的金额填列。

(17)"无形资产"项目,反映企业持有的专利权、非专利技术、商标权、著作权、土地使用权等无形资产的成本减去累计摊销和减值准备后的净值。本项目应根据"无形资产"科目的期末余额,减去"累计摊销"和"无形资产减值准备"科目期末余额后的净额填列。

(18)"开发支出"项目,反映企业开发无形资产过程中能够资本化形成无形资产成本的支出部分。本项目应当根据"研发支出"科目中所属的"资本化支出"明细科目期末余额填列。

(19)"长期待摊费用"项目,反映企业已经发生但应由本期和以后各期负担的分摊期限在一年以上的各项费用。长期待摊费用中在一年内(含一年)摊销的部分,在资产负债表"一年内到期的非流动资产"项目填列。本项目应根据"长期待摊费用"科目的期末余额,减去将于一年内(含一年)摊销的数额后的金额分析填列。

(20)"递延所得税资产"项目,反映企业根据所得税准则确认的可抵扣暂时性差异产生的所得税资产。本项目应根据"递延所得税资产"科目的期末余额填列。

(21)"其他非流动资产"项目,反映企业除上述非流动资产以外的其他非流动资产。本项目应根据有关科目的期末余额填列。

2.负债项目的填列说明

(1)"短期借款"项目,反映企业向银行或其他金融机构等借入的期限在一年以下(含一年)的各种借款。本项目应根据"短期借款"科目的期末余额填列。

(2)"交易性金融负债"项目,反映企业资产负债表日承担的交易性金融负债,以及企业持有的直接指定为以公允价值计量且其变动计入当期损益的金融负债的期末账面价值。该项目应根据"交易性金融负债"科目的相关明细科目期末余额填列。

(3)"应付票据及应付账款"项目,反映资产负债表日企业因购买材料、商品和接受服务等经营活动应支付的款项,以及开出、承兑的商业汇票,包括银行承兑汇票和商业承兑汇票。该项目应根据"应付票据"科目的期末余额,以及"应付账款"和"预付账款"科目所属的相关明细科目的期末贷方余额合计数填列。

(4)"预收款项"项目,反映企业按照购货合同规定预收供应单位的款项。本项目应根据"预收账款"和"应收账款"科目所属各明细科目的期末贷方余额合计数填列。如"预收账款"科目所属明细科目期末有借方余额的,应在资产负债表"应收票据及应收账款"项目内填列。

(5)"合同负债"项目,反映企业按照《企业会计准则第14号——收入》(2017年修订)的相关规定,根据本企业履行履约义务与客户付款之间的关系在资产负债表中列示合同负债。"合同负债"项目应根据"合同负债"的相关明细科目期末余额分析填列。

(6)"应付职工薪酬"项目,反映企业为获得职工提供的服务或解除劳动关系而给予的各种形式的报酬或补偿。企业提供给职工配偶、子女、受赡养人、已故员工遗属及其他受益人等的福利,也属于职工薪酬。职工薪酬主要包括短期薪酬、离职后福利、辞退福利和其他长期职工福利。本项目应根据"应付职工薪酬"科目所属各明细科目的期末贷方余额分析填列。外商投资企业按规定从净利润中提取的职工奖励及福利基金,也在本项目列示。

(7)"应交税费"项目,反映企业按照税法规定计算应交纳的各种税费,包括增值税、消费税、城市维护建设税、教育费附加、企业所得税、资源税、土地增值税、房产税、城镇土地使用税、车船税、矿产资源补偿费等。企业代扣代缴的个人所得税,也在本项目列示。企业所交纳的税金不需要预计应交数的,如印花税、耕地占用税等,不在本项目列示。本项目应根据"应交税费"科目的期末贷方余额填列,如"应交税费"科目期末为借方余额,应以"—"号填列。需要说明的是,"应交税费"科目下的"应交增值税""未交增值税""待抵扣进项税额""待认证进项税额""增值税留抵税额"等明细科目期末借方余额应根据情况,在资产负债表中的"其他流动资产"或"其他非流动资产"项目列示;"应交税费——待转销项税额"等科目期末贷方余额应根据情况,在资产负债表中的"其他流动负债"或"其他非流动负债"项目列示;"应交税费"科目下的"未交增值税""简易计税""转让金融商品应交增值税""代扣代交增值税"等科目期末贷方余额应在资产负债表中的"应交税费"项目列示。

(8)"其他应付款"项目,反映企业除应付票据、应付账款、预收账款、应付职工薪酬、应交税费等经营活动以外的其他各项应付、暂收的款项。本项目应根据"应付利息""应付股利""其他应付款"科目的期末余额合计数填列。

(9)"持有待售负债"项目,反映资产负债表日处置组中与划分为持有待售类别的资产直接相关的负债的期末账面价值。本项目应根据"持有待售负债"科目的期末余额填列。

(10)"一年内到期的非流动负债"项目,反映企业非流动负债中将于资产负债表日后一年内到期部分的金额,如将于一年内偿还的长期借款。本项目应根据有关科目的期末余额分析填列。

(11)"长期借款"项目,反映企业向银行或其他金融机构借入的期限在一年以上(不含一年)的各项借款。本项目应根据"长期借款"科目的期末余额,扣除"长期借款"科目所属的明细科目中将在资产负债表日起一年内到期且企业不能自主地将清偿义务展期的长期借款后的金额计算填列。

（12）"应付债券"项目，反映企业为筹集长期资金而发行的债券本金（和利息）。本项目应根据"应付债券"科目的期末余额分析填列。

（13）"长期应付款"项目，反映除了长期借款和应付债券以外的其他各种长期应付款。主要有应付补偿贸易引进设备款、采用分期付款方式购入固定资产和无形资产发生的应付账款、应付融资租入固定资产租赁费等。本项目应根据"长期应付款"科目的期末余额，减去相关的"未确认融资费用"科目的期末余额后的金额，以及"专项应付款"科目的期末余额，再减去所属相关明细科目中将于一年内到期的部分后的金额填列。

（14）"预计负债"项目，反映企业根据或有事项等相关准则确认的各项预计负债，包括对外提供担保、未决诉讼、产品质量保证、重组义务以及固定资产和矿区权益弃置义务等产生的预计负债。本项目应根据"预计负债"科目的期末余额填列。

（15）"递延收益"项目，反映尚待确认的收入或收益。本项目核算包括企业根据政府补助准则确认的应在以后期间计入当期损益的政府补助金额、售后租回形成融资租赁的售价与资产账面价值差额等其他递延性收入。本项目应根据"递延收益"科目的期末余额填列。

（16）"递延所得税负债"项目，反映企业根据所得税准则确认的应纳税暂时性差异产生的所得税负债。本项目应根据"递延所得税负债"科目的期末余额填列。

（17）"其他非流动负债"项目，反映企业除以上非流动负债以外的其他非流动负债。本项目应根据有关科目期末余额，减去将于一年内（含一年）到期偿还数后的余额分析填列。非流动负债各项目中将于一年内（含一年）到期的非流动负债，应在"一年内到期的非流动负债"项目内反映。

3. 所有者权益项目的填列说明

（1）"实收资本（或股本）"项目，反映企业各投资者实际投入的资本（或股本）总额。本项目应根据"实收资本（或股本）"科目的期末余额填列。

（2）"其他权益工具"项目，反映企业发行的除普通股以外分类为权益工具的金融工具的账面价值，并下设"优先股"和"永续债"两个项目，分别反映企业发行的分类为权益工具的优先股和永续债的账面价值。

（3）"资本公积"项目，反映企业收到投资者出资超出其在注册资本或股本中所占的份额以及直接计入所有者权益的利得和损失等。本项目应根据"资本公积"科目的期末余额填列。

（4）"其他综合收益"项目，反映企业其他综合收益的期末余额。本项目应根据"其他综合收益"科目的期末余额填列。

（5）"盈余公积"项目，反映企业盈余公积的期末余额。本项目应根据"盈余公积"科目的期末余额填列。

（6）"未分配利润"项目，反映企业尚未分配的利润。未分配利润是指企业实现的净利润经过弥补亏损、提取盈余公积和向投资者分配利润后留存在企业的、历年结存的利润。本项目应根据"本年利润"科目和"利润分配"科目的余额计算填列。未弥补的亏损在本项目内以"－"号填列。

四、资产负债表编制举例

【任务举例 12-1】 吉力公司系增值税一般纳税人,增值税税率为 16%(本项目所举例题的业务均发生在 2019 年 4 月 1 日前,故增值税税率为 16%),所得税税率为 25%。2017 年和 2018 年流通在外的股份为 100 万股。其 2018 年 1 月 1 日有关科目的余额如表12-2 所示。

表 12-2 科目余额表

2018 年 1 月 1 日 单位:元

科目名称	借方余额	科目名称	贷方余额
库存现金	3 100	短期借款	500 000
银行存款	1 908 000	应付票据	250 000
其他货币资金	168 000	应付账款	760 000
交易性金融资产	26 800	其他应付款	65 000
应收票据	80 000	应付职工薪酬	51 000
坏账准备	−8 000	应交税费	40 800
预付账款	65 000	应付利息	12 000
其他应收款	4 500	长期借款	1 800 000
物资采购	120 000	其中:一年内到期的非流动负债	850 000
原材料	91 200	递延所得税负债	8 000
包装物	10 000	股本	1 000 000
低值易耗品	70 000	资本公积	3 433 300
库存商品	60 000	盈余公积	150 000
材料成本差异	3 500	利润分配(未分配利润)	90 000
存货跌价准备	−6 500		
其他债权投资	80 000		
长期股权投资	220 000		
长期股权投资减值准备	−4 500		
固定资产	3 099 000		
累计折旧	−600 000		
固定资产减值准备	−190 000		
在建工程	1 600 000		
无形资产	1 200 000		
累计摊销	−240 000		
应收账款	400 000		
合　　计	8 160 100	合　　计	8 160 100

该公司 2018 年度发生的经济业务如下:

（1）购入原材料一批，材料价款 200 000 元，增值税额 32 000 元，共计 232 000 元，原已预付材料款 65 000 元，余款 167 000 元用银行存款支付，材料未到。

（2）收到原材料一批，实际成本 120 000 元，计划成本 115 000 元，材料已验收入库，货款已于上月支付。

（3）购入不需安装的设备一台，价款 90 000 元，增值税 14 400 元，包装费、运费 1 100 元，均以银行存款支付。设备已交付使用。

（4）购入工程物资一批，价款 130 000 元，增值税 20 800 元，均已用银行存款支付。

（5）收到银行通知，用银行存款支付到期的商业承兑汇票 150 000 元，偿还应付账款 85 000 元。

（6）销售产品一批，销售价款 400 000 元，应收取增值税 64 000 元，产品已发出，价款尚未收到。

（7）从银行借入 3 年期借款 500 000 元，借款已存入银行，该项借款用于购建固定资产。

（8）应付在建工程人员薪酬 410 000 元。

（9）一项工程完工，计算应负担的长期借款利息 160 000 元，该项借款本息未付。

（10）一项工程完工，交付生产使用，已办理竣工手续，固定资产价值 1 500 000 元。

（11）销售产品一批，价款 800 000 元，应收增值税 128 000 元，款项银行已收。

（12）出售一台不需用设备，收到总价款 464 000 元（其中增值税 64 000 元），设备原价 800 000 元，已提折旧 260 000 元，已提减值准备 100 000 元，设备已交付购买单位。

（13）收到一项长期股权投资的现金股利 40 000 元，存入银行。该项投资按成本法核算，被投资单位的所得税率与本公司一致。

（14）归还短期借款本金 200 000 元，利息 10 000 元，共计 210 000 元。

（15）用银行汇票支付采购材料价款，公司收到开户银行转来银行汇票多余款收账通知，通知上所填多余款为 417 元，购入材料价款及运费共计 125 300 元，增值税额为 20 283 元。

（16）上述购入材料已验收入库，该批材料的计划价格为 125 600 元。

（17）用银行存款支付职工薪酬 1 037 000 元，其中包括支付给在建工程人员的薪酬 410 000 元。

（18）分配应支付的职工薪酬 627 000 元（不包括在建工程应负担的薪酬 410 000 元）：其中生产人员薪酬 570 000 元，车间管理人员薪酬 11 400 元，行政管理部门人员薪酬 45 600 元。

（19）用银行存款支付研发部门的新技术开发支出 20 000 元，该项支出符合资本化条件。

（20）用银行存款支付产品展览费 15 000 元，广告费 13 000 元。

（21）基本生产领用原材料，计划成本 300 000 元；领用低值易耗品，计划成本 60 000 元，采用一次摊销法核算。

（22）结转领用的原材料与低值易耗品的成本差异，材料成本差异率为 2%。

（23）销售产品一批，价款 300 000 元，增值税额 48 000 元，收到金额为 348 000 元的商业承兑汇票一张。

(24)将上述商业承兑汇票向银行办理贴现,贴现息为 24 000 元,该票据的到期日为 2018 年 4 月 20 日。同时,将手中持有的已到期的面值为 80 000 元的无息银行承兑汇票交银行解讫,款项已收妥。

(25)提取应计入本期损益的借款利息共 325 000 元,其中,短期借款利息 22 000 元,长期借款利息 10 500 元。

(26)计提固定资产折旧 120 000 元,其中,应计入制造费用 100 000 元,管理费用 20 000元。

(27)摊销无形资产 80 000 元。

(28)用银行存款支付管理部门水电费 12 000 元、生产车间水电费 75 000 元。

(29)用银行存款支付本年度企业财产保险费 67 100 元。

(30)本期产品销售应交纳的城市维护建设税 14 875 元,教育费附加 6 375 元。

(31)用银行存款交纳增值税 120 000 元,城市维护建设税 14 875 元,教育费附加 12 750元。

(32)年末交易性金融资产的公允价值为 28 800 元,应确认公允价值变动收益 2 000元。

(33)年末以公允价值计量且其变动计入其他综合收益的金融资产公允价值为 90 000 元,较年初增加 10 000 元(该项可供出售金融资产于上年购入,取得成本为 74 000 元,上年末公允价值为 80 000 元)。

(34)计算并结转本期完工产品成本 1 123 600 元。没有期初在产品,本期生产的产品全部完工入库。

(35)结转本期产品销售成本 900 000 元。

(36)基本生产车间盘亏一台设备,原价 280 000 元,已提折旧 225 000 元,已提减值准备 25 000 元。

(37)偿还长期借款本金 850 000 元。

(38)收回应收账款 360 000 元,存入银行。

(39)应收某客户的货款 5 000 元,已确定不能收回。

(40)按应收账款余额的 2% 计提坏账准备。

(41)计提存货跌价准备 11 190 元。

(42)计提固定资产减值准备 20 000 元。

(43)第(36)项业务中盘亏的固定资产损失 30 000 元已被批准转入营业外支出。

(44)结转各收入、费用科目,确定利润总额。

(45)计算、结转所得税。假设应交所得税为 49 700 元,所得税费用为 59 600 元,递延所得税负债为 9 900 元。

(46)用银行存款交纳所得税 48 500 元。

(47)提取盈余公积 21 555 元;分配普通股现金股利 81 145 元。

(48)将利润分配各明细科目的余额转入"未分配利润"明细科目,结转本年利润。

(49)2018 年年末将于一年内到期的非流动负债为 400 000 元。

本例中的账务处理除以公允价值计量且其变动计入其他综合收益的金融资产外都不单独考虑递延所得税因素。

要求:根据上述资料,编制吉力公司 2018 年 12 月 31 日的资产负债表。

1. 编制会计分录。

(1)借:材料采购　　　　　　　　　　　　　　　　　　　　200 000
　　　应交税费——应交增值税(进项税额)　　　　　　　　32 000
　　　贷:银行存款　　　　　　　　　　　　　　　　　　　　167 000
　　　　　预付账款　　　　　　　　　　　　　　　　　　　　65 000

(2)借:原材料　　　　　　　　　　　　　　　　　　　　　　115 000
　　　材料成本差异　　　　　　　　　　　　　　　　　　　　5 000
　　　贷:材料采购　　　　　　　　　　　　　　　　　　　　120 000

(3)借:固定资产　　　　　　　　　　　　　　　　　　　　　91 100
　　　应交税费——应交增值税(进项税额)　　　　　　　　14 400
　　　贷:银行存款　　　　　　　　　　　　　　　　　　　　105 500

(4)借:工程物资　　　　　　　　　　　　　　　　　　　　　130 000
　　　应交税费——应交增值税(进项税额)　　　　　　　　20 800
　　　贷:银行存款　　　　　　　　　　　　　　　　　　　　150 800

(5)借:应付票据　　　　　　　　　　　　　　　　　　　　　150 000
　　　应付账款　　　　　　　　　　　　　　　　　　　　　　85 000
　　　贷:银行存款　　　　　　　　　　　　　　　　　　　　235 000

(6)借:应收账款　　　　　　　　　　　　　　　　　　　　　464 000
　　　贷:主营业务收入　　　　　　　　　　　　　　　　　　400 000
　　　　　应交税费——应交增值税(销项税额)　　　　　　64 000

(7)借:银行存款　　　　　　　　　　　　　　　　　　　　　500 000
　　　贷:长期借款　　　　　　　　　　　　　　　　　　　　500 000

(8)借:在建工程　　　　　　　　　　　　　　　　　　　　　410 000
　　　贷:应付职工薪酬　　　　　　　　　　　　　　　　　　410 000

(9)借:在建工程　　　　　　　　　　　　　　　　　　　　　160 000
　　　贷:长期借款——应付利息　　　　　　　　　　　　　160 000

(10)借:固定资产　　　　　　　　　　　　　　　　　　　　1 500 000
　　　贷:在建工程　　　　　　　　　　　　　　　　　　　　1 500 000

(11)借:银行存款　　　　　　　　　　　　　　　　　　　　928 000
　　　贷:主营业务收入　　　　　　　　　　　　　　　　　　800 000
　　　　　应交税费——应交增值税(销项税额)　　　　　　128 000

(12)借:固定资产清理　　　　　　　　　　　　　　　　　　440 000
　　　累计折旧　　　　　　　　　　　　　　　　　　　　　　260 000
　　　固定资产减值准备　　　　　　　　　　　　　　　　　　100 000
　　　贷:固定资产　　　　　　　　　　　　　　　　　　　　800 000

```
        借:银行存款                                              464 000
          贷:固定资产清理                                          400 000
             应交税费——应交增值税(销项税额)                       64 000
        借:资产处置损益                                           40 000
          贷:固定资产清理                                          40 000
   (13)借:银行存款                                              40 000
          贷:投资收益                                             40 000
   (14)借:短期借款                                             200 000
          应付利息                                              10 000
          贷:银行存款                                            210 000
   (15)借:材料采购                                             125 300
          应交税费——应交增值税(进项税额)                        20 283
          银行存款                                                417
          贷:其他货币资金                                        146 000
   (16)借:原材料                                              125 600
          贷:材料采购                                            125 300
             材料成本差异                                           300
   (17)借:应付职工薪酬                                        1 037 000
          贷:银行存款                                          1 037 000
   (18)借:生产成本                                            570 000
          制造费用                                             11 400
          管理费用                                             45 600
          贷:应付职工薪酬                                        627 000
   (19)借:研发支出                                             20 000
          贷:银行存款                                            20 000
   (20)借:销售费用——展览费                                      15 000
             ——广告费                                        13 000
          贷:银行存款                                            28 000
   (21)借:生产成本                                            300 000
          贷:原材料                                             300 000
        借:制造费用                                             60 000
          贷:低值易耗品                                           60 000
```

(22)原材料应负担材料成本差异:300 000×2%=6 000(元)

低值易耗品应负担成本差异:60 000×2%=1 200(元)

```
        借:生产成本                                              6 000
          制造费用                                              1 200
          贷:材料成本差异                                          7 200
   (23)借:应收票据                                            348 000
```

贷:主营业务收入　　　　　　　　　　　　　　300 000

　　应交税费——应交增值税(销项税额)　　　48 000

(24)借:银行存款　　　　　　　　　　　　　　324 000

　　财务费用　　　　　　　　　　　　　　　24 000

　　贷:应收票据　　　　　　　　　　　　　　348 000

　借:银行存款　　　　　　　　　　　　　　　80 000

　　贷:应收票据　　　　　　　　　　　　　　80 000

(25)借:财务费用　　　　　　　　　　　　　　32 500

　　贷:应付利息　　　　　　　　　　　　　　22 000

　　　长期借款——应付利息　　　　　　　　10 500

(26)借:管理费用　　　　　　　　　　　　　　20 000

　　制造费用　　　　　　　　　　　　　　　100 000

　　贷:累计折旧　　　　　　　　　　　　　　120 000

(27)借:管理费用　　　　　　　　　　　　　　80 000

　　贷:累计摊销　　　　　　　　　　　　　　80 000

(28)借:管理费用　　　　　　　　　　　　　　12 000

　　制造费用　　　　　　　　　　　　　　　75 000

　　贷:银行存款　　　　　　　　　　　　　　87 000

(29)借:管理费用　　　　　　　　　　　　　　67 100

　　贷:银行存款　　　　　　　　　　　　　　67 100

(30)借:税金及附加　　　　　　　　　　　　　21 250

　　贷:应交税费——应交城建税　　　　　　14 875

　　　应交税费——应交教育费附加　　　　　6 375

(31)借:应交税费——应交增值税(已交税金)　120 000

　　应交税费——应交城建税　　　　　　　　14 875

　　应交税费——应交教育费附加　　　　　　6 375

　　贷:银行存款　　　　　　　　　　　　　　141 250

(32)借:交易性金融资产——公允价值变动　　　2 000

　　贷:公允价值变动损益　　　　　　　　　　2 000

(33)借:其他债权投资　　　　　　　　　　　　10 000

　　贷:其他综合收益　　　　　　　　　　　　7 500

　　　递延所得税负债　　　　　　　　　　　2 500

(34)借:生产成本　　　　　　　　　　　　　　247 600

　　贷:制造费用　　　　　　　　　　　　　　247 600

　借:库存商品　　　　　　　　　　　　　　　1 123 600

　　贷:生产成本　　　　　　　　　　　　　　1 123 600

(35)借:主营业务成本　　　　　　　　　　　　900 000

　　贷:库存商品　　　　　　　　　　　　　　900 000

(36)借:累计折旧   225 000

  固定资产减值准备   25 000

  待处理财产损溢——待处理固定资产损溢   30 000

  贷:固定资产   280 000

(37)借:长期借款   850 000

  贷:银行存款   850 000

(38)借:银行存款   360 000

  贷:应收账款   360 000

(39)借:坏账准备   5 000

  贷:应收账款   5 000

(40)应计提的坏账准备＝503 000×2％－3 000＝7 060(元)

  借:信用减值损失——计提的坏账准备   7 060

  贷:坏账准备   7 060

(41)借:资产减值损失——计提的存货跌价准备   11 190

  贷:存货跌价准备   11 190

(42)借:资产减值损失——计提的固定资产减值准备   20 000

  贷:固定资产减值准备   20 000

(43)借:营业外支出——固定资产盘亏   30 000

  贷:待处理财产损溢——待处理固定资产损溢   30 000

(44)借:主营业务收入   1 500 000

  投资收益   40 000

  公允价值变动损益   2 000

  贷:本年利润   1 542 000

 借:本年利润   1 338 700

  贷:主营业务成本   900 000

   税金及附加   21 250

   销售费用   28 000

   管理费用   224 700

   财务费用   56 500

   信用减值损失   7 060

   资产减值损失   31 190

   营业外支出   30 000

   资产处置损益   40 000

(45)借:所得税费用   59 600

  贷:应交税费——应交所得税   49 700

   递延所得税负债   9 900

 借:本年利润   59 600

  贷:所得税费用   59 600

（46）借:应交税费——应交所得税 48 500

　　　贷:银行存款 48 500

（47）本年利润总额＝1 542 000－1 338 700－59 600＝143 700（元）

　　提取盈余公积:143 700×15％＝21 555（元）

　　　借:利润分配——提取盈余公积 21 555

　　　　贷:盈余公积 21 555

　　　借:利润分配——应付普通股股利 81 145

　　　　贷:应付股利 81 145

（48）借:本年利润 143 700

　　　贷:利润分配——未分配利润 143 700

　　　借:利润分配——未分配利润 102 700

　　　　贷:利润分配——提取盈余公积 21 555

　　　　　　　——应付普通股股利 81 145

2. 根据上述会计分录,用 T 形账户进行科目汇总。（略）

3. 根据 T 形账户记录编制 2018 年 12 月 31 日的科目余额表,见表 12-3。

表 12-3　部分科目余额表

2018 年 12 月 31 日　　　　　　　　　　　　　　　　单位:元

科目名称	借方余额	科目名称	贷方余额
库存现金	3 100	短期借款	300 000
银行存款	1 457 267	应付票据	100 000
其他货币资金	22 000	应付账款	675 000
交易性金融资产	28 800	其他应付款	65 000
应收票据	0	应付职工薪酬	51 000
应收账款	499 000	应付股利	81 145
坏账准备	−10 060	应交税费	138 517
预付账款	0	应付利息	24 000
其他应收款	4 500	长期借款	1 620 500
材料采购	200 000	其中:一年内到期的非流动负债	400 000
原材料	31 800	递延所得税负债	20 400
包装物	10 000	股本	1 000 000
低值易耗品	10 000	资本公积	3 440 800
库存商品	283 600	盈余公积	171 555
材料成本差异	1 000	利润分配（未分配利润）	131 000
存货跌价准备	−17 690		
长期股权投资	220 000		

续表 12-3

科目名称	借方余额	科目名称	贷方余额
长期股权投资减值准备	−4 500		
固定资产	3 610 100		
累计折旧	−235 000		
固定资产减值准备	−85 000		
工程物资	130 000		
在建工程	670 000		
无形资产	1 200 000		
累计摊销	−320 000		
开发支出	20 000		

3. 编制 2018 年 12 月 31 日资产负债表,见表 12-4。

表 12-4 资产负债表

会企 01 表

编制单位:吉力公司 　　　　2018 年 12 月 31 日 　　　　单位:元

资产	期末余额	年初余额	负债和所有者权益（或股东权益）	期末余额	年初余额
流动资产:			流动负债:		
货币资金	1 482 367	2 079 100	短期借款	300 000	500 000
交易性金融资产	28 800	26 800	交易性金融负债	0	0
应收票据及应收账款	488 940	472 000	应付票据及应付账款	775 000	1 010 000
预付款项	0	65 000	预收款项	0	0
其他应收款	4 500	4 500	合同负债	0	0
存货	518 710	348 200	应付职工薪酬	51 000	51 000
合同资产	0	0	应交税费	138 517	40 800
持有待售资产	0	0	其他应付款	170 145	77 000
一年内到期的非流动资产	0	0	持有待售负债	0	0
其他流动资产	0	0	一年内到期的非流动负债	400 000	850 000
流动资产合计	2 523 317	2 995 600	其他流动负债	0	0

资　　产	期末余额	年初余额	负债和所有者权益（或股东权益）	期末余额	年初余额
非流动资产：			流动负债合计	1 834 662	2 528 800
债权投资	0	0	非流动负债：		
其他债权投资	90 000	80 000	长期借款	1 220 500	950 000
长期应收款	0	0	应付债券	0	0
长期股权投资	215 500	215 500	长期应付款	0	0
其他权益工具投资	0	0	预计负债	0	0
其他非流动金融资产	0	0	递延收益	0	0
投资性房地产	0	0	递延所得税负债	20 400	8 000
固定资产	3 290 100	2 309 000	其他非流动负债	0	0
在建工程	800 000	1 600 000	非流动负债合计	1 240 900	958 000
生产性生物资产	0	0	负债合计	3 075 562	3 486 800
油气资产	0	0	所有者权益（或股东权益）：		
无形资产	880 000	960 000	实收资本（或股本）	1 000 000	1 000 000
开发支出	20 000	0	其他权益工具	0	0
商誉	0	0	其中:优先股	0	0
长期待摊费用	0	0	永续债	0	0
递延所得税资产	0	0	资本公积	3 433 300	3 433 300
其他非流动资产	0	0	减:库存股	0	0
非流动资产合计	5 295 600	5 164 500	其他综合收益	7 500	0
			盈余公积	171 555	150 000
			未分配利润	131 000	90 000
			所有者权益（或股东权益）合计	4 743 355	4 673 300
资产总计	7 818 917	8 160 100	负债和所有者权益（或股东权益）总计	7 818 917	8 160 100

任务三　利润表的编制

一、利润表概述

利润表，又称损益表，是反映企业在一定会计期间的经营成果的报表。

通过利润表，可以反映企业在一定会计期间收入、费用、利润（或亏损）的金额和构成情况，帮助财务报表使用者全面了解企业的经营成果，分析企业的获利能力及盈利增长趋势，从而为其作出经济决策提供依据。

利润表包括的项目主要有营业收入、营业成本、税金及附加、销售费用、管理费用、研发费用、财务费用、资产减值损失、其他收益、投资收益、公允价值变动收益、资产处置收益、营业利润、营业外收入、营业外支出、利润总额、所得税费用、净利润、其他综合收益的税后净额、综合收益总额、每股收益等。

二、利润表的结构

利润表的结构有单步式和多步式两种。单步式利润表是将当期所有的收入列在一起，所有的费用列在一起，然后将两者相减得出当期净损益。我国企业的利润表采用多步式格式，即通过对当期的收入、费用、支出项目按性质加以归类，按利润形成的主要环节列示一些中间性利润指标，分步计算当期净损益，以便财务报表使用者理解企业经营成果的不同来源。

利润表一般由表头、表体两部分组成。表头部分应列明报表名称、编制单位名称、编制日期、报表编号和计量单位。表体部分是利润表的主体，列示形成经营成果的各个项目和计算过程。

为了使财务报表使用者通过比较不同期间利润的实现情况，判断企业经营成果的未来发展趋势，企业需要提供比较利润表。为此，利润表还需就各项目再分为"本期金额"和"上期金额"两栏分别填列。我国企业利润表的格式一般如表 12-5 所示。

表 12-5　利润表

会企 02 表

编制单位：吉力公司　　　　　　　2018 年度　　　　　　　　单位：元

项　　目	本期金额	上期金额
一、营业收入	1 500 000	1 200 000
减：营业成本	900 000	750 000
税金及附加	21 250	18 000
销售费用	28 000	25 000
管理费用	224 700	191 000
财务费用	56 500	50 000

项　　目	本期金额	上期金额
其中:利息费用	32 500	0
利息收入	0	0
资产减值损失	31 190	25 000
信用减值损失	7 060	0
加:其他收益	0	0
投资收益(损失以"—"号填列)	40 000	50 000
其中:对联营业企业和合营企业的投资收益	0	0
公允价值变动收益(损失以"—"号填列)	2 000	1 000
资产处置收益(损失以"—"号填列)	−40 000	0
二、营业利润(亏损以"—"号填列)	233 300	192 000
加:营业外收入	0	30 000
减:营业外支出	30 000	65 000
三、利润总额(亏损总额以"—"号填列)	203 300	157 000
减:所得税费用	59 600	48 000
四、净利润(净亏损以"—"号填列)	143 700	109 000
五、其他综合收益的税后净额		
(一)不能重分类进损益的其他综合收益		
1.重新计量设定受益计划变动额		
2.权益法下不能转损益的其他综合收益		
3.其他权益工具投资公允价值变动		
4.企业自身信用风险公允价值变动		
……		
(二)将重分类进损益的其他综合收益		
1.权益法下可转损益的其他综合收益		
2.其他债权投资公允价值变动		
3.金融资产重分类计入其他综合收益的金额		
4.其他债权投资信用减值准备		
5.现金流量套期		
6.外币财务报表折算差额		
……		
六、综合收益总额		
七、每股收益		
(一)基本每股收益		
(二)稀释每股收益		

三、利润表的编制方法

利润表编制的原理是"收入－费用＝利润"的会计平衡公式和收入与费用的配比原

则。企业在生产经营中不断地取得各项收入,同时发生各种费用,收入减去费用,剩余的部分就是企业的盈利。取得的收入和发生的相关费用的对比情况就是企业的经营成果。

如果企业经营不当,发生的生产经营费用超过取得的收入,企业就发生了亏损;反之企业就能取得一定的利润。企业将经营成果的核算过程和结果编制成报表,就形成了利润表。

(一)利润表项目的填列方法

我国企业利润表的主要编制步骤和内容如下:

第一步,以营业收入为基础,减去营业成本、税金及附加、销售费用、管理费用、研发费用、财务费用、资产减值损失、信用减值损失,加上其他收益、投资收益(或减去投资损失)、公允价值变动收益(或减去公允价值变动损失)、资产处置收益(或减去资产处置损失),计算出营业利润。

第二步,以营业利润为基础,加上营业外收入,减去营业外支出,计算出利润总额。

第三步,以利润总额为基础,减去所得税费用,即计算出净利润(或净亏损)。

第四步,以净利润(或净亏损)为基础,计算出每股收益。

第五步,以净利润(或净亏损)和其他综合收益为基础,计算出综合收益总额。

利润表各项目均需填列"本期金额"和"上期金额"两栏。其中"上期金额"栏内各项数字,应根据上年该期利润表的"本期金额"栏内所列数字填列。本期金额"栏内各期数字,除"基本每股收益"和"稀释每股收益"项目外,应当按照相关科目的发生额分析填列。如"营业收入"项目,根据"主营业务收入""其他业务收入"科目的发生额分析计算填列;"营业成本"项目,根据"主营业务成本""其他业务成本"科目的发生额分析计算填列。

(二)利润表项目的填列说明

1."营业收入"项目,反映企业经营主要业务和其他业务所确认的收入总额。本项目应根据"主营业务收入"和"其他业务收入"科目的发生额分析填列。

2."营业成本"项目,反映企业经营主要业务和其他业务所发生的成本总额。本项目应根据"主营业务成本"和"其他业务成本"科目的发生额分析填列。

3."税金及附加"项目,反映企业经营业务应负担的消费税、城市维护建设税、教育费附加、资源税、土地增值税及房产税、车船税、城镇土地使用税、印花税等相关税费。本项目应根据"税金及附加"科目的发生额分析填列。

4."销售费用"项目,反映企业在销售商品过程中发生的包装费、广告费等费用和为销售本企业商品而专设的销售机构的职工薪酬、业务费等经营费用。本项目应根据"销售费用"科目的发生额分析填列。

5."管理费用"项目,反映企业为组织和管理生产经营发生的管理费用。本项目应根据"管理费用"科目的发生额分析填列。

6."研发费用"项目,反映企业进行研究与开发过程中发生的费用化支出。该项目应根据"管理费用"科目下的"研发费用"明细科目的发生额分析填列。

7."财务费用"项目,反映企业为筹集生产经营所需资金等而发生的筹资费用。本项目应根据"财务费用"科目的发生额分析填列。"其中:利息费用"项目,反映企业为筹集生产经营所需资金等而发生的应予费用化的利息支出,该项目应根据"财务费用"科目的相关明细科目的发生额分析填列。"利息收入"项目,反映企业确认的利息收入,该项目应根据"财务费用"科目的相关明细科目的发生额分析填列。

8."资产减值损失"项目,反映企业各项资产发生的减值损失。本项目应根据"资产减值损失"科目的发生额分析填列。

9."信用减值损失"项目,反映企业计提的各项金融工具减值准备所形成的预期信用损失。该项目应根据"信用减值损失"科目的发生额分析填列。

10."其他收益"项目,反映计入其他收益的政府补助等。本项目应根据"其他收益"科目的发生额分析填列。

11."投资收益"项目,反映企业以各种方式对外投资所取得的收益。本项目应根据"投资收益"科目的发生额分析填列。如为投资损失,本项目以"一"号填列。

12."公允价值变动收益"项目,反映企业应当计入当期损益的资产或负债公允价值变动收益。本项目应根据"公允价值变动损益"科目的发生额分析填列,如为净损失,本项目以"一"号填列。

13."资产处置收益"项目,反映企业出售划分为持有待售的非流动资产(金融工具、长期股权投资和投资性房地产除外)或处置组(子公司和业务除外)时确认的处置利得或损失,以及处置未划分为持有待售的固定资产、在建工程、生产性生物资产及无形资产而产生的处置利得或损失。债务重组中因处置非流动资产产生的利得或损失、非货币性资产交换中换出非流动资产产生的利得或损失也包括在本项目内。本项目应根据"资产处置损益"科目的发生额分析填列;如为处置损失,以"一"号填列。

14."营业利润"项目,反映企业实现的营业利润。如为亏损,以"一"号填列。

15."营业外收入"项目,反映企业发生的除营业利润以外的收益,主要包括债务重组利得、与企业日常活动无关的政府补助、盘盈利得、捐赠利得(企业接受股东或股东的子公司直接或间接的捐赠,经济实质属于股东对企业的资本性投入的除外)等。本项目应根据"营业外收入"科目的发生额分析填列。

16."营业外支出"项目,反映企业发生的与经营业务无直接关系的各项支出,主要包括债务重组损失、公益性捐赠支出、非常损失、盘亏损失、非流动资产毁损报废损失等。本项目应根据"营业外支出"科目的发生额分析填列。

17."利润总额"项目,反映企业实现的利润。如为亏损,以"一"号填列。

18."所得税费用"项目,反映企业应从当期利润总额中扣除的所得税费用。本项目应根据"所得税费用"科目的发生额分析填列。

19."净利润"项目,反映企业实现的净利润。如为亏损,以"一"号填列。

20."其他综合收益的税后净额"项目,反映企业根据企业会计准则规定未在损益中确认的各项利得和损失扣除所得税影响后的净额。

21."综合收益总额"项目,反映企业净利润与其他综合收益(税后净额)的合计金额。

22."每股收益"项目,包括基本每股收益和稀释每股收益两项指标,反映普通股或潜在普通股已公开交易的企业,以及正处在公开发行普通股或潜在普通股过程中的企业的每股收益信息。

四、利润表编制举例

【任务举例 12-2】 承【任务举例 12-1】，编制吉力公司 2018 年度的利润表。

1. 根据【任务举例 12-1】中的 T 形账户记录，吉力公司 2018 年度损益类账户发生额汇总表，见表 12-6。

表 12-6　2018 年度损益类账户发生额汇总表　　　　单位:元

科目名称	借方发生额	贷方发生额
主营业务收入		1 500 000
主营业务成本	900 000	
税金及附加	21 250	
销售费用	28 000	
管理费用	224 700	
财务费用	56 500	
资产减值损失	38 250	
公允价值变动损益		2 000
投资收益		40 000
营业外支出	70 000	
所得税费用	59 600	

2. 编制吉力公司 2018 年度利润表，见表 12-5。

任务四　现金流量表的编制

一、现金流量表的概念与作用

现金流量表，是指反映企业在一定会计期间现金和现金等价物流入和流出的报表。其中，现金是指企业库存现金以及可以随时用于支付的存款。不能随时用于支付的存款不属于现金。现金等价物，是指企业持有的期限短、流动性强、易于转换为已知金额现金、价值变动风险很小的投资。期限短，一般是指从购买日起三个月内到期。现金等价物通常包括三个月内到期的债券投资等，而权益性投资变现的金额通常不确定，一般不作为现金等价物。

编制现金流量表的目的，是为信息使用者提供企业一定会计期间有关现金流入和流出的信息。利用现金流量表，使用者可以了解企业的以下信息：①企业在未来会计期间产生净现金流量的能力；②企业偿还债务及支付企业所有者的投资报酬的能力；③企业的利润与经营活动所产生的净现金流量发生差异的原因；④会计年度内影响或不影响现金的投资活动与筹资活动。

二、现金流量的种类

现金流量是指现金和现金等价物的流入和流出。可以分为如下三大类：

1. 经营活动产生的现金流量

经营活动是指企业投资活动和筹资活动以外的所有交易和事项，包括销售商品或提供劳务、购买商品或接受劳务、收到的税费返还、支付职工薪酬、支付各项税费、支付广告费用等。

通过反映经营活动产生的现金流量，可以说明企业的经营活动对现金流入和流出的影响程度，判断企业在不使用对外筹资手段的情况下，是否足以维持生产经营、偿还债务、支付股利、对外投资等。

2. 投资活动产生的现金流量

投资活动是指企业长期资产的购建和不包括在现金等价物范围内的投资及其处置活动，包括取得和收回投资、购建和处置固定资产、购建和处置无形资产等。

通过反映投资活动产生的现金流量，可以判断投资活动对企业现金流量净额的影响程度。

3. 筹资活动产生的现金流量

筹资活动是指导致企业资本及债务规模和构成发生变化的活动。筹资活动包括发行股票或接受投入资本、分派现金股利、取得和偿还银行借款、发行和偿还公司债券等。

通过反映筹资活动产生的现金流量，可以分析企业通过筹资活动获取现金的能力，判断筹资活动对企业现金流量净额的影响程度。

对于企业日常活动之外不经常发生的特殊项目，如自然灾害损失、保险赔款、捐赠等，应当归并到现金流量表的相关类别中，并单独反映。

三、现金流量表的内容和结构

现金流量表主要由正表和补充资料两大部分构成。

（一）正表

在正表中包括五项内容：一是经营活动产生的现金流量；二是投资活动产生的现金流量；三是筹资活动产生的现金流量；四是汇率变动对现金的影响额；五是现金及现金等价物的净增加额。在前三类现金流量中，又分别列示现金流入和现金流出各项目及小计，具体内容如下：

1. 经营活动产生的现金流量

（1）销售商品、提供劳务收到的现金；

（2）收到的税费返还；

（3）收到其他与经营活动有关的现金；

（4）购买商品、接受劳务支付的现金；

（5）支付给职工以及为职工支付的现金；

（6）支付的各项税费；

（7）支付其他与经营活动有关的现金。

2. 投资活动产生的现金流量

(1)收回投资收到的现金;

(2)取得投资收益收到的现金;

(3)处置固定资产、无形资产和其他长期资产收回的现金净额;

(4)处置子公司及其他营业单位收到的现金净额;

(5)收到其他与投资活动有关的现金;

(6)购建固定资产、无形资产和其他长期资产支付的现金;

(7)投资支付的现金;

(8)取得子公司及其他营业单位支付的现金净额;

(9)支付其他与投资活动有关的现金。

3. 筹资活动产生的现金流量

(1)吸收投资收到的现金;

(2)取得借款收到的现金;

(3)收到其他与筹资活动有关的现金;

(4)偿还债务支付的现金;

(5)分配股利、利润或偿付利息支付的现金;

(6)支付其他与筹资活动有关的现金。

(二)补充资料

现金流量表补充资料包括将净利润调节为经营活动的现金流量、不涉及现金收支的重大投资和筹资活动、现金及现金等价物的净变动情况等项目。

现金流量表的基本内容及结构见表 12-7 和表 12-8。

表 12-7 现金流量表

编制单位:吉力公司　　　　　　　　　2018 年度　　　　　　　　　单位:元

项　目	金　额
一、经营活动产生的现金流量:	
销售商品、提供劳务收到的现金	1 703 000
收到的税费返还	
收到其他与经营活动有关的现金	
经营活动现金流入小计	1 703 000
购买商品、接受劳务支付的现金	624 583
支付给职工以及为职工支付的现金	627 000
支付的各项税费	189 750
支付其他与经营活动有关的现金	107 100
经营活动现金流出小计	1 548 433
经营活动产生的现金流量净额	154 567

项 目	金 额
二、投资活动产生的现金流量:	
收回投资收到的现金	
取得投资收益收到的现金	40 000
处置固定资产、无形资产和其他长期资产收回的现金净额	468 000
处置子公司及其他营业单位收到的现金净额	
收到其他与投资活动有关的现金	
投资活动现金流入小计	508 000
购建固定资产、无形资产和其他长期资产支付的现金	668 500
投资支付的现金	
取得子公司及其他营业单位支付的现金净额	
支付其他与投资活动有关的现金	20 000
投资活动现金流出小计	688 500
投资活动产生的现金流量净额	−180 500
三、筹资活动产生的现金流量:	
吸收投资收到的现金	
取得借款收到的现金	500 000
收到其他与筹资活动有关的现金	
筹资活动现金流入小计	500 000
偿还债务支付的现金	1 050 000
分配股利、利润或偿付利息支付的现金	10 000
支付其他与筹资活动有关的现金	
筹资活动现金流出小计	1 060 000
筹资活动产生的现金流量净额	−560 000
四、汇率变动对现金的影响额	
五、现金及现金等价物净增加额	−585 933

表 12-8 现金流量表补充资料

补充资料	本年金额
1.将净利润调节为经营活动现金流量:	
净利润	143 700
加:资产减值准备	38 250

续表 12-8

补充资料	本年金额
固定资产折旧、油气资产折耗、生产性生物资产折旧	120 000
无形资产摊销	80 000
长期待摊费用摊销	
处置固定资产、无形资产和其他长期资产的损失（收益以"－"号填列）	70 000
固定资产报废损失（收益以"－"号填列）	
公允价值变动损失（收益以"－"号填列）	－2 000
财务费用（收益以"－"号填列）	56 500
投资损失（收益以"－"号填列）	－40 000
递延所得税资产减少（增加以"－"号填列）	
递延所得税负债增加（减少以"－"号填列）	9 900
存货的减少（增加以"－"号填列）	－181 700
经营性应收项目的减少（增加以"－"号填列）	13 000
经营性应付项目的增加（减少以"－"号填列）	－153 083
其他	
经营活动产生的现金流量净额	154 567
2.不涉及现金收支的重大投资和筹资活动：	
债务转为资本	
一年内到期的可转换公司债券	
融资租入固定资产	
3.现金及现金等价物的净变动情况：	
现金的期末余额	1 493 167
减：现金的期初余额	2 079 100
加：现金等价物的期末余额	
减：现金等价物的期初余额	
现金及现金等价物净增加额	－585 933

四、现金流量表的填列方法

（一）经营活动产生的现金流量

经营活动产生的现金流量是一项重要的指标，它可以说明企业在不动用从外部筹得资金的情况下，通过经营活动产生的现金流量是否足以偿还负债、支付股利和对外投资。经营活动产生的现金流量可以采用直接法和间接法两种方法反映。

直接法是通过现金流入和现金流出的主要类别列示经营活动的现金流量。间接法是以本期净利润为起算点,调整不涉及现金的收入、费用、营业外收支等有关项目的增减变动,据以计算出经营活动产生的现金流量。国际会计准则鼓励采用直接法编制现金流量表。在我国,现金流量表也以直接法编制,但在现金流量表的补充资料中应按照间接法反映经营活动现金流量的情况。

采用直接法报告企业经营活动产生的现金流量时,各个现金流入与流出项目的数据可以通过企业的会计记录取得,也可以通过对利润表中的营业收入、营业成本以及其他项目进行调整后取得。

1. "销售商品、提供劳务收到的现金"项目

该项目反映企业本期销售商品、提供劳务收到的现金,以及前期销售商品、提供劳务本期收到的现金(包括销售收入和应向购买者收取的增值税销项税额)和本期预收的款项,减去本期销售本期退回商品和前期销售本期退回商品支付的现金。企业销售材料和代购代销业务收到的现金,也在本项目反映。

本项目可以根据"库存现金""银行存款""应收账款""应收票据""预收账款""主营业务收入""其他业务收入"等账户的记录分析填列。实践中,通常可以利润表上的"营业收入"为起点结合相关账户进行调整:

(1)由于该项目包括应向购买者收取的增值税销项税额,所以应在营业收入的基础上加上本期的增值税销项税额。

(2)由于企业的商品销售和劳务供应往往并非都是现金交易,所以应在营业收入的基础上加上应收账款与应收票据的减少数(或减去应收账款与应收票据的增加数)。

(3)如果企业有预收账款业务,还应再加上预收账款的增加数(或减去预收账款的减少数)。

(4)如果企业采用备抵法核算坏账,发生坏账会减少应收账款余额,但并没有实际的现金流入;而坏账收回会有现金流入,但营业收入和应收账款余额却没有变化,所以要在前述调整的基础上减去本期确认的坏账,加上本期收回的坏账。

(5)如果企业本期有应收票据贴现,发生了贴现息,则应减去应收票据的贴现息,因为贴现息代表了应收票据的减少,并没有相应的现金流入。

(6)如果企业发生了按税法规定应视同销售的业务,如将商品用于在建工程,则相应的销项税额应减去,因为这部分销项税额没有相应的现金流入,也与应收账款或应收票据无关。

综合以上分析可知:

销售商品、提供劳务收到的现金=营业收入+销项税额+应收账款、应收票据减少数(或"-"应收账款、应收票据增加数)+预收账款增加数(或"-"预收账款减少数)-本期核销的坏账+本期收回前期核销的坏账-应收票据贴现息-视同销售的销项税额

2. "收到的税费返还"项目

该项目反映企业收到返还的所得税、增值税、消费税、关税和教育费附加等各种税费返还款。

本项目可以根据"库存现金""银行存款""营业外收入""其他应收款"等账户的记录分析填列。

3. "收到其他与经营活动有关的现金"项目

该项目反映企业经营租赁收到的租金、罚款、流动资产损失中由个人赔偿的现金等其他与经营活动有关的现金流入，金额较大的应当单独列示。

本项目可以根据"库存现金""银行存款""营业外收入"等账户的记录分析填列。

4."购买商品、接受劳务支付的现金"项目

该项目反映企业本期购买商品、接受劳务实际支付的现金（包括增值税进项税额），以及本期支付前期购买商品、接受劳务的未付款项和本期预付款项，减去本期发生的购货退回收到的现金。企业购买材料和代购代销业务支付的现金，也在本项目反映。

本项目可以根据"库存现金""银行存款""应付账款""应付票据""预付账款""主营业务成本""其他业务支出"等账户的记录分析填列。实践中通常以利润表上的营业成本为基础进行调整：

(1)由于本项目包括支付的增值税进项税额，所以应在营业成本的基础上加上本期的增值税进项税额。

(2)营业成本与购买商品并无直接联系，就商品流通企业而言，营业成本加上存货增加数或减去存货减少数，便可大致确定本期购进商品的成本。

(3)本期购进商品成本并不等于本期购进商品支付的现金，因为可能存在赊购商品或预付货款的情形。所有应加上应付账款和与应付票据的减少数，或减去应付账款与应付票据的增加数；应加上预付账款的增加数，减去预付账款的减少数。

(4)对于工业企业来说，存货包括材料、在产品与产成品等，也就是说存货的增加并非都与购进商品（材料）相联系，本期发生的应计入产品成本的工资费用、折旧费用等也会导致存货增加，但与商品购进无关，因而应进一步扣除计入本期生产成本的非材料费用。

(5)调整其他与商品购进和商品销售无关的存货增减变动，主要包括：存货盘亏和盘盈，用存货对外投资或接受存货投资等。

综合以上分析可知：

购买商品、接受劳务支付的现金＝营业成本＋进项税额＋存货增加数（或"－"存货减少数）＋应付账款、应付票据减少数（或"－"应付账款、应付票据增加数）＋预付账款增加数（或"－"预付账款减少数）＋存货盘亏（或"－"存货盘盈）＋用于投资的存货成本（或"－"接受投资增加的存货）－计入本期生产成本的非材料费用

5."支付给职工以及为职工支付的现金"项目

该项目反映企业本期实际支付给职工的工资、奖金、各种津贴和补贴等职工薪酬（包括代扣代缴的职工个人所得税）。

本项目不包括支付给离退休人员的各项费用及支付给在建工程人员的工资及其他费用。企业支付给离退休人员的各项费用（包括支付的统筹退休金以及未参加统筹的退休人员的费用），在"支付其他与经营活动有关的现金"项目反映；支付给在建工程人员的工资及其他费用，在"购建固定资产、无形资产和其他长期资产支付的现金"项目反映。

企业为职工支付的养老、失业等社会保险基金、补充养老保险、住房公积金、支付给职工的住房困难补助，以及企业支付给职工或为职工支付的其他福利费用等，应按照职工的工作性质和服务对象，分别本项目和"购建固定资产、无形资产和其他长期资产支付的现金"项目反映。

本项目可以根据"应付职工薪酬""库存现金""银行存款"等账户的记录分析填列。

6."支付的各项税费"项目

该项目反映企业本期发生并支付、以前各期发生本期支付以及预交的各项税费,包括所得税、增值税、消费税、印花税、房产税、土地增值税、车船使用税、教育费附加等。但不包括计入固定资产价值、实际支付的耕地占用税,也不包括本期退回的增值税、所得税,本期退回的增值税、所得税在"收到的税费返还"项目反映。

本项目可以根据"应交税费""库存现金""银行存款"等账户的记录分析填列。

7."支付其他与经营活动有关的现金"项目

该项目反映企业经营租赁支付的租金、支付的差旅费、业务招待费、保险费、罚款支出等其他与经营活动有关的现金流出,金额较大的应当单独列示。

本项目可以根据"库存现金""银行存款""管理费用""营业外支出"等账户的记录分析填列。

(二)投资活动产生的现金流量

1."收回投资收到的现金"项目

该项目反映企业出售、转让或到期收回除现金等价物以外的对其他企业的权益工具、债务工具和合营中的权益。收回债务工具实现的投资收益、处置子公司及其他营业单位收到的现金净额不包括在本项目内。

本项目可根据"可供出售金融资产""持有至到期投资""长期股权投资""库存现金""银行存款"等账户的记录分析填列。

2."取得投资收益收到的现金"项目

该项目反映企业除现金等价物以外的对其他企业的权益工具、债务工具和合营中的权益投资分回的现金股利和利息等,不包括股票股利。

本项目可根据"库存现金""银行存款""投资收益"等账户的记录分析填列。

3."处置固定资产、无形资产和其他长期资产收回的现金净额"项目

该项目反映企业出售、报废固定资产、无形资产和其他长期资产所取得的现金(包括因资产毁损而收到的保险赔偿收入),减去为处置这些资产而支付的有关费用后的净额。如收回的现金净额为负数,则应在"支付其他与投资活动有关的现金"项目反映。

本项目可以根据"固定资产清理""库存现金""银行存款"等账户的记录分析填列。

4."处置子公司及其他营业单位收到的现金净额"项目

该项目反映企业处置子公司及其他营业单位所取得的现金减去相关处置费用以及子公司及其他营业单位持有的现金和现金等价物后的净额。

本项目可以根据"长期股权投资""库存现金""银行存款"等账户的记录分析填列。

5."收到其他与投资活动有关的现金"项目

该项目反映除上述项目以外所收到的其他与投资活动有关的现金流入。如企业收回购买股票和债券时支付的已宣告但尚未领取的现金股利或已到付息期尚未领取的债券利息。金额较大的项目单独列示。

本项目可根据"应收股利""应收利息""库存现金""银行存款"等账户的记录分析填列。

6．"购建固定资产、无形资产和其他长期资产支付的现金"项目

该项目反映企业购买、建造固定资产、取得无形资产和其他长期资产所支付的现金（含增值税款等），以及用现金支付的应由在建工程和无形资产负担的职工薪酬。不包括为购建固定资产而发生的借款利息资本化的部分，以及融资租入固定资产支付的租赁费，这部分支出在筹资活动产生的现金流量中反映。

本项目可以根据"固定资产""在建工程""无形资产""库存现金""银行存款"等账户的记录分析填列。

7．"投资支付的现金"项目

该项目反映企业取得除现金等价物以外的对其他企业的权益工具、债务工具和合营中的权益所支付的现金以及支付的佣金、手续费等附加费用，但取得子公司及其他营业单位支付的现金净额除外。

本项目可以根据"可供出售金融资产""持有至到期投资""长期股权投资""库存现金""银行存款"等账户的记录分析填列。

8．"取得子公司及其他营业单位支付的现金净额"项目

该项目反映企业购买子公司及其他营业单位购买出价中以现金支付的部分，减去子公司及其他营业单位持有的现金和现金等价物后的净额。

本项目可以根据"长期股权投资""库存现金""银行存款"等账户的记录分析填列。

9．"支付其他与投资活动有关的现金"项目

该项目反映企业除上述项目外支付的其他与投资活动有关的现金流入或流出，企业购买股票和债券时实际支付的价款中包含的已宣告但尚未领取的现金股利或已到付息期尚未领取的债券利息等，金额较大的应当单独列示。

本项目可根据"应收股利""应收利息""库存现金""银行存款"等账户的记录分析填列。

（三）筹资活动产生的现金流量

1．"吸收投资收到的现金"项目

该项目反映企业以发行股票、债券等方式筹集资金实际收到的款项，减去直接支付给金融企业的佣金、手续费、宣传费、咨询费、印刷费等发行费用后的净额。

本项目可根据"实收资本（股本）""库存现金""银行存款"等账户的记录分析填列。

2．"取得借款收到的现金"项目

该项目反映企业举借各种短期、长期借款而收到的现金。

本项目可根据"短期借款""长期借款""库存现金""银行存款"等账户的记录分析填列。

3．"收到的其他与筹资活动有关的现金"项目

该项目反映除上述各项目外所收到的其他与筹资活动有关的现金流入，如接受捐赠等。金额较大的项目要单独列示。

本项目可根据"营业外收入""库存现金""银行存款"等账户的记录分析填列。

4．"偿还债务支付的现金"项目

该项目反映企业以现金偿还债务的本金。企业支付的借款利息和债券利息在"分配

股利、利润或偿付利息支付的现金"项目反映,不包括在本项目内。

本项目可根据"短期借款""长期借款""应付债券""库存现金""银行存款"等账户的记录分析填列。

5."分配股利、利润或偿付利息支付的现金"项目

该项目反映企业实际支付的现金股利、支付给其他投资单位的利润或用现金支付的借款利息、债券利息。

本项目可根据"应付股利""应付利息""财务费用""库存现金""银行存款"等账户的记录分析填列。

6."支付其他与筹资活动有关的现金"项目

该项目反映企业除上述项目外,收到或支付的其他与筹资活动有关的现金流入或流出,如捐赠支出、融资租入固定资产支付的租赁费等。金额较大的应当单独列示。

本项目可根据"营业外支出""长期应付款""库存现金""银行存款"等账户的记录分析填列。

(四)"汇率变动对现金的影响"项目

该项目反映企业外币现金流量以及境外子公司的现金流量折算为记账本位币时,所采用的现金流量发生日的即期汇率或按照系统合理的方法确定的、与现金流量发生日即期汇率近似的汇率折算的金额(编制合并现金流量表时还包括折算境外子公司的现金流量,应当比照处理)与"现金及现金等价物净增加额"中外币现金净增加额按期末汇率折算的金额之间的差额。

在编制现金流量表时,可逐笔计算外币业务发生的汇率变动对现金的影响,也可采用简化的计算方法,即通过现金流量表补充资料中"现金及现金等价物净增加额"数额与现金流量表中"经营活动产生的现金流量净额""投资活动产生的现金流量净额""筹资活动产生的现金流量净额"三项之和比较,其差额即为"汇率变动对现金的影响"项目的金额。

(五)现金流量表补充资料

现金流量表的补充资料是以间接法编制的经营活动的现金流量,以对现金流量表中采用直接法反映的经营活动现金流量进行核对和补充说明。

间接法是指以本期净利润为起点,通过调整不涉及现金的收入、费用、营业外收支以及经营性应收应付等项目的增减变动,调整不属于经营活动的现金收支项目,据此计算并列报经营活动产生的现金流量的方法。

采用间接法将净利润调节为经营活动的现金流量时,需要调整的项目可分为四大类:①实际没有支付现金的费用;②实际没有收到现金的收益;③不属于经营活动的损益;④经营性应收应付项目的增减变动。

1."将净利润调节为经营活动的现金流量"各项目的填列方法如下:

(1)"资产减值准备"项目

该项目反映企业本期计提的坏账准备、存货跌价准备、长期股权投资减值准备、持有至到期投资减值准备、投资性房地产减值准备、固定资产减值准备、在建工程减值准备、无形资产减值准备、商誉减值准备、生产性生物资产减值准备、油气资产减值准备等资产减值准备。

本项目可以根据"资产减值损失"账户的记录分析填列。

(2)"固定资产折旧""油气资产折耗""生产性生物资产折旧"项目

该项目分别反映企业本期计提的固定资产折旧、油气资产折耗、生产性生物资产折旧。

本项目可根据"累计折旧""累计折耗"等账户的贷方发生额分析填列。

(3)"无形资产摊销""长期待摊费用摊销"项目

该项目分别反映企业本期计提的无形资产摊销、长期待摊费用摊销。

这两个项目可根据"累计摊销""长期待摊费用"账户的贷方发生额分析填列。

(4)"处置固定资产、无形资产和其他长期资产的损失"项目

该项目反映企业本期处置固定资产、无形资产和其他长期资产发生的净损益。

本项目可根据"营业外收入""营业外支出"等账户所属有关明细账户的记录分析填列。

(5)"固定资产报废损失"项目

该项目反映企业本期固定资产盘亏发生的损失。

本项目可根据"营业外收入""营业外支出"等账户所属有关明细账户的记录分析填列。

(6)"公允价值变动损失"项目

该项目反映企业持有的采用公允价值计量且其变动计入当期损益的金融资产、金融负债等的公允价值变动损益。

本项目可根据"公允价值变动损益"账户所属有关明细账户的记录分析填列。

(7)"财务费用"项目

该项目反映企业本期发生的应属于投资活动或筹资活动的财务费用。

本项目可根据"财务费用"账户的本期借方发生额分析填列(如为收益,以"-"号填列)。

(8)"投资损失"项目

该项目反映企业本期投资所发生的损失减去收益后的净损失。

本项目可根据利润表"投资收益"项目的数字填列(如为投资收益,以"-"号填列)。

(9)"递延所得税资产减少"项目

该项目反映企业资产负债表"递延所得税资产"项目的期初余额与期末余额的差额。

本项目可根据"递延所得税资产"账户的发生额分析填列。

(10)递延所得税负债增加"项目

该项目反映企业资产负债表"递延所得税负债"项目的期初余额与期末余额的差额。

本项目可根据"递延所得税负债"账户的发生额分析填列。

(11)"存货的减少"项目

该项目反映企业资产负债表"存货"项目的期初余额与期末余额的差额。若期末数大于期初数,以"-"号填列。

(12)"经营性应收项目的减少"项目

该项目反映企业本期经营性应收项目(包括应收票据、应收账款、预付款项、长期应收

款和其他应收款中与经营活动有关的部分及应收的增值税销项税额等)的期初余额与期末余额的差额。若期末数大于期初数,以"一"号填列。

(13)"经营性应付项目的增加"项目

该项目反映企业本期经营性应付项目(包括应付票据、应付账款、预收款项、应付职工薪酬、应交税费、应付利息、应付股利、长期应付款、其他应付款中与经营活动有关的部分及应付的增值税进项税额等)的期初余额与期末余额的差额。若期末数小于期初数,以"一"号填列。

2."不涉及现金收支的重大投资和筹资活动"项目

该项目反映企业一定期间内影响资产或负债但不形成该期现金收支的所有投资和筹资活动的信息。这些投资和筹资活动虽然不涉及现金收支,但对以后各期的现金流量有重大影响,因此应单列项目在补充资料中反映。

不涉及现金收支的重大投资和筹资活动具体包括以下几项:

(1)"债务转为资本"项目,反映企业本期转为资本的债务金额。

(2)"一年内到期的可转换公司债券"项目,反映企业一年内到期的可转换公司债券的本息。

(3)"融资租入固定资产"项目,反映企业本期融资租入固定资产的最低租赁付款额扣除应分期计入利息费用的未确认融资费用的净额。

3. 现金及现金等价物的净变动情况

该项目反映企业一定会计期间现金及现金等价物的期末余额减去期初余额后的净变动额,是对现金流量表中"现金及现金等价物净增加额"项目的补充说明,该项目金额应与现金流量表中的"现金及现金等价物净增加额"项目的金额核对相符。

五、现金流量表的编制方法

在具体编制现金流量表时,可以采用工作底稿法或 T 形账户法等技术方法进行编制,也可以直接根据有关账户记录分析填列。

(一)工作底稿法

工作底稿法是以工作底稿为手段,以利润表和资产负债表数据为基础,结合有关账户的记录,对现金流量表的每一项目进行分析并编制调整分录,从而编制出现金流量表的一种方法。

在直接法下,整个工作底稿纵向分成三段:第一段是资产负债表项目,列示资产负债表各项目的期初数、调整分录借贷方和期末数;第二段是利润表项目,列示利润表各项目的调整分录的借贷方和利润表本期数;第三段是现金流量表项目,这一栏目的数字可直接用来编制正式的现金流量表。

采用工作底稿法编制现金流量表的具体步骤是:

(1)将资产负债表的年初余额和期末余额过入工作底稿的年初余额栏和期末余额栏。

(2)对当期业务进行分析并编制调整分录。

调整分录大体分为以下几类:第一类是涉及利润表中的收入、成本和费用项目以及资产负债表中的资产、负债及所有者权益项目,通过调整,将权责发生制下的收入、费用转换为现金基础;第二类是涉及资产负债表和现金流量表中的投资、筹资项目,反映投资和筹资活动的现金流量;第三类是涉及利润表和现金流量表中的投资和筹资项目,目的是将利润表中有关投资和筹资方面的收入和费用列入现金流量表的投资、筹资现金流量中去。此外,还有一些调整分录并不涉及现金收支,只是为了核对资产负债表项目的期末、年初变动。

在调整分录中,有关现金和现金等价物的事项,并不直接借记或贷记现金,而是分别记入"经营活动产生的现金流量""投资活动产生的现金流量""筹资活动产生的现金流量"有关项目,借记表示现金流入,贷记表示现金流出。

(3)将调整分录过入工作底稿中的相应部分。

(4)核对调整分录,借贷合计应当相等,资产负债表项目年初余额加减调整分录中的借贷金额后,应当等于期末余额。

(5)根据工作底稿中的现金流量表项目部分编制正式的现金流量表。

(二)T 形账户法

T 形账户法是以利润表和资产负债表为基础,结合有关账户的记录,对现金流量表的每一项目进行分析并编制调整分录,通过"T 形账户"编制出现金流量表的方法。

采用 T 形账户法编制现金流量表的具体步骤是:

(1)为所有的非现金项目(包括资产负债表项目和利润表项目)分别开设 T 形账户,并将各自的期末、年初变动数过入各该账户。

(2)开设一个大的"现金及现金等价物"T 形账户,每边分为经营活动、投资活动和筹资活动三个部分,左边记现金流入,右边记现金流出。与其他账户一样,过入期末、年初变动数。

(3)以利润表项目为基础,结合资产负债表分析每一个非现金项目的增减变动,并据此编制调整分录。

(4)将调整分录过入各 T 形账户,并进行核对,该账户借贷相抵后的余额与原先过入的期末、年初变动数应当一致。

(5)根据大的"现金及现金等价物"T 形账户编制正式的现金流量表。

(三)分析填列法

分析填列法是根据资产负债表、利润表和有关会计账户明细账的记录,分析计算现金流量表各项目的金额,并据以编制现金流量表的一种方法。

六、现金流量表编制举例

【任务举例 12-3】 承【任务举例 12-1】,采用工作底稿法编制吉力公司 2018 年度现金流量表。

首先,将资产负债表各项目的期初数和期末数过入工作底稿的期初数栏和期末数栏;将利润表各项目的本期数过入工作底稿的本期数栏(见表 12-9)。假定通过对吉力公司的具体情况进行分析后认定,该公司的交易性金融资产都不符合现金等价物的条件。编制该公司现金流量表时所采用的现金概念与货币资金完全一致。

其次,对当期业务进行分析后编制调整分录,并且过入工作底稿表 12-9。

调整分录主要以利润表项目为基础,从"营业收入"开始,结合资产负债表项目逐一进行分析。本例调整分录如下：

（1）分析调整营业收入：

分析本期所确认的营业收入对应哪些非现金项目。本例中对应应收账款、应收票据两个非现金项目。

①确定本期所确认的营业收入为 1 500 000 元，增值税销项税额为 255 000 元。

②由于并非全部为现销，营业收入与销项税额还对应非现金项目。本例中对应应收账款、应收票据项目，因而需要分析这两个非现金项目的变动（增加或减少数）。

借：经营活动现金流量——销售商品收到的现金　　　　　　　　　　　　　　1 732 000
　　应收账款　　　　　　　　　　　　　　　　　　　　　　　　　　　　　　103 000
　　贷：营业收入　　　　　　　　　　　　　　　　　　　　　　　　　　　1 500 000
　　　　应交税费——应交增值税（销项税额）　　　　　　　　　　　　　　　255 000
　　　　应收票据　　　　　　　　　　　　　　　　　　　　　　　　　　　　80 000

注：增值税销项税额 255 000 元属于"销售商品收到的现金"项目；应收账款余额增加 103 000 元为本期营业收入中未收回现金部分；应收票据余额减少 80 000 元为前期的营业收入于本期收回现金部分。

（2）分析调整营业成本：

借：营业成本　　　　　　　　　　　　　　　　　　　　　　　　　　　　　900 000
　　应交税费——应交增值税（进项税额）　　　　　　　　　　　　　　　　　54 283
　　应付票据　　　　　　　　　　　　　　　　　　　　　　　　　　　　　150 000
　　应付账款　　　　　　　　　　　　　　　　　　　　　　　　　　　　　　85 000
　　存货　　　　　　　　　　　　　　　　　　　　　　　　　　　　　　　181 700
　　贷：经营活动现金流量——购买商品支付的现金　　　　　　　　　　　　1 305 983
　　　　预付账款　　　　　　　　　　　　　　　　　　　　　　　　　　　　65 000

注：增值税进项税额属于"购买商品支付的现金"项目；应付票据、应付账款的减少数表示前期购买的商品在本期支付的现金部分；存货增加数表示尚未消耗结转营业成本的购进商品；预付账款增加表示本期购进商品但尚未支付的现金部分。

（3）调整本年税费：

借：税金及附加　　　　　　　　　　　　　　　　　　　　　　　　　　　　21 250
　　贷：经营活动现金流量——支付的各种税费　　　　　　　　　　　　　　　21 250

（4）调整付现的销售费用：

借：销售费用　　　　　　　　　　　　　　　　　　　　　　　　　　　　　28 000
　　贷：经营活动现金流量——支付其他与经营活动有关的现金　　　　　　　　28 000

（5）调整本期确认的管理费用：

借：管理费用　　　　　　　　　　　　　　　　　　　　　　　　　　　　　224 700
　　贷：经营活动现金流量——支付其他与经营活动有关的现金　　　　　　　　224 700

（6）分析财务费用：

借：财务费用　　　　　　　　　　　　　　　　　　　　　　　　　　　　　56 500
　　贷：经营活动现金流量——销售商品收到的现金　　　　　　　　　　　　　24 000

应付利息   22 000

长期借款   10 500

注：吉力公司本年发生的财务费用中，有 24 000 元属于应收票据贴现利息，它使应收票据减少，却无相应的现金流入，故应减少"销售商品收到的现金"项目。

（7）分析调整资产减值损失：

借：资产减值损失   38 250

   贷：应收账款（坏账准备）   7 060

     存货（跌价准备）   11 190

     固定资产（减值准备）   20 000

（8）分析调整公允价值变动收益：

借：交易性金融资产   2 000

   贷：公允价值变动收益   2 000

（9）分析调整投资收益：

借：投资活动现金流量——取得投资收益收到的现金   40 000

   贷：投资收益   40 000

注：在我国，"取得投资收益收到的现金"属于投资活动产生的现金流量。

（10）分析调整营业外支出：

借：营业外支出   70 000

   投资活动现金流量——处置固定资产收到的现金   468 000

   固定资产（累计折旧）   485 000

   固定资产（减值准备）   125 000

   贷：固定资产（原价）   1 080 000

     应交税费——应交增值税（销项税额）   68 000

（11）分析调整所得税费用：

借：所得税费用   59 600

   贷：递延所得税负债   9 900

     应交税费   49 700

（12）分析调整坏账准备：

借：应收账款（坏账准备）   5 000

   贷：经营活动现金流量——销售商品收到的现金   5 000

注：本年发生坏账 5 000 元，冲减了应收账款与坏账准备，而这部分应收账款的减少，并没有带来相应的现金流入，所以应从"销售商品收到的现金"项目扣减。

（13）分析调整固定资产：

借：固定资产   1 591 100

   应交税费——应交增值税（进项税额）   15 300

   贷：投资活动现金流量——购建固定资产支付的现金   106 400

     在建工程   1 500 000

（14）分析调整本期计提的折旧：

借:经营活动现金流量——购买商品支付的现金 100 000

　　　　　　　　　　——支付其他与经营活动有关的现金 20 000

　　贷:固定资产(累计折旧) 120 000

注:本期计提折旧120 000元,其中100 000元计入了产品成本,它导致存货增加100 000元,但并没有任何现金流出,故应调减"购买商品支付的现金";另外20 000元计入了管理费用,但并没有相应的现金流出,故需调减"支付其他与经营活动有关的现金"项目。

(15)分析调整在建工程和工程物资:

借:在建工程 570 000

　　工程物资 130 000

　　应交税费——应交增值税(进项税额) 22 100

　　贷:投资活动现金流量——购建固定资产支付的现金 562 100

　　　　(与在建工程相关的应付工资410 000元记入"购建固定资产所支付的现金")

　　　　长期借款——应付利息 160 000

(16)分析调整无形资产:

借:经营活动现金流量——支付其他与经营活动有关的现金 80 000

　　贷:无形资产(累计摊销) 80 000

注:本期无形资产摊销80 000元计入了管理费用,但并无相应的现金流出,所以应调减"支付其他与经营活动有关的现金"项目。

(17)分析调整开发支出:

借:开发支出 20 000

　　贷:投资活动现金流量——支付其他与投资活动有关的现金 20 000

(18)分析调整可供出售金融资产:

借:可供出售金融资产 10 000

　　贷:资本公积 7 500

　　　　递延所得税负债 2 500

注:可供出售金融资产公允价值的变动,不涉及现金流量。

(19)分析调整短期借款:

借:短期借款 200 000

　　贷:筹资活动现金流量——偿还债务支付的现金 200 000

(20)分析调整应付职工薪酬:

借:应付职工薪酬 627 000

　　贷:经营活动现金流量——支付给职工以及为职工支付的现金 627 000

注:本期共支付职工薪酬1 037 000元,其中支付在建工程人员的工资410 000元,属于"投资活动现金流量",已通过调整分录(15)进行调整,其余627 000元属于"支付给职工以及为职工支付的现金"。

借:经营活动现金流量——购买商品支付的现金 581 400

　　　　　　　　　　——支付其他与经营活动有关的现金 45 600

　　贷:应付职工薪酬 627 000

注：本期结转的职工薪酬共计 1 037 000 元，其中 410 000 元属于应分配给在建工程人员的工资；581 400 元计入了产品成本，它使本期存货增加，但与"购买商品支付的现金"无关，故应在分录(2)的基础上调减"购买商品支付的现金"项目；另有 45 600 元计入了管理费用，故需减少"支付其他与经营活动有关的现金"项目。

(21)分析调整应交税费：

借：应交税费　　　　　　　　　　　　　　　　　　168 500

　贷：经营活动现金流量——支付的各项税费(增值税)　　120 000

　　　　　　　　　　　——支付的各项税费(所得税)　　48 500

注：此分录主要调整实际上交税务机关的增值税和所得税。

(23)分析调整应付利息：

借：应付利息　　　　　　　　　　　　　　　　　　10 000

　贷：筹资活动现金流量——分配股利、利润或偿付利息支付的现金　10 000

(23)分析调整一年内到期的非流动负债：

借：一年内到期的非流动负债　　　　　　　　　　　850 000

　贷：筹资活动现金流量——偿还债务所支付的现金　　850 000

借：长期借款　　　　　　　　　　　　　　　　　　400 000

　贷：一年内到期的非流动负债　　　　　　　　　　400 000

(24)分析调整长期借款：

借：筹资活动现金流量——借款收到的现金　　　　　500 000

　贷：长期借款　　　　　　　　　　　　　　　　　500 000

(25)结转净利润：

借：净利润　　　　　　　　　　　　　　　　　　　143 700

　贷：未分配利润　　　　　　　　　　　　　　　　143 700

(26)提取盈余公积及分配股利：

借：未分配利润　　　　　　　　　　　　　　　　　102 700

　贷：盈余公积　　　　　　　　　　　　　　　　　21 555

　　　应付股利　　　　　　　　　　　　　　　　　81 145

(27)调整现金净变化额：

借：现金净减少额　　　　　　　　　　　　　　　　585 933

　贷：库存现金(货币资金)　　　　　　　　　　　　585 933

表 12-9　现金流量表工作底稿　　　　　　　　　　　单位：元

项　目	期初数	调整分录		期末数
		借方	贷方	
一、资产负债表项目				
借方项目：				
货币资金	2 079 100		(27)585 933	1 493 167
交易性金融资产	26 800	(8)2 000		28 800

项　目	期初数	调整分录		期末数
		借方	贷方	
应收票据	80 000		(1)80 000	0
应收账款	392 000	(1)103 000 (12)5 000	(7)7 060	492 940
预付款项	65 000		(2)65 000	0
其他应收款	4 500			4 500
存货	348 200	(2)181 700	(7)11 190	518 710
可供出售金融资产	80 000	(18)10 000		90 000
长期股权投资	215 500			215 500
固定资产	2 309 000	(10)485 000 (10)125 000 (13)1 591 100	(7)20 000 (10)1 080 000 (14)120 000	3 290 100
在建工程	1 600 000	(15)570 000	(13)1 500 000	670 000
工程物资	0	(15)130 000		130 000
无形资产	960 000		(16)80 000	880 000
开发支出	0	(17)20 000		20 000
借方合计	8 160 100			7 833 717
贷方项目：				
短期借款	500 000	(19)200 000		300 000
应付票据	250 000	(2)150 000		100 000
应付账款	760 000	(2)85 000		675 000
应付职工薪酬	51 000	(20)627 000	(20)627 000	51 000
应交税费	40 800	(2)54 283 (13)15 300 (15)22 100 (21)168 500	(1)255 000 (10)68 000 (11)49 700	153 317
应付利息	12 000	(22)10 000	(6)22 000	24 000
应付股利	0		(26)81 145	81 145
其他应付款	65 000			65 000
一年内到期的非流动负债	850 000	(23)850 000	(23)400 000	400 000

续表 12-9

项　　目	期初数	调整分录 借方	调整分录 贷方	期末数
长期借款	950 000	(23)400 000	(6)10 500 (15)160 000 (24)500 000	1 220 500
递延所得税负债	8 000		(11)9 900 (18)2 500	20 400
实收资本(或股本)	1 000 000			1 000 000
资本公积	3 433 300		(18)7 500	3 440 800
盈余公积	150 000		(26)21 555	171 555
未分配利润	90 000	(26)102 700	(25)143 700	131 000
贷方项目合计	8 160 100			7 833 717
二、利润表项目				
营业收入			(1)1 500 000	1 500 000
营业成本		(2)900 000		900 000
税金及附加		(3)21 250		21 250
销售费用		(4)28 000		28 000
管理费用		(5)224 700		224 700
财务费用		(6)56 500		56 500
资产减值损失		(7)38 250		38 250
公允价值变动收益			(8)2 000	2 000
投资收益			(9)40 000	40 000
营业外收入				0
营业外支出		(10)70 000		70 000
所得税费用		(11)59 600		59 600
净利润		(25)143 700		143 700
三、现金流量表项目				
(一)经营活动产生的现金流量:				
销售商品、提供劳务收到的现金		(1)1 732 000	(6)24 000 (12)5 000	1 703 000
经营活动现金流入小计				1 703 000

项　　　目	调整分录		期末数
	借方	贷方	
购买商品、接受劳务支付的现金	(14)100 000 (20)581 400	(2)1 305 983	624 583
支付给职工以及为职工支付的现金		(20)627 000	627 000
支付的各项税费		(3)21 250 (21)120 000 (21)48 500	189 750
支付其他与经营活动有关的现金	(14)20 000 (16)80 000 (21)45 600	(4)28 000 (5)224 700	107 100
经营活动现金流出小计			1 548 433
经营活动产生的现金流量净额			154 567
(二)投资活动产生的现金流量：			
收回投资收到的现金			
取得投资收益收到的现金	(9)40 000		40 000
处置固定资产收回的现金净额	(10)468 000		468 000
投资活动现金流入小计			508 000
购建固定资产支付的现金		(13)106 400 (15)562 100	668 500
支付其他与投资活动有关的现金		(17)20 000	20 000
投资活动现金流出小计			688 500
投资活动产生的现金流量净额			−180 500
(三)筹资活动产生的现金流量：			

续表 12-9

| 项　　目 | 调整分录 | | 期末数 |
	借方	贷方	
取得借款收到的现金	(24)500 000		500 000
筹资活动现金流入小计			500 000
偿还债务支付的现金		(19)200 000 (23)850 000	1 050 000
分配股利、利润或偿付利息支付的现金		(22)10 000	10 000
筹资活动现金流出小计			1 060 000
筹资活动产生的现金流量净额			−560 000
(四)现金及现金等价物净增加额	(27)585 933		−585 933
调整分录借贷合计	11 602 616	11 602 616	

再次,编制现金流量正表如表 12-7 所示。

最后,企业在采用直接法列报经营活动产生的现金流量的情况下,还应当采用间接法编制现金流量表补充资料如表 12-8 所示。

本例中,"递延所得税负债"只包括与本年损益相关的部分,因可供出售金融资产的公允价值变动而确认的递延所得税负债不包括在内。

吉力公司本期经营性应收项目的变动情况如下:

应收账款(未扣减坏账准备但加回注销的坏账 5 000 元)增加

(103 000＋5 000)　　　　　　　　　　　　　　　　　　　　　　　　108 000 元

应收票据(扣除贴现息 24 000 元)减少

(80 000−24 000)　　　　　　　　　　　　　　　　　　　　　　　　−56 000 元

预付账款减少　　　　　　　　　　　　　　　　　　　　　　　　　　−65 000 元

合计减少　　　　　　　　　　　　　　　　　　　　　　　　　　　　−13 000 元

吉力公司本期经营性应付项目的变动情况如下:

应付账款减少　　　　　　　　　　　　　　　　　　　　　　　　　　−85 000 元

应付票据减少　　　　　　　　　　　　　　　　　　　　　　　　　　−150 000 元

应交税费增加(不包括与固定资产、工程物资相关的应交增值税净增加额 30 600 元)

　　　　　　　　　　　　　　　　　　　　　　　　　　　　　　　　＋81 917 元

合计减少　　　　　　　　　　　　　　　　　　　　　　　　　　　　−153 083 元

任务五　所有者权益变动表的编制

一、所有者权益变动表的概念与结构

所有者权益变动表,是指反映构成所有者权益各组成部分当期增减变动情况的报表。

所有者权益变动表反映三个方面的内容:一是因资本业务而导致所有者权益总额发生变动的项目,包括所有者投入资本和向所有者分配利润;二是所有者权益内部的变动,包括提取盈余公积、公益金等;三是综合收益导致的所有者权益的变动,包括直接计入所有者权益的利得和损失以及净利润。

因此,所有者权益变动表至少应当单独列示反映下列信息的项目:①净利润;②直接计入所有者权益的利得和损失项目及其总额;③会计政策变更和差错更正的累积影响金额;④所有者投入资本和向所有者分配利润等;⑤按照规定提取的盈余公积;⑥实收资本(或股本)、资本公积、盈余公积、未分配利润的期初和期末余额及其调节情况。

对于当期损益、直接计入所有者权益的利得和损失以及与所有者(或股东)的资本交易导致的所有者权益的变动,应当分别列示。

所有者权益变动表的格式如表 12-10 所示。

二、所有者权益变动表的编制方法

所有者权益变动表各项目应当根据当期净利润、直接计入所有者权益的利得和损失项目、所有者投入资本和提取盈余公积、向所有者分配利润等情况分析填列。

1.“上年年末余额”项目,反映企业上年资产负债表中实收资本(或股本)、资本公积、库存股、盈余公积、未分配利润的年末余额。

2.“会计政策变更”“前期差错更正”项目,分别反映企业采用追溯调整法处理的会计政策变更的累积影响金额和采用追溯重述法处理的会计差错更正的累积影响金额。

3.“本年增减变动金额”项目

(1)“净利润”项目,反映企业当年实现的净损益金额。

(2)“直接计入所有者权益的利得和损失”项目,反映企业当年直接计入所有者权益的利得和损失金额。包括:

①“可供出售金融资产公允价值变动净额”项目,反映企业持有的可供出售金融资产当年公允价值变动的金额。

②“权益法下被投资单位其他所有者权益变动的影响”项目,反映企业的长期股权投资采用权益法核算时,确认的被投资单位除当年实现的净损益以外其他所有者权益变动中应享有的份额。

③“与计入所有者权益项目相关的所得税影响”项目,反映企业根据《企业会计准则第18 号——所得税》规定应计入所有者权益项目的当年所得税影响金额。

(3)“所有者投入和减少资本”项目,反映企业当年所有者投入的资本和减少的资本。

①"所有者投入资本"项目,反映企业接受投资者投入形成的实收资本(或股本)和资本溢价或股本溢价。

②"股份支付计入所有者权益的金额"项目,反映企业处于等待期中的权益结算的股份支付当年计入资本公积的金额。

(4)"利润分配"项目,反映企业当年的利润分配金额。

①"提取盈余公积"项目,反映企业按照规定提取的盈余公积。

②"对所有者(或股东)的分配"项目,反映对所有者(或股东)分配的利润(或股利)金额。

(5)"所有者权益内部结转"项目,反映企业构成所有者权益的组成部分之间的增减变动情况。

①"资本公积转增资本(或股本)"项目,反映企业以资本公积转增资本或股本的金额。

②"盈余公积转增资本(或股本)"项目,反映企业以盈余公积转增资本或股本的金额。

③"盈余公积弥补亏损"项目,反映企业以盈余公积弥补亏损的金额。

【任务举例 12-4】 承【任务举例 12-1】,编制吉力公司 2018 年度所有者权益变动表如表 12-10。

表12-10 所有者权益（股东权益）变动表

编制单位：吉力公司　　　　　　　　2018年度

会企04表
单位：元

项　目	本年金额						上年金额					
	实收资本（或股本）	资本公积	减：库存股	盈余公积	未分配利润	所有者权益合计	实收资本（股本）	资本公积	减：库存股	盈余公积	未分配利润	所有者权益合计
一、上年年末余额	1 000 000	3 433 300		150 000	90 000	4 673 300	1 000 000	3 428 800		139 100	11 900	4 579 800
加：会计政策变更												
前期差错更正												
二、本年年初余额	1 000 000	3 433 300		150 000	90 000	4 673 300	1 000 000	3 428 800		139 100	11 900	4 579 800
三、本年增减变动金额（减少以"一"号填列）		7 500		21 555	41 000	70 055		4 500		10 900	78 100	93 500
（一）净利润					143 700	143 700					109 000	109 000
（二）直接计入所有者权益的利得和损失												
1.可供出售金融资产公允价值变动净额		10 000				10 000		6 000				6 000
2.权益法下被投资单位其他所有者权益变动的影响												
3.与计入所有者权益项目相关的所得税影响		-2 500				-2 500		-1 500				-1 500
4.其他												
小计		7 500				7 500		4 500				4 500
（三）所有者投入和减少资本												
1.所有者投入资本												

续表 12-10

项目	本年金额						上年金额					
	实收资本（或股本）	资本公积	减：库存股	盈余公积	未分配利润	所有者权益合计	实收资本（股本）	资本公积	减：库存股	盈余公积	未分配利润	所有者权益合计
2. 股份支付计入所有者权益的金额												
3. 其他												
（四）利润分配				21 555	−102 700	−81 145				10 900	−30 900	−20 000
1. 提取盈余公积				21 555	−21 555	0				10 900	−10 900	0
2. 对所有者（或股东）的分配					−81 145	−81 145					−20 000	−20 000
3. 其他												
（五）所有者权益内部结转												
1. 资本公积转增资本（或股本）												
2. 盈余公积转增资本（或股本）												
3. 盈余公积弥补亏损												
4. 其他												
四、本年年末余额	1 000 000	3 440 800		171 555 110	131 000	4 743 355	1 000 000	3 433 300 600		150 000	90 000	4 673 300

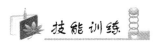
技能训练

一、简答题

1. 一套完整的财务报告由哪些部分构成?

2. 资产负债表的编制方法是什么?

3. 利润表有哪几种结构?

二、实训题

某企业 20×8 年 12 月 31 日结账后有关科目余额如表 12-11 所示。

表 12-11 某企业科目余额表   单位:万元

总账科目	明细科目	借方余额		贷方余额	
		总账科目	明细科目	总账科目	明细科目
应收账款		800			
	A 公司		1 000		
	B 公司				200
预收账款				5 000	
	C 公司				7 000
	D 公司		2 000		
坏账准备				100	

假设表中坏账准备属于为应收账款计提,计算该企业 20×8 年 12 月 31 日资产负债表中相关项目的金额。

参 考 文 献

1.本书编写组.金融企业会计制度操作指南[M].北京:经济科学出版社,2004.

2.财政部会计资格评价中心.初级会计实务[M].北京:经济科学出版社,2019.

3.财政部会计资格评价中心.中级会计实务[M].北京:经济科学出版社,2018.

4.李华.企业财务会计[M].北京:中国人民大学出版社,2016.

5.宋平,张勤谋,王平.中级财务会计[M].4版.武汉:武汉理工大学出版社,2016.